SHERE HITE RESPONDE
A LAS CARTAS DE LOS JÓVENES
SOBRE EL SEXO

Shere Hite responde a las cartas de los jóvenes sobre el sexo

Más educación sexual y menos pornografía

Traducción
Pepa Páez

la esfera de los libros

Primera edición: junio de 2006

Todas las cartas aquí publicadas lo son de forma anónima para proteger la identidad de sus remitentes. En ningún caso son propiedad de La Esfera de los Libros.

Avenida de Alfonso XIII, 1, bajos
28002 Madrid
Teléf.: 91 296 02 00 • Fax: 91 296 02 06
Pág. web: www.esferalibros.com

Diseño de cubierta: Art Ensemble
Fotografía de cubierta: Getty Images
ISBN: 84-9734-500-2
Depósito legal: M. 21.909-2006
Fotocomposición: IRC, S. L.
Fotomecánica: Star-Color
Impresión: Cofás
Encuadernación: Méndez
Impreso en España-*Printed in Spain*

Índice

Introducción

Estimada profesora Hite. Pese a pertenecer a una generación en la que la sexualidad se trata de modo más abierto —soy una chica de veinticinco años— y a pesar de que me han explicado la teoría varias veces (parte física: órganos sexuales), no lo tengo nada claro, en esto del sexo nuestro cerebro juega un papel importante. Todavía el sexo es un tema tabú.

Llevo intentando varias veces la penetración con mi chico, pero el miedo a que me haga daño y la moral en la que he sido educada (las relaciones sexuales son algo malo) impiden que las cosas salgan bien. He tenido momentos maravillosos en los que mi chico me acaricia y alcanzo el orgasmo (sola no puedo, porque me siento sucia), y aunque sé que posiblemente con la penetración no tenga orgasmos, me gustaría sentirle dentro de mí.

¿Por qué tantas restricciones desde mi niñez a algo tan maravilloso como el sexo? ¡Ojalá hubiese leído información sobre ese tema con doce años! Tal vez ahora vería la sexualidad sin ese lastre que me impide vivir mi cuerpo a todos sus niveles no sometido al poder masculino. Ana.

He recibido miles de cartas así en los últimos seis años (2000-2005) en respuesta a mis columnas en periódicos de diversos países, tanto de chicas como de chicos. Muchas de estas cartas, si no la mayoría, son de jóvenes que buscan una información sexual básica, a veces expresando toda la angustia que sienten al tratar de entender sus nuevos sentimientos sobre el amor, el sexo y su cuerpo. Están seguros de poder escribir abiertamente, pues saben que a mí me interesan y que en mi trabajo siempre serán anónimos: sólo algunas de las cartas venían firmadas, y aquí no se incluyen los nombres. Ni siquiera en el sofisticado mundo de hoy parece que se consiga tan fácilmente información básica. En palabras de uno de los lectores: «En el día en que estamos, nos vemos bombardeados por todo tipo de información sexual, así como por un gran auge de la pornografía, pero tras un análisis formal y con rigor científico, lo que quiero tener es información». A través de mis artículos, he podido aportar información, entablar un diálogo con los participantes y dar una panorámica más general del sexo.

Quiero compartir estas interesantes cartas con los lectores. Son directas, encantadoras, van al grano y están llenas de información sobre «el actual estado de la cultura». Se dan muchas opiniones sobre «los jóvenes de ahora», pero pocas o ninguna vienen respaldadas por un estudio. Aunque este libro no sea un informe de investigación (he publicado cuatro libros que sí lo eran)*, sí acerca a los lectores a unas cartas muy representativas de todas las que he recibi-

* Este detallado estudio científico está publicado en varios tomos: *El informe Hite sobre sexualidad femenina*, 1976; *El informe Hite sobre sexualidad masculina*, 1981; *El informe Hite sobre las mujeres y el amor*, 1987, y *El informe Hite sobre la familia*, 1994.

do durante los últimos cinco años, cartas de gran relevancia y oportunidad.

«¿Quiénes son los jóvenes de ahora, qué piensan de la sexualidad y qué hacen en el sexo?» es una de las inquietudes más importantes de nuestro tiempo; piensen en los debates sobre si debería impartirse «educación sexual» o volver a «los valores básicos de la familia», el significado de los altos índices de embarazo adolescente, sida o VIH y enfermedades de transmisión sexual en nuestra sociedad, y qué decir de la pornografía, que propaga su punto de vista por todo el planeta.

Al mismo tiempo, los anuncios de nuevos fármacos (vayan en serio o sean «correo basura» de Internet) dan a entender que, para ser sexual, «el hombre de verdad ha de tener una erección en todo momento: cuanto mayor, mejor». Yo tengo otras opiniones. Pienso que la sexualidad masculina tiene su propia belleza oculta, pero que esta belleza la sofocan ideas tradicionales sobre quién se supone que es el hombre.

Muchas de las ideas que teníamos por obsoletas o «ya irrelevantes» aparecen aquí aún firmemente arraigadas en la mente de los jóvenes. Aunque las palabras han cambiado desde la «revolución sexual» de los años sesenta o el movimiento de la mujer (en los setenta y ochenta), bajo la superficie yacen muchos de los mismos problemas, ahora ligados al nuevo vocabulario en uso. Las cosas han cambiado mucho desde el siglo pasado, pero las preguntas sobre la masturbación, el orgasmo, el tamaño del pene, cómo tienen el orgasmo las chicas o «cuánto debería durar la relación sexual» —y «¿qué es amor?: ¿lo que siento es deseo o amor?»— siguen estando en primer plano en estas cartas.

La pretensión de este volumen es aclarar estas preguntas y aportar respuestas que nos ayuden a conocernos mejor a nosotros y a los demás y a trascender todo eso.

SHERE HITE
hite2000@hotmail.com
Por favor, escribidme después de leer este libro
a esta dirección de correo electrónico
o a la editorial La Esfera de los Libros.

Capítulo 1

Los chicos y el pene
«¿Soy normal?»

Soy un joven de veinticinco años. Respecto al tamaño de mi pene, aunque a mi pareja no le importa, yo estoy acomplejado desde hace años. He estado informándome de ejercicios que aumentan su tamaño de 2 a 3 centímetros. Xavier.

Hola, mi nombre es Manuel, soy un chico de dieciséis años que dentro de muy poco tiempo voy a hacerlo por primera vez con mi pareja. Me han empezado a surgir las dudas a causa de mi pene, no por el tamaño, que lo considero normal, sino porque veo que cuando tengo una erección mi pene tiende a la izquierda, además de tener un poco de curvatura. ¿Esas dos cosas tienen algo que ver con el acto sexual?

Sobre el pene, ¿cuál es el tamaño normal para un adolescente que está creciendo todavía, y hasta qué edad crece? Segundo, ¿mi manera de masturbarse puede agarrando la piel y bajándola y subiéndola (sic)? La última: cuando me estoy masturbando y voy a tener el orgasmo, el semen me sale sin salpicar, es como si brotase, ¿esto es normal? ¿Es porque tengo la uretra muy gruesa, porque el chorro de orina tampoco suele ser delgado y no con mucha fuerza? Contéstame, por favor, me da vergüenza hablar de esto con mis padres.

¡NOTA! Los síntomas físicos siempre han de consultarse con el médico (urólogo o ginecólogo), no hay que avergonzarse. Si no quieres ir al médico de familia o al de medicina general, puedes acudir a una clínica pública que no registre tu nombre o preguntar al enfermero o médico de tu colegio o instituto. ¡No descuides tu salud por tener dudas, las que sean!

Soy un estudiante de veinte años tremendamente acomplejado por mi pene, no porque sea pequeño, sino por tener una curvatura exagerada. Aunque mantuve excelentes relaciones sexuales con una chica durante ocho meses, ella se ha ido y mi autoestima está pasando por una mala época, y he decidido que si no he conocido a otra chica tal vez sea a causa de cómo ha afectado a mi personalidad el pene que tengo. Siempre me he preguntado por qué mi pene es así, si es por masturbarme o genético. Recuerdo vagamente cuando empecé a masturbarme, tengo la impresión de que la curvatura se fue formando con el tiempo. Cuando pienso en el impacto que podría causarle a una chica darse cuenta de que mi pene no es precisamente como los demás, decido que tal vez no merezca la pena intentar conocer a otras chicas.

¡La masturbación no aumenta la curvatura del pene! Y si así fuera, eso no afectaría negativamente al orgasmo que pueda tener la mujer ni al placer que el propio hombre pueda sentir. A muchos hombres y chicos se les curva el pene cuando está erecto.

Los chicos y los hombres de hoy a menudo se comparan con la pornografía y los hombres que ven en ella:

> Sé por la pornografía que suelo consumir que mi pene podría resultar menos extraño de lo que me parece (es la primera vez que hablo de este tema, lo que he hecho siempre es negar e intentar olvidarme de todo esto). No me imagino teniendo relaciones satisfactorias, porque nunca podría estar completamente desinhibido, me da miedo el ridículo que podría hacer ante la chica.
>
> Mi problema empezó hará unos cuatro años. Mi pene se ponía muy sensible al insertarlo en la vagina, y ahora tiendo a la eyaculación precoz. Lo he intentado con un tratamiento médico, he probado Cialis y Viagra, pero sigo teniendo este problema de sensibilidad. G.

(¿Siente G. también esta sensibilidad cuando se masturba y se toca su propio pene, incluso para orinar, o sólo durante la «inserción vaginal»?)

Por desgracia, algunos chicos parecen decantarse por culpar a «su pene» cuando, al practicar el sexo por primera vez (o en su primera relación), ven que su pareja no tiene un orgasmo. Se trata de una conclusión errónea, resultado de una falta de formación e información (véase el capítulo 4). Por otro lado, esto no significa, desde luego, que la chica deba fingir orgasmos durante el sexo (¡como lleva siglos haciendo!), sino que hace falta más y mejor información, para que todos juntos podamos trascender ideas trasnochadas sobre lo que es el sexo y lo que significa la erección, y podamos cambiar nuestro modo de relacionarnos.

Chicos y chicas pueden aspirar a un tipo de sexo en el futuro donde lo importante sea apasionarse lo más posible, excitándose uno mismo y a su pareja al máximo, en vez de buscar el mero «acto» de la penetración y el orgasmo. La meta sería la excitación, el ardor, el deseo, más que el simple orgasmo. La sexualidad puede ser bonita, pero con demasiada frecuencia se convierte en un mecánico intento de demostrar algo. Podemos transformarla y hacer de ella algo más divertido y muy diferente de lo que ahora conocemos.

La mujer puede tener orgasmos con tanta facilidad como el hombre con la estimulación adecuada.

La publicidad de hoy hostiga despiadadamente a hombres y muchachos con el tamaño de su pene, reforzando los caducos estereotipos masculinos: «Sólo quiere una cosa, es así, es algo biológico, qué se le va a hacer». Enviada por lo general de forma anónima por Internet, esta publicidad lleva títulos como «¿Puedes complacerla?» o «¡Ponte enorme! Consigue 3 centímetros más». Titulares así acosan a chicos y hombres con la idea de que hay «otros» más sexuales que ellos, con un pene más grande y más duro en erección, y sugieren que «un hombre de verdad» debe ser grande y es «lo que desea la mujer». Este acoso se alimenta del hecho de que la mayoría de los hombres y chicos ven que «su pene» no lleva al orgasmo a la mujer en el coito (y menos al mismo tiempo que ellos), dejándolos con la duda de si su pene será insuficiente o es que ellos «no duran bastante» (otra falsedad).

Como la mayoría de los chicos vieron el pene de su padre de niños y era más grande que el de ellos, esa idea de sí mismos como «menos» puede haber quedado fijada en ese punto, lo que les pone agresivos o a la defensiva respecto a «su equipamiento». Uno de los objetivos de mi trabajo es desenmascarar estas ideas, que no sólo hacen mella en el hombre, sino también en las relaciones al impedir la innovación sexual en la pareja.

Muchos hombres sufren y se preocupan innecesariamente porque su pene no es «como debería». El miedo y los sentimientos de culpa y vergüenza se vierten ahí, el pene pasa a ser la prueba de la «masculinidad», de forma que si la mujer no tiene orgasmos con ellos (ni los finge), pueden tomarla con ella o con ellos mismos por temor a «no ser normales» o haberse perjudicado de algún modo, quizá por masturbarse demasiado. Estos hombres ven como un fracaso llevar a la mujer al orgasmo manualmente. Aquí ofrecemos mejores respuestas, sigue leyendo.

¿QUÉ ES UN PENE NORMAL?

¿Cuál ha de ser el tamaño del pene? Todos los penes son «del tamaño correcto», es decir, «lo suficientemente grandes». Claro está que el pene crece a medida que crece el chico: si tiene catorce años y sigue creciendo, su pene también seguirá desarrollándose. El cuerpo va cambiando a lo largo de la vida: primero crece en altura, luego se va «rellenando» al adquirir musculatura y al final suele debilitarse. El cuerpo nunca deja de cambiar, sus cambios forman parte de nuestra vida: es nuestro compañero en la vida y podemos disfrutar de él en todas sus etapas y de todas las formas.

Más concretamente, tenga el chico o el joven el pene «pequeño» o «grande» (largo o grueso, recto o curvado), podrá sentir y dar a otra persona el mismo placer. En contraste con lo que suele decirse, casi ninguna mujer lo necesita «grande» ni que «dure mucho» para llegar al clímax; lo que sí necesitan casi todas para llegar al clímax es la estimulación adicional con la mano, independientemente de lo mucho que puedan disfrutar de la penetración y los movimientos del hombre, y de cuánto los necesiten como signo del deseo del hombre por ellas.

Sin embargo, la erección y la penetración vaginal son grandes símbolos de nuestra cultura, que ensalza los iconos reproductivos. Una lectora pregunta con mucho acierto por qué la no penetración de la mujer se ve como «virginidad». Esta cuestión se tratará en el capítulo 6.

Aunque al joven le hacen temer el envejecimiento (el momento en el que en teoría «lo perderá»), una mirada más detenida al hombre ya maduro y de más edad muestra que esos estereotipos son ingenuos y simplistas. No obstante, el tópico popular es que «la sexualidad masculina alcanza su cima alrededor de los diecisiete años y a partir de ahí va declinando». Estas ideas, que se refieren a la frecuencia y el vigor de la erección, asumen que la interacción pene-vagina es el criterio de la normalidad, el único placer que de verdad cuenta.

Aunque se diga a los hombres que la «erección plena» será «mayor» en su primera juventud, los clínicos aseguran que la mayoría de la gente sana suele seguir sexualmente activa hasta muy entrada la vejez. Con esto no quiero decir que el vigor del pene no disminuya ni que el cuerpo sea siempre igual, sino sólo que el temor de los jóvenes al declive es exagerado. Ojalá mi trabajo lleve a cambiar la visión negativa del hombre y su sexualidad y promueva otra manera de concebir la sexualidad masculina, distinta y mejor que la convencional: «La adolescencia es el tope desde el punto de vista sexual y físico, las demás edades son un declive de ese estado de perfección corporal». Disiento de la idea de que todo va cuesta abajo pasada la veintena: ¿por qué tomar la capacidad reproductora (rápida erección, lubricación vaginal, etcétera) como rasero por el que medirnos, sobre todo al rebasar los cincuenta años, cuando la reproducción ha perdido interés? ¿Por qué se atemoriza al hombre con la ausencia de erección, o se centra tanto su atención en el tamaño del pene?

Modificar los clichés antimasculinos sobre el pene y la erección va unido a una crítica global que revise nuestra visión de lo que debe ser la sexualidad. ¿Cuánta gente equipara inconscientemente «el sexo» al coito? La mayoría de los comentarios cotidianos sobre sexo parten de que la forma «normal» y placentera de practicarlo para el hombre es el coito; apenas se menciona la masturbación ni cómo podría un hombre estimularse a solas de otros modos. Tampoco se habla del placer de acariciar a su pareja y verla experimentar una oleada tras otra de placer.

Un famoso terapeuta escribe: «Pese a la generalizada creencia de que el sexo está entre las primeras funciones biológicas en caer presa del envejecimiento, la mayoría de la gente sigue sexualmente activa mucho después de envejecer». Este autor parte de que el coito heterosexual es la prueba de que el hombre «sigue sexualmente activo», pero es una premisa que hay que cuestionar, porque con ella, la «potencia» o «impotencia» del pene pasa a ser lo más importante a lo que ha de enfrentarse el hombre, y eso le resta capacidad para atender a la interacción con su pareja.

Todos saldremos beneficiados del cambio de estas premisas. A los chicos les beneficiará liberarse de la atención exclusiva, interesada y paralizadora concedida al «tamaño del pene» y cosas así, y las chicas ganarán un compañero que se relacione con ellas y esté dispuesto a explorar nuevos paisajes de la sexualidad.

Con una población de 7.000 hombres, mi estudio desmanteló términos como el de «impotencia», atacando el inamovible énfasis «en el acto». La concepción estándar de la sexualidad masculina centrada en la erección y la penetración se debe a la ideología, no a la naturaleza ni a la biología: todo gira en torno al viejo guión del sexo reproductor (las famosas «presiones de rendimiento» sobre el hombre), de ahí la insistencia en la erección masculina y el orgasmo dentro de la vagina. La prohibición bíblica de que el hombre «derrame su semilla», es decir, se masturbe (y la consecuente prohibición de eyacular en cualquier sitio que no sea la vagina) se deriva de la visión reproductiva del sexo, canalizando todo el deseo físico en el acto que lleva a la reproducción. Irónicamente, hoy en día la mayoría de la gente utiliza alguna forma de contracepción y practica el sexo por razones ajenas a tener hijos, aunque siga ateniéndose a un modelo de sexualidad legislado o decretado hace mucho y pensado específicamente para la reproducción.

La visión convencional de la sexualidad masculina dicta que la mejor época del hombre es el final de su adolescencia y que cualquier otra supone un «declive» o «disfunción», lo que crea en hombres y adolescentes el temor a que su pene «no esté del todo bien», «no sea lo bastante grande» o «no dure lo suficiente» («me corro enseguida»). La ubicuidad de la erección como evento mecánico «normal» hace un flaco favor al hombre. El pene es una parte sensible del cuerpo masculino, llena de sensaciones exquisitas, no un aparato mecánico. Sin embargo, la convención parece condenar al hombre a media vida de innecesaria preocupación por el significado de la erección, obligándole a conformarse con relaciones sexuales limitadas por ese gran énfasis.

En los dibujos de Leonardo da Vinci y en las esculturas clásicas de Grecia y Roma (y sus réplicas del siglo XIX) no aparecen penes erectos, y algunos de los que aparecen son pequeños para el baremo de hoy. Esos modelos son mejores para los chicos que las actuales imágenes pornográficas.

¿Hay algún chico al que no le haya preocupado alguna vez «no tenerlo lo bastante grande»? ¿Hay algún hombre al que no le haya preocupado «no estar bien erecto» o «no durar lo suficiente»? Los chicos y los hombres no se comparan con las estatuas clásicas, sino con las fotos pornográficas de revistas o de Internet que muestran en plena erección a ciertos hombres escogidos, fotos que pueden haberse retocado. El chico oye hablar de penes de dimensiones míticas, y claro está, el de su padre pudo parecerle muy grande cuando de niño iba al baño con él.

Si la atención sexual se alejara de la erección y la definición de la sexualidad se diversificara, desaparecerían esos temores y ansiedades exagerados.

A veces parece que parte del *establishment* médico intenta crear para todos un mundo de veinteañeros, una «vida sexual» en la que el coito sea automáticamente el principal foco de atención y la principal meta, con la ayuda de fármacos. Sin embargo, la interacción de sexualidad y atracción sexual se disfruta a todas las edades y en todas las etapas de la vida, y es mucho más sutil e interesante que la ejecución (por perfecta que sea) del guión preestablecido llamado «sexo». La idea de que el chico de diecisiete años fije la «normalidad» y que a partir de ahí todos los demás estadios de la sexualidad sean menores no es exacta ni viable; no es un modelo apropiado para comprender la sexualidad masculina ni le da espacio para cambiar y desarrollarse. Tampoco es un buen modelo para integrar la sexualidad y el orgasmo femeninos y crear un diálogo o intercambio entre dos personas.

Pienso que apenas estamos empezando a entender la sexualidad masculina. Mientras sigamos viendo en el modelo de la erección-reproducción del hombre la piedra de toque de toda investigación y conocimiento, estaremos haciendo un flaco favor a la ciencia y a los hombres. Hay que contemplar al hombre completo.

UNA HISTORIA DE HOMBRES: EL PENE, LA ERECCIÓN Y EL CONDÓN

Algunos hombres pierden la erección al intentar ponerse un condón. ¿Sienten que su libertad está siendo «encapuchada» o controlada con este gesto simbólico?

«¿Cómo ponérselo sin perder la erección?». Un hombre de veintitrés años no teme hacer esta pregunta:

> Hola. Cuando me masturban, el pene se me pone en erección muy fácilmente y aguanto mucho esa erección, pero cuando voy a hacer el amor en la penetración y, sobre todo, al ponerme el preservativo, se me baja. No sé si serán los nervios, pero me preocupa. Tengo veintitrés años y perdí la virginidad hace dos. Gracias.

En otras palabras, ve la masturbación como la base por la que medir el estado de su funcionamiento físico. El problema para él es cuando quiere compartir su sexualidad o la erección, es decir, cuando piensa en la «inserción» y en ponerse un condón. Las razones de que su erección languidezca tienen que ver con la situación o con sus sentimientos contradictorios sobre lo que está a punto de hacer, «el acto»: quizá la sensación de que se le «verá» en una situación que nada tiene de privada y por la que se le va a juzgar.

Puede que su mente se aleje del placer del orgasmo que está a punto de tener (y que puede conseguir fácilmente masturbándose, lo que le permite mantener la erección sin problemas) para centrarse en preguntas como: «¿Qué pensará ella (o él) de mi erección? ¿Es lo bastante grande? ¿Suficientemente dura? ¿Suficientemente bonita? ¿Quiere de verdad que la penetre? ¿Implicará eso que soy "su novio estable" y, por tanto, un "compromiso"?».

No sé si su respuesta será descartar esta última inquietud o practicar el sexo estimulándose manualmente y estimulando a su pareja hasta llegar al orgasmo, evitando así el aparente bache de la penetración. Por otra parte, como el «bloqueo emocional» se produce en los intentos de coito, puede masturbarse hasta llegar al punto en que le sea posible «insertar» el pene (o que la vagina lo «envuelva», según quién sea el activo en ese momento).

La pérdida de la erección al intentar ponerse el condón puede superarse así con la masturbación y también masturbándose y llegando al orgasmo con el condón puesto. Cualquier hombre que quiera usar un condón durante el sexo debería hacer varias pruebas masturbándose con uno. También podría ser una sensación agradable, aumentando el placer por la necesidad (seguramente) de una estimulación algo más larga.

Agradezco a este lector que me haya escrito con tanta claridad y le deseo lo mejor.

Pero a otros lectores les irritó mucho la afirmación de que quizá temían usar condón, y algunos quizá la vieron como una negativa de su virilidad o de su libertad:

> He leído su artículo «El miedo del hombre al condón», y lo siento. Me parece que toma usted el pelo a los lectores con sus opiniones. Jamás en mi vida he leído algo sobre sexualidad más alejado de la realidad. Lo siento, pero me ha irritado usted mucho, ¡y tengo veintitrés años! Alejandro.

> Estimada doctora Hite, referente a su artículo «El miedo del hombre al condón», a mí me gusta hacer una distinción entre los hombres de más de cuarenta años y los de menos; son radicalmente diferentes, y sobre todo en el amor (bien, siempre habrá alguno chapado a la antigua, claro). Yo tengo treinta y dos años, he crecido en una familia humilde y me han inculcado los valores tradicionales de nuestra cultura; claro, he vivido en un entorno diferente al de mi padre.
>
> Aunque creo fervientemente que los hombres debemos situarnos en un plano de igualdad al establecer una relación sexual con una mujer, tenemos que entender que cada mujer es diferente. Debemos aprender a estimular, acariciar, amar en definitiva, sin tabúes que nos marquen formas de hacer el amor de épocas pasadas. Me parece que hay muchos hombres que, por miedo a perder su masculinidad, no se arriesgan, y por eso se pierden el mara-

villoso mundo del placer y los sentimientos que encierra una relación sexual. Ese compartir de igual a igual, esa ilusión por el momento, ese aprender continuo, sólo por el sentimiento de placer y amor absoluto, merece la pena dejar de ser león y pretender ser gatito.

Realmente, los hombres hemos sido educados de forma que el mundo deba rendirse a nuestros pies, las mujeres nos deban obediencia, y en las relaciones sexuales no podamos sino ser el macho, al igual que lo es el león con sus leonas. Ja, ja. Esta educación basada en la falta de experiencia y pocos conocimientos ha hecho que durante años los hombres seamos de esta forma: orgullosos, tercos, machistas, egocéntricos. Pero está cambiando. D.

Aunque el tamaño del pene era un problema que se creía ya erradicado, vemos aquí su reaparición. Como otras antiguas dolencias que hoy retornan, este énfasis ha vuelto a brotar en la psicología de muchos jóvenes varones: incluso en uno de los países más abiertos del mundo. Hombres de todas las edades —y lo que es más preocupante, muy jóvenes— vuelven a atormentarse por el tamaño y la forma de su pene, que ha vuelto a convertirse en emblema del estatus masculino.

Querida doctora Hite, soy un varón de veinte años. Como hombre, tengo la sensación de que necesito saber la verdad; perdone mi ignorancia, pero ¿a las mujeres les preocupa el tamaño del pene? Mi erección tiene 13,7 centímetros de longitud. Les he hecho la pregunta a varias mujeres y me han dado diversas respuestas; algunas han dicho que sí, otras que no, otras no lo tenían claro. ¿Es verdad que nuestras partes íntimas dejan de crecer a los veinticinco años? ¿Los penes grandes les resultan más atractivos a las mujeres? Atentamente, El hombre que se muere por saber.

En mi opinión, la exagerada importancia del pene y la erección es creación de una sociedad que impone esa imagen al hombre; empezó por el énfasis patriarcal en la reproducción y el control masculino de la sociedad. Lo que supuestamente era un gran don para el hombre —la dominación del mundo y de la mujer, que lo ponía «en la cima»— resultó ser una pesada carga de la que ahora el hombre a veces culpa a la mujer que «le controla». Así, hay anuncios dirigidos a él que se ceban en sus inseguridades: «¡Aumente su pene, garantizado, o le devolvemos su dinero!», o este otro: «¡Con su gran polla volverán a por más!» (dos anuncios para vender alguno de los muchos «métodos» de aumento de pene).

Los jóvenes, por el contrario, a veces tienen ideas más avanzadas y no le dan tanta importancia al tamaño del pene como a la relación sexual en general:

Hola, a pesar de mi corta edad, quince años, he aprendido la importancia de que una mujer se sienta bien contigo en la cama y cómo hacerlo, hablar con tu pareja de lo que le gusta que le hagan, etcétera, pero aun así tengo algunas dudas. Por ejemplo, cuando ella se corre, ¿está teniendo un orgasmo? Soy consciente de que este correo le puede sonar un poco estúpido, pero quiero hacer que ella se sienta muy bien en la cama, aunque no me pida nada en especial, quizás porque ha perdido su virginidad conmigo y no tiene más experiencias. El caso es que ésta es su primera relación en la que hay sexo y quizás por ello

> no lo pida, y por ello me gustaría que usted me dijese cómo encontrarle el clítoris y cómo estimularlo. Quiero tener una relación en la que los dos componentes seamos iguales en todos los aspectos.

Por otro lado, sí puede existir (aunque sea poco frecuente) un verdadero problema de eyaculación precoz, como cuenta esta joven:

> Hay un pequeño problema que tiene el chico con el que salgo desde hace seis meses. Lo que sucede es que, cuando tenemos una relación, en el momento de la penetración se excita mucho y eyacula rápidamente sin apenas poder controlarlo, cosa que no le sucede en otros puntos de nuestra relación. Sé que existe cierta bibliografía sobre el tema y también ciertos ejercicios que él podría realizar. Por otra parte, creo que nuestra relación está cayendo en la monotonía y me gustaría proponerle cosas nuevas, pero tengo un poco de miedo a su reacción.

¿Cuándo es precoz la eyaculación? ¿Cuándo es «demasiado pequeño» un pene? ¿Dónde está la verdad de lo que siente la mujer, qué quiere ella del pene del hombre? (véase capítulo 4). En realidad, la mayor parte de lo que se ha escrito y dicho sobre «la necesidad de un pene grande y duro» no lo han escrito ni lo han dicho mujeres; a la mayor parte de ellas el coito les interesa, sobre todo, cuando están enamoradas del hombre, y no sienten un deseo tan desaforado del pene como nos dice la pornografía. Ellas no suelen ver el pene como el instrumento que les llevará al orgasmo, y la mayoría no se masturba insertándose un objeto en la vagina. Lo que prefieren casi todas es la excitación previa del sexo, los abrazos, besos, juegos, tocar y sentir, las fantasías que pueden realizarse en pareja, y, por supuesto, la estimulación clitoridiana. A algunas el coito les gusta por ser parte de esa excitación y tienen su propio orgasmo después del hombre, tras el coito; a otras les gusta tener el orgasmo antes del coito (en la mayoría de las mujeres el orgasmo no pone fin al deseo). A algunas les gustan los «preliminares», la parte sensual, sin el coito (¿sería muy radical que una mujer desee la estimulación y el placer de su propio orgasmo, sin proporcionar al hombre la ocasión de tener el suyo durante el coito?).

A una mujer puede resultarle opresivo que el hombre centre toda su atención en el pene y la erección, porque significa que, más o menos, la obliga a ella a hacer lo mismo, a adorarlo y considerarlo una prioridad. El hombre debe preguntarse si se ocupa igual de permitir que la mujer exprese su orgasmo durante la relación sexual con él, de averiguar cómo lo hace cuando está sola. Si un hombre desea construir una relación sexual placentera con una mujer, mucho más importante que el tamaño de su pene es crear una atmósfera sincera en la que se hable de esas cosas.

Si a algún hombre que lea esto le preocupa si su pene es lo bastante grande o se mantiene duro el tiempo suficiente, puede que tenga un problema; pero no con el pene. Tal vez tenga miedo de examinar las necesidades de la otra persona y se encierre en sí mismo, aferrándose a que el problema es su propia deficiencia. Me gustaría sugerir otro punto de vista: es importante que todos intentemos superar juntos esas concepciones tan anticuadas y que empecemos a construir una nueva sexualidad. Tanto el hombre como la mujer están cambiando en este sentido.

¿Está cambiando la juventud hoy, es distinta de la de generaciones anteriores?

Hoy, por lo menos, la sociedad ofrece nuevas alternativas sexuales, opciones que no estaban claras para otras generaciones de chicos y chicas. Desde luego, son opciones de las que pueden aprovecharse hombres y mujeres a cualquier edad.

Pero muchos no están cambiando; veamos por ejemplo otra carta —bastante habitual— de un lector:

> Soy un chico de quince años y tengo dudas: ¿es malo masturbarse con una frecuencia diaria? ¿Y cada dos o tres días? ¿Conoce alguna técnica para ensanchar o alargar el pene? ¿Puede afectar a la orientación sexual el tener curiosidad por ver los penes de los demás? Por favor, contésteme por email, ya que me da vergüenza leer sus artículos delante de mis padres.

En primer lugar, no es malo masturbarse a diario, no puede hacer daño a nadie. En segundo lugar, haz el favor de no preocuparte por el tamaño de tu pene: aumentará a medida que crezcas tú (sólo tienes quince años, todavía tienes que crecer), y no es necesario tener un pene grande ni para darte placer tú mismo (eso ya lo sabes) ni para dar placer a la persona amada en el futuro. No hagas caso de los anuncios de ningún producto para aumentar el pene, que no sólo parecen insinuar que «funcionan» (cuando, normalmente, son tirar el tiempo y el dinero), sino también que «tenerlo grande» es ventajoso. No es verdad.

¿Crees que serías más atractivo al quitarte la ropa si tuvieras el pene más grande? Desde luego, el tamaño depende de que tengas el pene erecto o no. Piensa en el famoso dibujo de Leonardo da Vinci del hombre como centro del universo; no tiene el pene grande, sino proporcionado con su cuerpo, y no está en erección. Pues bien, hace siglos que se considera el modelo de belleza masculina. O piensa en las numerosas estatuas clásicas (en su mayoría, de origen griego) de hombres desnudos: el pene no suele estar en erección y está perfectamente proporcionado con el cuerpo; es una parte natural de la forma humana y no un órgano desmesurado. En esas estatuas el cuerpo masculino desnudo es muy atractivo. Y, sin embargo, el tamaño del pene en ellas es el que algunos anunciantes utilizan como ejemplo de «pene demasiado pequeño».

También puedes observar el pene de otros hombres. Es natural la curiosidad por esa parte de la anatomía masculina de la que tanto se habla, una parte a la que se da una importancia exagerada con eso de que debe estar tapado y discretamente oculto, en la medida de lo posible. Tú eres un varón y, como tal, tienes ocasión de ver el pene de otros hombres en los aseos públicos y entre tus amigos; por ejemplo, en los vestuarios antes o después de practicar deporte. Incluso puedes pedirles que se presten a compararlo con el tuyo, si quieres (a la mayoría también les preocupa su tamaño y su aspecto, aunque aparenten seguridad y confianza); le puedes pedir a tu padre que te enseñe el suyo. Luego puedes sacar tus propias conclusiones. Eres un joven que piensa; no necesitas caer en tópicos, puedes resistirte a las presiones anticuadas.

PREGÚNTATE A TI MISMO: ¿Hacia dónde va la sociedad si se presiona al hombre para que exagere sus genitales? ¿Y por qué motivo?

Capítulo 2

¿Es normal la masturbación? «¿Debo practicarla? ¿Me hará daño?»

Chicos:

Quiero saber si la masturbación es normal. Tengo diecinueve años, contéstame rápido, gracias. Es urgente.

Tengo dieciocho años, estoy haciendo el servicio militar. Masturbarse desde una edad muy temprana, ¿puede influir en el crecimiento del pene?

A veces sueño que me masturbo, y me despierto en el momento del orgasmo. ¿Las poluciones nocturnas en los chicos son para renovar espermatozoides? Otra cosa de estos sueños que me ralla todavía más es que casi siempre sueño que me masturbo delante de gente que conozco —que en principio no se dan cuenta de que me estoy masturbando.

Soy un adolescente de quince años y estoy comenzando a tener mis primeras masturbaciones, he oído en charlas que con la penetración anal se puede conseguir algo mucho más excitante, ¿es verdad?

CHICAS:

Me llamo Anna y tengo catorce años. De vez en cuando me masturbo. No me excito mucho. A lo mejor es que no me concentro en lo que estoy haciendo, pero tengo la sensación que no me sirve de mucho. ¿Podría explicarme cómo masturbarme de forma que me resultase más placentero? Tampoco tengo idea real de qué es un orgasmo. Bueno, supongo que eso no se puede explicar, pero ¿cómo sabe una que está teniendo un orgasmo?

Yo soy de las que se masturba boca abajo con un montón de ropa, lo que me pasa es que me estanco y no puedo seguir (es como si me cansase) aunque quiera, y si consigo seguir, lo único que logro es volver a empezar. Mi pregunta: ¿qué es lo que tengo que hacer para conseguir el deseado orgasmo y superar ese percance? Gracias.

Soy Alba, una chica de dieciséis años ¿Cómo podría masturbarme más fácilmente? Me gustaría que me diera consejos para alcanzar el orgasmo, porque no creo que deba hacer el amor con un hombre a mi edad.

Me he masturbado pocas veces con muchos preliminares. Suelo encender velas, pongo música sugerente, disfruto viendo el reflejo de mi cuerpo en la ventana del dormitorio y me acaricio todo el cuerpo antes de realizar la masturbación del clítoris. Puedo estar más de media hora.

Obviamente, la masturbación es algo que casi todo el mundo hace o sabe hacer, así llegan al orgasmo y aprenden de su cuerpo tanto las chicas como los chicos. Sin embargo, la masturbación tiene fama de «vergonzosa», «fea» e «innecesaria», como muestran estas cartas de jóvenes. ¿Por qué la sociedad ha hecho de este bello placer que dura toda la vida algo tan negativo y de lo que avergonzarse?

EL AUTODESCUBRIMIENTO FEMENINO: A LA MUJER LE ENSEÑAN QUE NO HAY QUE MASTURBARSE

La masturbación es importante para el desarrollo sexual de chicas y chicos. Sobre todo para ellas, los modos de llegar al orgasmo con la masturbación son físicamente diferentes de como se espera que lleguen al orgasmo durante el sexo tradicional, y para la mayoría es mucho más fácil llegar al orgasmo masturbándose que en el sexo tradicional. Por eso es especialmente importante que descubran su propio cuerpo y lo acepten, que se hagan amigas de las capacidades sexuales de su cuerpo.

Históricamente, a la chica le han enseñado que no debe masturbarse; también al chico se le enseña que la masturbación es «pecado», pero mientras que él está acostumbrado a manipularse el pene (orinando, al vestirse, etcétera), la chica no está acostumbrada a tocarse «esas partes». Físicamente la zona está más oculta a la vista en el cuerpo de ella («debajo») y es menos obvia. El hecho de que se explore «ahí abajo» y aprenda sola a complacerse (nadie le enseña) muestra valor e iniciativa.

Las chicas hablan de sus sentimientos sobre la masturbación temprana:

> El primer recuerdo que tengo de haberme masturbado es de cuando tenía siete años, aunque no supe lo que

era aquello hasta los quince. Hasta entonces, no era más que una cosa que me gustaba, pero sobre la que me sentía muy culpable, porque ocurría en una parte «sucia» de mi cuerpo.

No creo que mi madre me enseñara jamás nada sobre la masturbación, que yo recuerde. Cuando empecé a hacerlo, leí en un libro que era normal, que no era nada malo, pero ni mi madre ni ninguna otra persona me habían dicho nada. Todavía no soy capaz de hablar de ello con tanta tranquilidad como de todos los demás aspectos del sexo.

La mayoría de las mujeres empiezan a masturbarse en la infancia, mucho antes de la adolescencia, aunque algunas empiecen en esos años, como la siguiente mujer, que casi parece justificar su «secreta vergüenza» relacionándola con la insatisfacción que le dejaban los chicos:

A los catorce años tuve mi primera experiencia de besarme y toquetearme con un chico. Cuando hacía esas cosas, me excitaba sexualmente (aunque no me daba cuenta de que lo que me pasaba era eso). Cuando volvía a casa y me acostaba, empezaba a tocarme y alcanzaba el orgasmo casi inmediatamente. Así comencé mi vida secreta y avergonzada de masturbación. Intentaba no hacerlo, pero no podía resistirme, porque era una sensación estupenda.

Otras describen sus intensos temores y su vergüenza al empezar a descubrirse y descubrir el placer:

Mi primera experiencia conmigo misma la tuve antes de ir al colegio. Me masturbaba (no sabía qué era aquello) apretándome muñecos de peluche entre las piernas y frotándome. Me acuerdo muy bien por dos motivos: porque me encantaba y porque mi madre se quedó completamente horrorizada cuando me descubrió haciéndolo. Se enfadó mucho y me amenazó con quitarme los muñecos.

Alrededor de los ocho años hice un vago intento de masturbarme, pero mi madre me pilló y me dio una larga charla en la que me dijo que me podía volver loca. Fue mi último intento hasta hace siete años, ya adulta.

Me masturbo desde que tenía cinco años, por lo menos. Recuerdo, de aquella época, los esfuerzos amables pero nerviosos de mis padres para que no me tocara los genitales. También recuerdo una ocasión en la que estaba enferma (supongo que tenía alguna infección) y tuve que tomar una medicina que parecía agua pero sabía horrible; se me ocurrió pensar que había alguna relación (castigo) entre mi actividad inocente (así me lo parecía) y mi enfermedad.

Son pocas las mujeres que indican que sus padres les dejaran masturbarse o vieran con aprobación el proceso de autodescubrimiento de sus hijas:

En una ocasión, mi madre me descubrió cuando me masturbaba (tengo trece años y eso fue el año pasado) y se escandalizó, pese a que pretende ser liberal y progresista en cuestiones sexuales. Me habló de todas las partes del cuerpo menos del clítoris.

Cuando me masturbaba me sentía muy culpable; hasta los quince años, más o menos, se lo confesaba siempre a mis padres y prometía que no iba a hacerlo más, pero nunca podía cumplir mi promesa. Sé que lo moderno ahora es que la culpa y el miedo que sufrí eran innecesarios, pero toda aquella experiencia me parece muy valiosa, incluida la culpabilidad: el hecho de seguir masturbándome, a pesar de mis temores y mi vergüenza, fue un acto muy positivo de valor y reafirmación, era empezar a reconocer y respetar un poder que no podía entender, más fuerte que mis padres y otras figuras de autoridad, incluso más fuerte que la razón.

Desde luego, la masturbación la «descubrí» por mi cuenta, aunque creo que el rechazo de mis padres me ayudó a interesarme más por esa parte prohibida de mi cuerpo. Al principio, simplemente me gustaba explorar. De forma gradual, a medida que fui creciendo, entró a formar parte del placer la sensación de que estaba haciendo algo vergonzoso y extraño. Empecé a tener fantasías masoquistas en las que me animaban (unos hombres lascivos y de mente obscena) a ser «mala» y luego me castigaban (esos mismos hombres u otros adultos, pero nunca mis padres). Aquellas fantasías, que me daban mucha vergüenza, se convirtieron en un elemento fundamental de la masturbación.

Cuando tenía alrededor de diez años, una niña de mi edad tuvo una enfermedad grave; mi padre me dijo que la causa de su mal, por el que estuvo a punto de morir, era haber hecho «eso». Así empecé a darme cuenta de que quizá otras niñas también se masturbaban, pero todavía no acababa de creérmelo, porque era absurdo. La primera vez que tuve un orgasmo me asusté. Pensé que a mi cuerpo le pasaba algo malo y que aquel espasmo era el

> principio de una especie de ataque. Contuve el aliento para ver qué pasaba a continuación. No pasó nada más y pareció que me encontraba bien. Aun así, decidí que tenía que dejarlo un poco. Pero al cabo de unos días me había tranquilizado y, con cuidado, volví a intentarlo. Volví a correrme inmediatamente, y esa vez me asusté menos. Pronto acepté el orgasmo como un hecho natural y empecé a disfrutarlo.

Por supuesto, las actitudes reprobatorias e intolerantes de los padres se transmiten a otras situaciones sexuales en la vida, con otras personas; suelen convertirse en una mentalidad para toda la vida, por lo que la masturbación sigue siendo un «placer secreto» para casi todas las mujeres (y muchos hombres reaccionan a la defensiva):

> La primera vez que me corrí por mi cuenta tenía diecinueve años, y fue en el aseo de la biblioteca de la facultad. Me sentí completamente culpable. En aquel entonces vivía con un chico. Cuando fui a casa, no me atrevía a mirarle a la cara.

Pero según mis datos, la mayor parte de las chicas aprenden a llegar al orgasmo masturbándose cuando son mucho más jóvenes.

Todavía hoy siguen existiendo las ideas de que la función principal de la masturbación femenina es sustituir el sexo en pareja («La masturbación te satisface, te permite no volverte loca cuando necesitas sexo, es relativamente importante cuando no puedes practicar el sexo de verdad») y de que la masturbación es una conducta «inmadura» e «infantil», y no es verdad. Ahora la mujer puede —gracias al conocimiento de su propio cuerpo— compartir con otras el gran tesoro de cómo su cuerpo llega al orgasmo y participar en el sexo en pie de igualdad con el hombre, ayudando a nuestra sociedad a introducir el cambio cultural necesario para transformar la actividad que llamamos «sexo» y trasmitírselo a nuestros niños.

¿CÓMO SE MASTURBA LA MUJER?

La mujer tiene diversas formas de llegar al orgasmo en solitario: la postura corporal puede variar (tendida boca arriba, boca abajo, con las piernas en cierta posición especial o no, con las rodillas hacia arriba o juntas), y puede utilizar la mano o un chorro de agua para rozar su zona púbica de forma rítmica y regular hasta llegar al orgasmo.

Es importante observar todas las formas que utiliza la mujer para llegar al orgasmo, porque son datos que se han perdido para la cultura durante miles de años, al haberse desterrado del lenguaje la mayoría de los signos de tales actividades (y partes del cuerpo femenino), por lo que hasta era difícil hablar de la masturbación femenina. *El informe Hite sobre la sexualidad femenina* rompió ese silencio y por primera vez aportó datos en voz de las propias mujeres sobre cómo se estimulaban para llegar al orgasmo. Hoy que queremos empezar a rehacer nuestra idea del sexo y crear el orgasmo femenino en los momentos eróticos y apasionados que dos personas pasan juntas, es inestimable disponer de este conocimiento.

El primer acto sexual de la mayoría de la gente es la masturbación. Después aprendemos a compartir esa sexualidad privada: el chico, al masturbarse el pene (que más tarde se frota contra el interior de la vagina), tiene menos distancia que recorrer que la chica, que aunque generalmente se masturba acariciándose la zona del clítoris, luego practica el sexo con la estimulación vaginal, muy distinta. Aunque hay quien dice que hay un punto especial en el interior de la vagina que provoca la estimulación clitoridiana y el orgasmo, en realidad ese supuesto punto no ha provocado el orgasmo en la mayoría de las mujeres durante siglos; de hecho, sólo el uno por ciento de las mujeres se masturban insertándose algo en la vagina. La masturbación es clitoridiana, externa, pese a los vibradores comerciales con forma de pene y a las innumerables chanzas de la sociedad.

Nuestros parientes biológicos, los chimpancés (y otros animales) también se masturban, no es «antinatural». Según los estudiosos del comportamiento animal, los chimpancés (que comparten el 96 por ciento del ADN con el ser humano) llegan al orgasmo masturbándose desde que nacen.

Es especialmente importante comprender cómo se masturba la mujer, porque es más probable que tenga un orgasmo durante la masturbación que durante el coito. Para el 98 por ciento, la masturbación no implica el mismo tipo de estimulación que el coito (aunque haya quien insista en que en el coito hay estimulación clitoridiana). Por consiguiente, se trata de un dato útil al examinar qué es el sexo ahora que las parejas intentan construir una buena relación física, sexual y erótica.

El informe Hite es el único estudio que describe en detalle, basándose en las respuestas de miles de mujeres, las diversas formas que tiene la mujer de alcanzar el orgasmo durante la masturbación. He aquí una síntesis:

La forma más extendida de masturbarse entre las mujeres es tumbarse boca arriba y acariciarse de forma rítmica un punto determinado de la zona púbica o del clítoris con la mano, los dedos o un vibrador durante varios minutos, hasta crear la «tensión orgásmica» (leve inflamación de los genitales) que desemboca en el momento de gran placer, o clímax, seguido de unas contracciones que liberan la tensión (es la misma secuencia fisiológica del hombre en el orgasmo). Hay mujeres que prefieren tenderse boca abajo o variar la posición de sus piernas respecto a la «habitual», que es tenerlas rectas, cerradas o semicerradas. Según mi estudio, algunas llegan mejor al orgasmo con las piernas abiertas, las rodillas dobladas o haciendo un movimiento «de tijera», casi una especie de «bombeo» con las piernas.

Una mujer describe cómo se masturba:

> Utilizo el dedo índice. Me tumbo boca abajo y abrazo una almohada con la otra mano. Hago un movimiento circular y de sube y baja en el clítoris, y normalmente abro un poco las piernas, pero, a medida que me acerco al orgasmo, las voy cerrando. A veces me muevo mucho, otras veces poco.

Otra forma de masturbarse, que utilizan relativamente pocas (el 4 por ciento), es moverse contra una almohada o algún otro objeto blando, normalmente tendidas boca abajo. En este caso, no usan las manos; empujan o frotan la pelvis, sobre todo la zona del pubis, contra la cama, unas almohadas o un montón de ropa, o presionan el cuerpo contra la cama. Suelen juntar las piernas, muchas veces poniendo alguna tela entre ellas, lo que sirve para extender la estimulación indirectamente a una zona más amplia.

Así describen algunas otras mujeres su forma de alcanzar el orgasmo:

> Normalmente me tumbo boca abajo en la cama con alguna tela —una sábana o una colcha— recogida en un montón contra el que me froto.

> Me tiendo sobre el estómago con una tela firmemente sujeta entre los muslos y apretada contra mi entrepierna, y me muevo con suavidad hasta el orgasmo.

> Me encanta masturbarme. Me masturbo desde que era muy pequeña, y no veo ningún motivo para dejar de hacerlo. Sin embargo, prefiero el sexo en pareja, porque me gusta la compañía. Siempre tengo un orgasmo, normalmente varios, según de qué humor esté. No sé de nadie que se masturbe como yo. Hago un revoltijo de ropa del tamaño de un puño (antes usaba la cabeza de mi pobre osito de peluche, pero, desde que se me pasó la edad de dormir con un muñeco, me conformo con un trozo de sábana). Luego me tumbo boca abajo encima del revoltijo para presionarlo contra mi clítoris y hago un movimiento circular con las caderas hasta que me corro; muy sencillo. Funciona siempre.

Otras mujeres pueden alcanzar el orgasmo cruzando las piernas con mucha fuerza y apretándolas de manera rítmica.

La mujer, que puede estar sentada o tendida, a veces de lado, tensa y destensa las piernas, sobre todo los muslos (juntando las piernas). Muchas veces, les gusta colocarse entre las piernas una almohada, que puede ayudar a centrar o generalizar el estímulo.

El 3 por ciento de las mujeres llega al orgasmo así, es decir, apretando rítmicamente los muslos y contrayendo los músculos, sin usar las manos:

> Me tiendo boca arriba con las piernas juntas y me muevo bastante hasta que me corro; luego me quedo rígida y contraigo la vagina por dentro, muy despacio. Pero lo que hace que me corra es la estimulación del clítoris y las contracciones internas. Contraigo así toda la zona de la pelvis, incluso aprieto con fuerza las nalgas.

> Para masturbarme me froto los muslos uno contra otro, normalmente tendida, pero puedo hacerlo sentada (en la oficina, en el autobús...). Los froto rítmicamente, y eso ejerce una presión sutil sobre el clítoris. La tensión va aumentando hasta llegar al orgasmo.

Por último, otro pequeño grupo (el 4 por ciento) alcanza el orgasmo, sobre todo, con un masaje de agua, es decir, con un chorro de agua (normalmente templada) que corre sobre los genitales hasta producir el orgasmo. La forma más habitual de hacerlo es abrir el grifo con fuerza, tenderse boca arriba con las piernas en la pared y colocar el clítoris bajo el grifo. Las piernas suelen estar separadas.

> Sólo me masturbo en la ducha. Dirijo el agua hacia el clítoris, con las piernas abiertas. A veces enchufo una

manguera, me siento en el borde de la bañera y aprovecho el chorro de agua. O me tiendo en la bañera y dejo que el agua de la ducha caiga sobre el clítoris, si tiene la fuerza suficiente.

Me tiendo en la bañera y dirijo un chorro de agua caliente hacia la vagina, el pubis y el clítoris. Cuanto más fuerte y más caliente está el agua, antes llego al orgasmo.

Sólo el 1,5 por ciento de las mujeres se masturba exclusivamente insertándose algún objeto en la vagina, normalmente después de estimularse la zona del clítoris con la mano, como explica esta mujer:

A veces, cuando estoy tomando el sol en traje de baño, empiezo a sentirme sexy y acabo entrando en casa (si estoy sola) para masturbarme. Entonces meto y saco los dedos de la vagina, o los dejo quietos dentro. Abro mucho las piernas y subo las rodillas. A veces me muevo mucho, según la intensidad del placer en ese instante.

Aunque a veces se diga que «hablar de la masturbación es asqueroso» porque las palabras son desagradables, en realidad, ¿cómo os sentís leyendo estas descripciones que hacen de sí mismas las mujeres?*

---

* Los modos en que el chico llega al orgasmo masturbándose están documentados en detalle en *El informe Hite sobre sexualidad masculina*. Como se conocen mejor que los de la chica, y como el tipo de estimulación no difiere tanto del empleado en la actividad sexual como sucede en el caso de la chica, no los reproducimos aquí. Los lectores interesados pueden consultar ese volumen.

LA DIFERENCIA SEXUAL ENTRE EL CUERPO DE ELLAS Y EL DE ELLOS

(«El desarrollo psicosexual de chicas y chicos: el pene se ve, pero la vulva no», ponencia expuesta en el Colegio de Tocólogos y Ginecólogos de Londres, 2001)

¿De verdad son tan diferentes el cuerpo de la chica y el del chico? Sí y no. ¿Cuándo tiene lugar la diferenciación sexual del embrión? Los embriones son todos iguales hasta el tercer mes de embarazo; sólo a partir de ese momento las hormonas hacen que el embrión masculino desarrolle los órganos sexuales en el exterior del cuerpo (los testículos bajan, etcétera), mientras que los órganos sexuales femeninos siguen dentro. Casi todas las partes del cuerpo masculino tienen sus homólogas en el cuerpo femenino, y viceversa. Pero a veces lleva toda la vida comprender esto, sobre todo en el terreno de la sexualidad. No obstante, la chica y el chico crecen con ideas muy diferentes sobre el sexo: ¿por qué?, ¿es sólo un asunto biológico, hormonal, lo que provoca las diferencias en la percepción y capacidad entre ambos sexos?

Pienso que hay demasiadas pruebas de que la cultura moldea la forma en que chicos y chicas se ven a sí mismos como para afirmar con simplismo que «todo se debe a la biología». No obstante, hay un solo elemento biológico (anatómico) que me gustaría señalar. Es un dato anatómico esencial que Freud y todos los demás pasaron totalmente por alto, un dato que influye de manera crucial en la mirada de niños y niñas a su cuerpo y su sexualidad, en su forma de crecer y definirse desde el punto de vista psicosexual. Su importancia es tan evidente que es raro que no nos hayamos dado cuenta hasta ahora. Quizá un factor de este enigmático silencio sea que la sociedad haya considerado descortés hablar de ello.

En concreto, el chico tiene una relación diferente con su cuerpo y el sexo porque su anatomía le pone en contacto diario con su «órgano sexual», el pene. No tiene más que mirar hacia abajo y se ve el pene, porque está ahí, en la parte frontal del cuerpo. En cambio, la chica no puede ver su sexo, sus genitales, sin tener que doblarse en una postura muy incómoda. Puede sentirlo, pero no verlo; además, se le dice que no se toque las partes íntimas cuando se lava en el cuarto de baño. Hasta se le impide que intente mirarse con ayuda de un espejo, por ejemplo (y mucho menos que mire a otras chicas) con el mensaje subliminal y discreto de que «las niñas buenas no se miran».

El chico se toca el pene, lo coge y lo ve con toda normalidad cuando orina. Ve el pene de otros chicos y otros hombres en los urinarios o las duchas del colegio; los aseos de chicos de la escuela, por ejemplo, o de las estaciones de tren, son abiertos y es normal que les vea el pene a otros. Es decir, el pene no es «una cosa aparte» ni «extraña» para él. A medida que crece, tiene una relación cómoda con esa parte del cuerpo.

Pensemos en ello. Ha habido un montón de palabrería psicológica que acusa a las chicas de vivir al margen de su sexualidad. Ahora bien...

Las niñas crecen mucho más apartadas de su anatomía sexual que los niños (e inclusos intimidadas por ella). A muchas hasta les dicen en casa que no usen tampones hasta después de estar casadas, vaya misterio. Por eso, el único modo que la mayoría de mujeres tienen de conocer de verdad su vulva y su vagina es en la primera experiencia sexual con otra persona. ¿Es de extrañar, pues, que la mujer esté mucho más dispuesta a aceptar los comentarios del hombre y de la sociedad sobre «cómo es lo de ahí abajo»? Al hombre no se le puede contar una complicada mitología irreal sobre el pene y su funcionamiento; en cambio, la mujer saca poca información de la larga relación diaria y personal con su cuerpo, así que, cuando oye los tópicos sociales de que «es sucio» o «resulta feo», carece de una respuesta rápida. Los comentarios y clichés sobre su anatomía sexual tienen honda repercusión en la mayoría de las niñas y mujeres y les hacen tener mucha más ambivalencia que el hombre respecto al sexo.

Me pregunto si los hombres pueden llegar a imaginarse qué sentirían si su cuerpo les impidiera verse el pene, oculto en la parte posterior, por ejemplo, o dentro. Deberían intentar ponerse en el lugar de la mujer. La mujer puede vislumbrar la zona del clítoris o el pubis: es donde empieza a crecerle vello en la pubertad y, al menos, es un lugar identificable y visible cuando está desnuda de pie ante el espejo. Pero para poder verse la vulva directamente —por no hablar de la abertura vaginal o los labios internos—, tiene que abrir las piernas ante el espejo en una posición muy incómoda (y esperando que no entre nadie en ese momento), para ver aunque sólo sea un atisbo de la parte externa de su anatomía. El hombre está acostumbrado a verse el pene erecto, no erecto y en todas las fases intermedias. La mujer no tiene esa experiencia. Espero que mi llamada de atención sea útil para empezar a revisar las ideas sobre la sexualidad masculina y femenina que llevan siglos desarrollándose.

Capítulo 3

Enamorarse: la complejidad de la primera relación sexual

Enamorarse es difícil a cualquier edad, pero hacerlo por primera vez es más desconcertante todavía.

¿Cómo tendrán que «hacerlo» chicas y chicos la primera vez? ¿Les irá bien, cómo será? ¿Es amor verdadero lo que sienten, hay que estar «enamorado»?

Hoy en día, enamorarse por primera vez es más difícil que antes por las grandes expectativas sobre el sexo que de entrada tienen los dos componentes de la pareja: será satisfactorio de inmediato, sonarán violines *in crescendo* y todo acabará en un perfecto dúo de orgasmos. Pese a la idea general de que chicas y chicos «siguen su naturaleza» y se exploran mutuamente como es «natural», ¿de verdad es así? ¿O nos hemos cuidado de enseñarles lo que deben sentir, «lo que debe ser», lo que deben hacer, por lo que cargan con un pesado bagaje histórico?

Presentamos aquí cartas de jóvenes de ambos sexos que nos explican lo que les está pasando al empezar su vida sexual: hablan de la embriagadora mezcla de la sexualidad y los imperativos o prohibiciones morales con los que se topan, intentando entender lo que les sucede y lo que sienten.

¿QUÉ ES EL AMOR?

Soy un joven español enamorado y desconcertado. Hace tres meses —tengo veinticuatro años—, conocí a alguien que ha cambiado toda mi vida, mi alma y mi corazón. Sólo pienso en ella. Estoy enamorado, pero ella no parece estarlo de mí. Somos almas gemelas, ella está de acuerdo en eso y me dice muchas veces que desearía amarme, pero que no me ama. Ha sufrido mucho en el pasado, pero sigo sin saber por qué no me quiere. Aunque compartimos muchas cosas —no digo sexo, claro, sino sólo lo que pueden hacer dos amigos de verdad—, no me basta. He estado leyendo artículos sobre las feromonas. ¿Hay algún producto que pueda hacer que me desee más?

Soy una chica de dieciocho años. No necesito leer en ninguna parte que el primer amor suele producirse a los dieciséis: lo vivo día a día en mi entorno. Hay una relación entre el primer enamoramiento y el inicio de las relaciones sexuales. Si escucho los casos de mis amigos, me doy cuenta de que uno tiende a enamorarse de la persona con la que se inicia en el sexo. No tiene por qué tratarse del coito. Sencillamente, creo que nos enamoramos del ser con el que compartimos por primera vez el sexo, con quien descubrimos un mundo nuevo. Quiero pensar que el amor es algo más lírico y que va más allá de las hormonas, pero lo cierto es que las chicas tendemos a enamorarnos del chico con el que vivimos nuestra primera vez. Y no es que lo hagamos por estar enamoradas: creo que el enamoramiento surge después. En los chicos ocurre algo similar, pero me parece que ellos suelen «colgarse» de la chica que les masturba por primera vez. Quizá no sepamos lo que sentimos.

Yo tenía veintiún años la primera vez que me enamoré. Ahora hace casi dos años que estamos juntos intermitentemente, todo marcha bien (bueno, intermitentemente). Yo creo en lo de enamorarse, los sentimientos te arrollan, no te explicas por qué o qué te trae esas emociones, pero están ahí. Es cosa tuya si te dejas llevar por ellas o no. En mi caso me dejé llevar y tuve suerte. No sé qué me decidió a dejarme llevar por lo que sentía, pero me alegro de haberlo hecho, aunque enamorarte puede ser peligroso. Mi mejor amiga se enamoró de su jefe y fue un desastre, se enteró todo el mundo y fue un escándalo. Él estaba casado y no se divorció como le había prometido, y por eso todo el mundo decía que mi amiga era una mala mujer, una destrozafamilias. Lloró mucho, y aún no se ha recuperado. N.

HACERLO POR PRIMERA VEZ: ¿DE QUÉ VA TODO ESO?

Casi todos los jóvenes, chicos y chicas, han oído hablar de las relaciones sexuales antes de probarlas; la mayoría ha pasado buenos ratos besándose y tocándose sin «penetración». La primera vez que prueban el sexo con penetración suelen quedarse perplejos, ya que ésta no siempre es como se esperaban.

Hola, soy una chica, tengo dieciséis años. Cuando estás haciendo el amor con un chico o masturbándole, si no se corre, ¿es que no ha llegado al «orgasmo»? ¿Siente lo mismo que si lo hiciera? ¿Su sensación es parecida a la nuestra? L.

Un chico dice que todavía no ha hecho el amor con su pareja porque siempre pierde la erección ya que se pone nervioso al introducirse en ella:

> Tengo veinticinco años y estoy saliendo con una chica, no había hecho el amor antes. Llevamos saliendo ocho meses y con ella todo me va muy bien, salvo que hasta ahora no hemos hecho el amor. La razón es que yo no he podido. Verás, la primera vez que lo intentamos estaba muy nervioso, y lo consideré muy normal. Pero ya lo hemos intentado bastantes veces, y en todas, aun estando muy excitado al principio, en el momento de ponerme el preservativo se me baja la erección y, aunque sigo estando muy excitado, no podemos hacerlo. El problema es que hemos hecho muchas cosas en la cama, y es genial. Sé que las mujeres disfrutan mucho con otras cosas además de la penetración, así que si hiciésemos el amor y además todo lo que hacemos hasta ahora, sería increíble para los dos. Pero claro, si no hacemos el amor, yo (e imagino que ella también) noto que falta algo, algo que tiene todo el mundo y nosotros no (por mi culpa). Ese tema se ha ido convirtiendo en algo así como una barrera; y me pone muy nervioso. Me da mucha inseguridad y sé que cuando estoy con ella y pienso que podemos hacer el amor, estoy más pendiente de lo que siento yo físicamente, de si me gusta, que de lo que estoy haciendo. Pierdo la «excitación mental» porque estoy más pendiente de tener ya el orgasmo y, por fin, haber hecho el amor. También he pensado que puede haber algún factor físico: aunque el tema psicológico esté afectándome, esto puede deberse a que tenga algún problema físico para mantener la erección (porque claro, si te están masturbando, no pier-

des la erección, pero si tienes que parar para coger el preservativo...). J.

Una chica contempla su primera relación sexual:

> Tengo dieciséis años, y desde hace tiempo mi chico y yo hemos planeado tener relaciones sexuales. Él ya ha tenido experiencias, pero prácticamente ésta sería mi primera experiencia sexual. Entiendo la importancia de la estimulación de la mujer, de la participación del hombre en la actividad y, sobre todo, de la prevención. Me gustaría saber más acerca de la estimulación, tanto corporal como genital, en el hombre. E.

Otro chico se pregunta por el ancestral problema de si su primera relación sexual podría haber llevado al embarazo de su novia, aunque usó un condón, o lo intentó:

> Soy un chico de diecisiete años. Después de un año con mi novia, ella vino a mi casa, nada estaba planeado, pero acabamos en la cama. Nos fijamos muy bien en cómo poner el preservativo, incluso tuve la duda de si el primero me lo puse mal, y lo cambié por otro. No pudimos terminar porque le dolía mucho, y después comprobé que el preservativo no se había roto. Yo estoy seguro de que hicimos todo bien, pero el caso es que le tendría que haber venido la regla hace diez días, y estoy preocupadísimo además de acojonado. Quiero saber si es muy probable que se haya quedado embarazada, si puede influir que estemos en época de exámenes finales para que la regla se retrase o si la regla se puede retrasar tanto..., estoy nerviosísimo. Un niño ahora es una de las peores cosas que

nos pueden ocurrir, porque además estamos pasando muy malos momentos juntos. Espero que pueda contestarme pronto. M.

Las chicas suelen culparse de no tener orgasmos:

Hola, soy una mujer de veinticuatro años con un problema sexual: soy incapaz de relajarme al hacerlo con alguien. El fin de semana pasado estuve con un hombre que me gusta de verdad; durante toda la semana, cada vez que pensaba en hacerlo con él, me excitaba. Pero estando ya juntos, no me sentía excitada; cuando él me besaba, yo no sentía nada. Lo estuvimos haciendo, y ni siquiera pude disfrutarlo. ¿Por qué?

Según las cartas, el desconcierto suele producirse a las pocas semanas de «sexo con penetración», y suele centrarse en la cuestión del orgasmo femenino. Muchas chicas se extrañan y preocupan al ver que, aunque con la masturbación tienen orgasmos perfectamente, no lo logran tan fácilmente con su pareja, por más que lo intenten. Algunas ni siquiera pueden consumar el coito al principio:

Tengo veinte años y soy virgen. Mi novio y yo hemos intentado hacerlo varias veces, pero no podemos. Cada vez que intenta penetrarme, me pongo rígida y no me relajo, y por eso no hay manera. Lo hemos intentado como diez veces en siete meses, y me estoy empezando a desesperar. No creo tener problemas para excitarme, porque me excito mucho, hasta que veo que hay que volverlo a intentar, y entonces se me va toda la excitación. Hemos probado introduciéndome primero dos y tres dedos, y luego intentando penetrar en diferentes posturas, pero no lo conseguimos. Por favor, ayúdenos. En estos cuatro meses las relaciones sexuales han sido satisfactorias, al menos para mi chico, pero yo solamente he tenido una vez el orgasmo (o el orgasmo que tengo cuando me masturbo), y no sé, porque cuando él eyacula, paramos y ya está. Aunque muchas veces le digo que siga un poquito conmigo, y lo hace, muchas veces me pregunta si he terminado o si me ha gustado. Terminar, lo que se dice terminar, sólo una o dos veces. Gustarme, todas las veces, porque a mí lo que me gusta de hacerlo es sentir que él se excita, saber que lo hago bien, eso me hace sentir bien.

Y lo segundo que me gustaría comentar es que al principio de la relación, cuando sólo nos masturbábamos, él a mí y yo a él, yo siempre alcanzaba el orgasmo antes que él, y luego me sentía como sucia (y también me pasa cuando me masturbo yo), no tengo ganas de seguir y eso le corta mucho el rollo, ya lo sé. A mí también me lo corta a veces, y no es que sea muy agradable. Pero no sé, tengo miedo a tener un orgasmo durante el coito, por si le hago parar, no porque se enfade, sino porque ya que está excitado, que termine, ¿no? A.

¿LA CULPA LA TIENE LA «EYACULACIÓN PRECOZ»?

La «explicación» más frecuente de que la joven no tenga orgasmos en el coito tras varios intentos es que él «no dura lo suficiente» o tiene «eyaculación precoz», pero probablemente ésta no sea la verdadera razón (véase capítulo 4).

Numerosos jóvenes de ambos sexos piensan que el hecho de que la chica no tenga «orgasmos plenos durante el coito» significa que el chico «se corre demasiado pronto», y eso no es verdad. En realidad, según mi estudio —y es de dominio público—, casi ninguna mujer tiene orgasmos durante el coito, independientemente de cuánto dure. ¡Y no pasa nada! Como casi todas las mujeres llegan al orgasmo con la estimulación adecuada, que no es el coito, no hay motivo para desesperar. El problema radica en la versión anticuada del sexo, no en la mujer. La conclusión que hay que sacar no es que uno tenga nada malo en el cuerpo, sino que debería descartarse la versión del sexo en la que insiste nuestra cultura al poner todo el énfasis en «el acto» (que el hombre alcance orgasmos en el coito no significa que la mujer tenga que tenerlos también en el mismo momento), y debería prestarse más atención al medio que ella tiene a su alcance para llegar al orgasmo (que suele ser la estimulación manual y continuada de la zona púbica).

Entretanto, habría que atajar la repetición de la falsedad que se ha dado en llamar «eyaculación precoz», pues ha perjudicado a mucha gente. Es un ejemplo del intento de encajar el cuerpo de la mujer en categorías ideológicas o contextos que no son suyos. Nos ahorraremos años de búsqueda infructuosa si conocemos los hechos, leemos lo que dicen del orgasmo otras mujeres y sacamos nuestra propia conclusión.

A chicos y chicas les beneficiará mucho saber que ante ellos se abre todo un mundo nuevo que incorpora al sexo el orgasmo femenino de una forma nueva, como veremos en los capítulos 5 y 9.

La «eyaculación precoz» no es la causa de que la chica no tenga orgasmos en el coito, aunque puede que fuera un placer (o no) que el coito y los movimientos del hombre duraran más tiempo, como dicen muchas mujeres. Las que afirman no tener orgasmos debido a la «eyaculación precoz» tal vez se refieran a que el sexo se acaba demasiado pronto, a que les gustaría seguir después de que él tenga el orgasmo, pero todo termina con la eyaculación del hombre, aunque la mujer siga excitada: «El sexo se acaba demasiado pronto». Las chicas quieren participar en la decisión de cuándo termina el sexo, y casi todas desearían que el placer global del erotismo y la intimidad durara más; que se interrumpa de repente cuando el hombre tiene un orgasmo les parece arbitrario y frío.

Sin embargo, muchas se preguntan si la «eyaculación precoz» puede ser la causa de que ellas no tengan orgasmos en el coito:

> Soy una chica de veinte años. El primer novio con quien me acosté por primera vez, según él, era eyaculador precoz. Porque me lo dijo él, que si no, yo ni me hubiera percatado. Los dos éramos vírgenes, con lo que nuestra práctica distaba mucho de la perfección. Las pocas veces que lo hicimos (quizás siete u ocho) fueron entretenidas, al tratarse de algo nuevo, pero tampoco impresionantes. Él tenía un enorme sentido de culpa por lo de su problema, que para mí no era nada grave (le intentaba animar diciendo que con la práctica todo pasaba), y yo nunca llegué a sentir un orgasmo.
>
> No sé la razón, quizás al no tener nada de práctica, al estar coaccionados por las inseguridades de él, y al no sentir yo nada más que simple diversión alejada del orgasmo. Supongo que no fue nada especial. Han pasado dos años y ahora estoy con otro chico cinco años mayor que

yo, con más experiencia, pero sigo sin sentir el orgasmo. Bien es cierto que sólo lo hemos hecho un par de veces, y quizás necesite mucha confianza para llegar a evadirme, no lo sé. La masturbación no me la debo de saber hacer muy bien, porque es una situación que me resulta algo... Pero me siento ridícula estando yo sola y nunca consigo sentir verdadera excitación masturbándome. Cuando este nuevo chico me masturba, consigo sentir por unos instantes unos temblores incontrolables, pero al segundo vuelvo a ser yo, como si volviese a aterrizar y me diera cuenta de dónde estoy, cómo estoy y con quién.

Me gustaría saber si esa incapacidad para alcanzar el orgasmo se debe a falta de seguridad en mí misma con respecto al sexo, o a falta de confianza con la otra persona y miedo a la vergüenza, o que puesto que no me sé masturbar yo misma, por eso no tengo ni idea de mi punto clave, no sé.

Muchas chicas interpretan esa «cota secundaria» como pérdida de excitación, pero según estudios de laboratorio (yo hago investigación clínica, no de laboratorio), es sólo una de las fases de la estimulación de la mujer antes de tener el orgasmo; tras esos breves momentos de pérdida de interés, el placer sexual vuelve con más fuerza que antes. No deberían dejarlo: por eso es de gran ayuda que prueben a masturbarse y llegar al orgasmo, así sabrán que deberían continuar, que no hay nada que vaya mal.

Sin embargo, a veces la causa de la «dilación sexual» o falta de orgasmo es otra: lo que algunos hombres entienden por «estimulación clitoridiana» puede llegar a ser doloroso para la mujer, por ejemplo si le aprietan demasiado o «no en el sitio justo» (el «punto sensible» varía de un día a otro o incluso tras un orgasmo, como saben chicos y chicas al masturbarse; muchas chicas tienen que cambiar la posición de la mano para tener un segundo o tercer orgasmo); lo que ellos ven que funciona con una mujer puede no funcionar con otra. Todos han de pedir a su compañera que les guíe la mano hasta el lugar y les indique la presión correcta, dejándole espacio a ella para colocar el cuerpo como quiera para el orgasmo.

Por otro lado, muchos hombres no se dan cuenta de que para que ella llegue al orgasmo, la estimulación ha de ser continua y no debe parar ni cambiar, aunque eso no le pase al hombre. A esta chica lo que puede ocurrirle es que su novio quizá cambia de posición la mano o el brazo tras unos minutos (y mientras tanto, se para), lo que a ella le provoca esa pérdida de placer sexual.

Muchos chicos dicen sentirse desconcertados al tener la primera relación sexual con coito y ver que su pareja no llega al orgasmo:

> Tengo una relación de pareja desde hace cinco años, y salvo algunos momentos de pequeña crisis, lo llevamos muy bien, en el sexo nos sentimos bastante afortunados, ya que siempre hemos hablado de lo que nos gusta (aunque no siempre sea fácil satisfacer al otro), pero ¿hasta qué punto se puede considerar que tienes eyaculación precoz? Concretamente, tardo poco en eyacular, tanto después de los juegos sexuales como de la penetración. No sé cómo decirlo: en tiempo real, puedo durar de dos a cinco minutos, aunque a veces más o menos. No me supone un trauma existencial. Buscamos soluciones. E.

LOS TRÁGICOS EFECTOS DE LA DESINFORMACIÓN SOBRE EL SEXO

La siguiente carta es de un joven decaído porque la mujer que ama se está alejando de él, perdiendo el interés. Y él se pregunta por qué:

> Llevo cuatro años con una chica —yo tengo veinticinco y ella veintiocho años— a la que quiero con todo mi alma (haría lo que fuera por ella, y ella lo sabe). Pero creo que la magia que existía se ha perdido en parte (por su lado). Yo todavía tengo una pequeña esperanza de recuperar el rumbo para que vuelva esa magia. Uno de los problemas que ha causado todo esto puede ser el sexo. Ella no disfruta con el sexo que mantenemos y hay cosas que ya no quiere hacer: besarme con lengua, felaciones, etcétera. Las últimas veces que hemos hecho el amor, ella parecía un bloque de madera, claro que también ha coincidido que eran horas que tenía mucho sueño (eso decía). Yo tengo el problema de que tengo una eyaculación muy rápida y no sé cómo hacer que dure más tiempo el coito para que ella disfrute al máximo; es que me excito y se me olvidan las cosas que he leído de cómo aguantar más tiempo. Nos iremos mañana de vacaciones de Navidad unos tres días, y creo que puede ser una de mis últimas oportunidades para revivir la magia (¿se puede?). Tengo una depresión que me está haciendo hasta perder peso. M.

Hace bien en preocuparse de estar perdiendo su relación, al igual que muchos otros jóvenes que escriben cartas parecidas. Es un lugar común que lo típico en las relaciones largas y el matrimonio es que la mujer vaya perdiendo interés por el sexo. Esa pérdida de interés —objeto de muchos chistes— se ha achacado (por error, en mi opinión) a la «menopausia» y a los cambios hormonales femeninos, mientras que en realidad, parece que la mayoría de las mujeres, tras experimentar múltiples casos de sexo sin orgasmo para ellas pero sí casi siempre para él, se hartan de su papel en ese guión. La solución es transformar el sexo, hacerlo de otro modo, más igualitario, dando poder a la mujer para cambiar las cosas.

Otro joven teme estar perdiendo a su amada, y no sabe qué hacer:

> Llevo tres años con mi novia y prácticamente tres años desde que empezó mi vida sexual (sólo con ella, no pensemos mal). Los primeros meses fueron muy buenos en el aspecto sexual, supongo que como en toda relación en la que la pasión se desborda a cualquier hora y en cualquier lugar. Con el paso del tiempo las cosas cambiaron, todo era más «apagado», me daba la impresión de que ella lo hacía por mí. Hasta que le pregunté y me dijo que «alguna vez lo había hecho sólo por mí, sin que a ella le apeteciera». Aunque sólo hubiese sido una vez, ya me hubiese sentado mal, pero no por ella, sino por mí. ¿Qué había hecho mal? Aún no lo tengo claro. Ahora la pasión no se desborda a cualquier hora y en cualquier lugar, somos más cómodos (¿y por qué no?), necesitamos un sitio que realmente nos «apasione». Bueno, todo cambió desde el momento en que me dijo que «alguna vez lo había hecho por mí». Las cosas mejoraron, bajó la frecuencia pero mejoró la calidad (y por supuesto que esto es mucho mejor), la veía disfrutar y eso es lo que más me excita.

Ha pasado el tiempo y cada vez hay menos espontaneidad, no hay sitios donde poder estar como mínimo solos, ni su casa, ni la mía (demasiada gente), nos hemos vuelto cómodos y miedosos, y los sitios oscuros con el coche no nos gustan demasiado. Parece que se tengan que alinear los planetas para que podamos darnos un par de besos seguidos. Y el problema es estar así, vernos cada dos o tres semanas (ella está en Barcelona y yo en Alicante) el fin de semana sin poder hacer nada. Pues cuando por fin se alinean los planetas, no todo resulta como se esperaría. Y no he sabido cómo cambiar esto. Entonces, la última vez, ella me dijo que le gustaría sentir que yo llevo el control, supongo que a veces me paso preguntando si todo va bien. La cuestión es que no sé cómo llevar el control, no sé cómo sorprenderla y te aseguro que me encantaría hacerlo. Pero no sé cómo. Supongo que cuando ella me pidió que llevara el control, yo, que como hombre, soy un simple, interpreté «quiero que actúes como un león en la cama conmigo», y lo interpretara bien o no, me bloqueé. No me siento capaz de ser como los que dicen que son un crack en la cama. Yo soy yo, y ahora mismo estoy bloqueado y poco contento conmigo mismo, con una chica que me quiere y que me pregunta por qué me siento mal. Y no me atrevo a decirle que es por algo que ella me dijo en la cama y que no sé cómo arreglar. ¿Cómo puedo cambiar, cómo la puedo sorprender? P.

A los veintitrés años, esta lectora ha decidido que ya no quiere saber nada del sexo:

Siempre me ha gustado el sexo, desde pequeña. Empecé a masturbarme a los nueve años, y hasta grababa cintas con gemidos. A los quince, perdí la virginidad porque quería dar ese paso y poder gozar de uno de los mayores placeres que existen según lo que había visto en películas, en mi familia, y por ser un tema tabú en la sociedad en general y por el que se interesaban los adultos. Todo ello viene a cuento de que nunca he conseguido ser fiel a mi pareja por culpa de mi curiosidad sexual. Cuando un chico se me insinuaba, intentaba besarme y tener algún tipo de relación sexual, no podía resistirme. Pero ahora...

Estuve con un chico (ahora tengo veintitrés años) y tuve muchas experiencias sexuales con él (hacer el amor en el mar, piscina, hamaca, campo, lavabo, de pie, sentada), pero muchas fueron en contra de mi voluntad. Me di cuenta de que el sexo no es como hacer deporte. Es una relación en la que tiene que haber respeto y sobre todo que los dos (o más) participantes busquen tanto el placer propio como el del otro, pero todo en conjunto, sin excluir a nadie en ningún momento y con la aceptación de todos. Aprendí también a valorarme y a elegir a los chicos con los que quiero relacionarme. También me di cuenta de la importancia de la madurez que tanto comentan los adultos cuando hablan de la primera experiencia a niños y adolescentes. Hay que valorarse a sí misma, quererse, querer disfrutar de tu cuerpo. Y ¡es tan bueno ver que el otro también está disfrutando! Por último, también percibí lo importante que es el sexo en una pareja. Si no existe ese placer entre dos personas que se quieren, en mi opinión, siempre habrá una tercera y tal vez cuarta persona entre ellas.

Por ahora, he decidido no tener novio. ¡Qué sensación tan buena es la libertad después de una mala relación! (Por favor, no citen mi nombre).

Otras chicas hablan de haber perdido todo deseo sexual:

> Estoy con un hombre de veintiséis años, yo tengo veintinueve. Siento poco deseo sexual, no sé por qué. He consultado a un psicólogo que me dijo que llevo una vida muy estresada. Vale, intentaré resolver el problema de estrés, pero necesito hallar ejercicios u otras cosas que me puedan ayudar rápidamente. ¿Conoce usted alguno? T.

> Desde hace unos meses me encuentro muy apagada, sin ningún deseo sexual. Tengo veintiocho años. Hace pocas semanas he conocido a un chico y me gustaría poder disfrutar de mi sexualidad con él, pero ¿de verdad vale la pena?

Ellos dicen notar esta pérdida gradual de interés por el sexo en las chicas que aman, pero se sienten incapaces de hacer más de lo que hacen, no saben por dónde tirar. Antes hemos hablado de un joven enamorado que veía a su novia distanciarse sexualmente de él. Seguramente era porque él tenía orgasmos durante el sexo, pero ella no. La causa no es la «eyaculación precoz», sino más bien una desinformación básica que lleva a falsas expectativas.

La mayoría de los sexólogos no quieren sacar conclusiones lógicas basadas en los hechos —lo que implicaría reconsiderar cómo tiene que ser el sexo—, ya que han extendido la creencia de que el sexo de penetración es un mandato biológico, y la premisa de que «como la sexualidad es para la reproducción, el orgasmo femenino va, como es lógico, ligado por naturaleza a ese tipo de sexo». Los hechos científicos están ahí (la mujer tiene orgasmos con la masturbación, que estimula otra parte de la vulva, no la que se estimula en el coito), pero se han pasado por alto. Michel Foucault, filósofo que ha escrito sobre el sexo, fue una de las pocas excepciones al proclamar que el sexo se define culturalmente, y no sólo por la biología, siendo su campo de exploración la historia de la Grecia clásica; demostró lo diferente que era el sexo en aquella época para el hombre.

La pérdida de interés por el sexo en la mujer lleva mucho tiempo siendo una pauta matrimonial. En mi opinión, esto se debe a que las mujeres se dan cuenta de que equiparar sexo a orgasmo no es realista. Sin embargo, este conocido desinterés femenino se ha achacado a las «actitudes o inhibiciones» victorianas de mujeres que han crecido pensando que el sexo era malo, «pecaminoso» o pernicioso. No obstante, como las mismas mujeres no han dejado de masturbarse habitualmente para tener orgasmos, creo que, más que inhibiciones victorianas y una moralidad estricta, la causa es la falta de orgasmo en el sexo a dúo.

Esta generación puede ahora, en este momento de la historia, cambiar todo el concepto del sexo y crear una nueva versión de las relaciones sexuales, más atractiva y más democrática e igualitaria, que contribuirá a que las relaciones crezcan, y no a minarlas. Esto nos hará mucho más felices individualmente (y eso por sí solo ya es una meta que vale la pena), pero cambiar las pautas de lo que llamamos «sexo» también mejorará otros aspectos del «mundo» y repercutirá en muchos terrenos, también en la política, dándonos a todos más energía positiva.

EL DESCONCIERTO Y EL DOLOR DEL CHICO CUANDO LA CHICA NO TIENE ORGASMOS CON ÉL

Hemos visto las preguntas de numerosos jóvenes, chicas y chicos, sobre las razones por las que muchas mujeres no tienen orgasmos durante el sexo y «el acto», como esperaban, aunque puedan llegar con facilidad al orgasmo (o a orgasmos múltiples) al masturbarse. Pero a veces se olvida cómo se sienten ellos.

Aquí tenemos la opinión de otro chico que ve que su novia pierde el interés sexual por él, y se siente impotente y dolorido:

> Hola, tengo veintitrés años. Nunca le habría contado todo esto si no estuviera desesperado. Esto será confidencial, ¿no? Tengo una novia desde hace cuatro años. Es poco cariñosa, al contrario que yo, y parece que ahora no hay pasión en el sexo como antes. Yo pienso que nunca la ha habido mucho, y eso se debe a que por su personalidad le cuesta mostrar sus sentimientos. Es como si le diera miedo saber que puede disfrutar del sexo. Como si siempre quisiera tenerlo todo bajo control, nunca quiere que le vea perder el control. Es como si cuando fuera a tener un orgasmo, parara mis manos porque se siente incómoda al saber que pierde el control. Siempre piensa en todo, si hay sexo oral me dice que no porque sabe que no me gusta (eso es falso), para mí, como hombre, mi mayor satisfacción sería que ella disfrutara como yo. Pienso que por su educación y por todo en general es como si creyera que ella no se lo puede pasar bien, o que nada bueno le puede pasar.

De vez en cuando me dice que es aburrida, pero yo no lo creo. Pienso sinceramente que si se dejara llevar por sus emociones en vez de pensar en todo momento de una forma racional, ambos saldríamos ganando. Porque yo soy muy pasional, pero al ver que ella no se involucra todo lo que pudiera, pues me da pena. No creo que sea un problema, porque cuando bebe alguna copa le sale esa pasión que tiene dentro y entonces sí le explota esa vena animal que todos tenemos. De la otra forma, es como si le costara reconocer que le apetece hacer el amor conmigo. Yo no quiero que lo haga conmigo por obligación, sino por devoción y porque lo desee tanto como yo.

Lo peor de todo es que ahora se está planteando que esa falta de pasión puede que sea por mí, y que a lo mejor con otra persona volvería. Cuando me conoció era virgen y piensa que igual es porque no ha conocido otra cosa. Claro que yo no le puedo decir que nunca ha existido pasión, de hecho siempre le he echado en cara que ella nunca ha facilitado nuestros encuentros sexuales y que siempre ha pensado que yo estaba enfermo por querer hacerlo tantas veces. Claro que para mí hacerlo con ella es lo mejor del mundo, y lo que quiero es que intente disfrutar de ello, en vez de estar frenando todo por vergüenza o lo que sea (y claro, ya son casi cuatro años).

Ella es la persona que más quiero en mi vida, y quiero que disfrute de la vida conmigo como yo lo hago con ella. Dice que nunca me va a dejar, pero yo no quiero que no me deje, sino que quiera no dejarme porque está bien conmigo. Me gustaría que me dijera formas para que el plantear relaciones sexuales no fuera tan violento y frío. Es decir, cómo decirlo, o lo mejor, cómo conseguir que ella me lo diga.

Pero por mucho que diga que la ama, sigue pensando que su explicación es mejor que la de ella (segundo párrafo), y no parece dispuesto a escuchar lo que la chica le explica: ahí puede estar el problema sexual en la relación, puesto que el sexo debería ser una conversación o un diálogo de dos cuerpos.

Otro joven piensa que, en el sexo, el problema es que él «no dura lo suficiente» y por eso «ella no tiene orgasmos»:

> Estimada doctora: Soy un lector de dieciocho años, me gustaría saber cómo disfrutar más de mis relaciones con mi pareja, cómo retener más la eyaculación. Creo que mi pareja debe disfrutar tanto como yo del sexo, y deseo saber qué es más placentero para ella. ¿Qué me aconseja para ayudarla? F.

A otro joven le angustia que el amor de ella disminuya por problemas sexuales:

> Tengo veinte años, hace casi dos que estoy con una chica y nuestras relaciones se están estropeando porque yo no soy capaz de mantener el ritmo durante un tiempo normal: de hecho, no suelo pasar de los tres o cuatro minutos. Hemos intentado todos los trucos típicos, pero imposible. Afortunadamente, ella es comprensiva y dice que no le importa, pero es algo que, de haber solución, me gustaría conocerla. No es sólo el deseo de complacerla, sino que me niego a quedarme de brazos cruzados si existe algún tipo de solución. Mientras tanto, utilizamos unos preservativos retardantes con benzocaína que son efectivos, pero lo cierto es que no querría estar así toda la vida. Por tanto, si usted conoce algún tratamiento o lo

que sea, estaría muy agradecido si me lo comunicase. ¿Vale de algo que, como primer paso, vaya a hablar con mi médico de cabecera? I.

Hay algún joven que entiende que la clave para solucionar las cosas es diversificar el sexo y saber más de otras formas de sexualidad. Véanse capítulos 6 y 9.

CARICIAS AFECTUOSAS: ¿CUÁNDO TIENEN ORGASMOS LA MAYORÍA DE LAS CHICAS?

Muchas chicas cuentan en las cartas la importancia que dan a los «preliminares» y las caricias, diciendo que son esenciales, puesto que es cuando tienen orgasmos y mucho placer:

> Soy Rosa. Sobre la importancia de las caricias, estoy tratando de explicársela a mi amigo. Él piensa que lo que deseo es su enorme erección dentro de mí, pero lo que quiero en realidad es besarle y sentir que él me besa y me abraza apasionadamente.
>
> Pienso que el afecto físico y las caricias son mucho más importantes que el sexo y los orgasmos, pero mi novio opina que mi necesidad de tal contacto se debe a una inseguridad neurótica.

Habla por muchas al describir lo importante que le parece tocarse afectuosamente, y también habla por muchas que tienen que oír que esa necesidad es «tonta» o incluso «errónea», y a quienes se les cohíbe la espontaneidad física. Como dice otra mujer:

Anhelo abrazar y que me abracen, ¡sólo estirarme junto a un hombre y sentir el contorno de su cuerpo es más importarte para mí que si tiene el pene grande o una erección!

Esta afirmación de muchas mujeres parece difícil de creer para algunos hombres, en parte probablemente por la actual creencia de que «el hombre tiene que tener el pene grande y duro, ¡y saber usarlo!». Pero puede que tales leyendas no reflejen cómo se siente realmente la mujer respecto al hombre.

Algunas afirman que practican el «sexo» para recibir afecto y caricias físicas, que el orgasmo no es su meta:

Tocarnos es más importante para mí que el sexo, y es mi principal motivación para practicarlo. La cópula por sí misma a veces es una intrusión no deseada.

A veces la mujer se inhibe de expresar afecto físico a los hombres con los que sale porque puede interpretarse como una invitación al sexo:

Me encantan el afecto físico y tocar, pero me parece que inevitablemente llevan al hombre al deseo sexual. Por eso me abstengo del afecto físico hasta con hombres que me gustan, a no ser que esté dispuesta a tener relaciones sexuales con ellos.

A veces el sexo no es más que una excusa:

Con mi marido, las caricias físicas siempre llevan al sexo, lo que me inhibe de ser cariñosa cuando sólo me apetece que nos abracemos y no hacer el amor.

Como dice otra:

> Me he percatado de que salvo que la mujer desee sexo, lo más prudente es no tocar demasiado a un hombre. La mayoría interpreta que mi caricia incita al sexo, cuando lo único que hago es intentar relajarme. Me cabrea que la mayoría de los hombres no lo acepten y me hagan sentir que les he «calentado» si no me acuesto con ellos.

En realidad, tanto a hombres como a mujeres les gustaría tener más afecto y caricias.

Capítulo 4

¿Qué es el orgasmo femenino? ¿Cuándo lo tienen las chicas?

Hola, doctora Hite. ¿Es verdad que las mujeres no suelen llegar al clímax durante el sexo? Si es verdad, es inquietante: ¿por qué es así? Por favor, explíquemelo. U.

Profesora Hite, un día recibí un email basura en mi correo electrónico que decía que el 75 por ciento de las mujeres fingía el orgasmo. Quisiera saber si eso es cierto o qué, debe de ser una mentira. Si no, el mundo será muy duro para muchas mujeres. Lo pregunto porque tengo veintidós años y no tengo ninguna experiencia, y no sé si será verdad. C.

«NO TENGO ORGASMOS, ¿POR QUÉ NO?»

Como tantas chicas tienen orgasmos habitualmente con los «preliminares» o con la autoestimulación (masturbación), y como toda la «información» y las imágenes que las rodean les dicen que tendrán «el orgasmo más grande de su vida» en la cópula, se sorprenden y se quedan perplejas si eso no les sucede o si no se produce fácilmente. Las que no tienen orgasmos nunca de ninguna manera están aún más desconcertadas, al haber recibido de su entorno la falsa información de que el coito sería el mayor placer de su vida sexual.

Suelen sentirse muy perplejas la primera vez que tienen una relación sexual si no alcanzan el orgasmo:

> Soy una chica de veinticuatro años y tengo un problemilla. No consigo llegar al orgasmo. No suelo masturbarme porque no siento la necesidad de hacerlo, pero cuando mi novio lo hace, me gusta, pero sólo eso. No mantengo relaciones desde hace mucho, más o menos un mes, y por su parte no hay ningún problema, tengo confianza con él, me siento cómoda, le digo lo que siento, no creo que el problema sea que esté tensa cuando hacemos el amor.
>
> Pero me estoy obsesionando por el hecho de que nunca he alcanzado un orgasmo, ni sola ni acompañada, ni con la masturbación manual ni con la bucal. ¿Es normal que me cueste algún tiempo llegar a tener unas relaciones sexuales plenas? ¿Puede ser que todavía no estemos lo suficientemente compenetrados en la cama o por la falta de experiencia por parte de los dos? No sé, necesito algo más que la experiencia de los amigos, necesito saber si lo que me pasa es normal. C.

> Soy una chica de catorce años, y hace dos meses aproximadamente que tengo novio. Cada vez estoy mejor, creo que poco a poco se va acercando el momento del sexo. Estoy dispuesta a tener relaciones con él, pero a la vez me da miedo y tengo muchísimas dudas. Mis amigas me han dicho que duele la penetración, no sé si es así, tengo miedo de los cuerpos desnudos, tengo miedo de quedarme emba-

razada. Quisiera que me expliques qué es lo que pasa en la primera relación sexual. También qué riesgos tiene el sexo oral y de qué manera puedo excitarlo sin necesidad del sexo oral, ya que durante mi primera vez no me gustaría hacerlo.

Estoy cansada de leer artículos a favor de los derechos femeninos en el sexo con promesas y sugerencias al respecto. Yo no sé qué es un orgasmo, pero empecé a mantener relaciones a los dieciséis años (ahora tengo veintidós) y he tenido unos cuantos amantes y novios (casi una veintena). No me puedo creer que todos sean iguales, así que debo ser yo la que no cambia la actitud ni la mentalidad a la hora de mantener relaciones. He de decir que nunca o rara vez me he sentido del todo desinhibida, sin ningún pudor o vergüenza, y sé que eso es lo que ha fallado la mayoría de las veces. Ahora estoy con un chico que me gusta, me atrae, no me da ninguna vergüenza con él y le quiero, pero no llego a sentir lo que es el orgasmo, o no lo identifico. Sé que siento placer, me gusta, me excito y «eyaculo» bastante, síntoma para mí de que me está gustando, pero la sensación no va más allá de eso, y creo que tiene que haber más. De hecho, no es algo que me apetezca hacer con frecuencia: en los últimos meses no tengo demasiada apetencia, aunque he recuperado algo desde que estoy con él. En definitiva, no sé si estoy a un paso del orgasmo, cada vez disfrutamos más y mejor, o es mi manera de sentirlo, porque nunca ha cambiado lo que he sentido. I.

Algunas chicas no llegan al orgasmo ni siquiera cuando las estimulan manualmente, aunque sí lo puedan alcanzar si se masturban a solas; pero es todavía más difícil para las que nunca se han masturbado hasta llegar al orgasmo, ya que no conocen las fases por las que pasarán hasta el clímax. Cuando el cuerpo femenino se aproxima al orgasmo, hay un momento («fase») tras la excitación inicial en el que la intensidad parece disminuir o desaparecer, pero luego (si la estimulación no se interrumpe) la sensación vuelve con más intensidad que antes y lleva enseguida al orgasmo (aunque quizá haga falta centrarse en la sensación, concentrarse en el orgasmo, o fantasear):

> Soy una chica de dieciocho años, llevo bastantes meses saliendo con mi novio. Hace poco decidimos tener relaciones sexuales, él ya las había tenido, yo no. Al principio sólo jugábamos, pero últimamente queremos hacerlo con coito y no lo conseguimos. Él no tiene ninguna prisa, me dice que yo mando y me cuida mucho, por lo que no me siento forzada en absoluto. Sé que es sólo al principio, pero... Yo no me había masturbado nunca, no por vergüenza (creo), pero me gusta cuando él me lo hace, aunque llega un momento en que me molesta y le digo que pare, sin llegar nunca al orgasmo. ¿A qué se debe? R.

Con más frecuencia, la chica afirma que puede tener un orgasmo fácilmente con la masturbación, pero no durante el coito, cuando, por lo que ha oído, debería sentir el mayor placer. ¿Por qué pasa eso? ¿Cómo tiene el orgasmo la mujer? ¿Es verdad que a veces no lo tiene durante el coito porque el hombre no dura lo suficiente?

EYACULACIÓN PRECOZ

La teoría más recurrente para explicar por qué una joven no alcanza el orgasmo durante el coito es la «eyaculación precoz», es decir, que el hombre no dura lo suficiente. Sin embargo, según mi estudio, no es ésa la razón (véase capítulo 3). No obstante, muchos jóvenes parecen aceptar esa idea:

> Hola, me llamo Patricia y tengo veinte años. Tengo un grave problema con mi pareja, creemos que tiene eyaculación precoz, pero no conseguimos ningún tratamiento y no tenemos dinero para acudir a un sexólogo. Cada día vamos a peor, y yo ya no sé qué hacer. Además, a él le cuesta mucho hablar de ello. ¿Qué podemos hacer?

Pero otros ven la situación desde otro punto de vista. Una joven nos dice que quiere que su novio entienda que ella desea explorar más, que quiere sentir que el sexo es una situación recíproca, de dar y recibir:

> Soy una chica de dieciocho años. Mi pareja eyacula muy pronto, pero parece que no le moleste, quiero decir, que muchos chicos se comen la cabeza, tienen vergüenza, etcétera, pero el mío pasa, y lo peor es que cuando acaba, también pasa de mí. Sólo hemos mantenido dos relaciones sexuales completas. La primera, y dentro de las circunstancias en las que se dio, fue bien: eyaculación precoz, pero puedo llegar a comprenderlo. En cambio, la última vez tardó menos de 30 segundos en correrse, ¡y me dejó más sola que ná! Sé que ya nos habíamos estimulado mucho antes, y comprendo su nivel de excitación, pero yo, como bien dices en uno de tus últimos artículos, llego

al orgasmo enseguida mediante la masturbación, así que puedes imaginar el tiempo que me dedicó. ¿Cómo le planteo el tema? Sé que me quiere, pero yo vengo de estar con otro chico que era fenomenal, ya me entiendes, y no quiero que vuelva a pasar. Yo ya sé que lo más importante no es el orgasmo ni la penetración, soy la primera que se provoca a sí misma los orgasmos mientras mi pareja me acaricia, pero no me gusta quedarme con esa sensación de abandono, egoísmo, despreocupación. El sexo es cosa de dos, y así me gustaría sentirlo: dar y recibir...

LA MAYORÍA DE LOS CHICOS SE SIENTEN MUY DESCONCERTADOS

Hay chicos que agradecen cualquier nuevo dato sobre el orgasmo en la mujer, aun cuando a primera vista pudiera parecer que anula el placer masculino de la penetración (lo que no es cierto, como veremos), y buscan más información:

> Soy un chico de dieciocho años, estoy con una chica que va a cumplir diecisiete, tenemos una gran confianza y contactos sexuales. Practicamos a menudo sexo manual, y a mi parecer, pienso que ella tiene orgasmos, pero no lo tengo claro. ¿Cómo puedo estar completamente seguro de que los tiene? También me gustaría saber cuáles son las mejores formas, tanto manuales como orales, para que ella tenga los orgasmos más satisfactoriamente.

Otro joven parece enfadado, quiere más información... para ellas:

Doctora Hite, veo en sus artículos que se preocupa de los problemas de la mujer, de cómo debemos amarlas los hombres. Creo que les iría bien un artículo instructivo, sería bueno para las parejas que cojean por el lado femenino, que también las hay (aunque reconozco que solemos fallar mucho más los hombres). K.

Aunque algunos hombres reciben de forma negativa el dato de que el orgasmo femenino exige otro tipo de estimulación (aparte del coito), otros son positivos:

Leí en japonés *El orgasmo femenino* y *El informe Hite*. Me quedé deslumbrado. ¿Son así las mujeres? ¡Vaya grifo inagotable! Para mí hay un trecho entre adquirir conocimientos y ponerlos en práctica, ya que todavía no he llegado a experimentar el sexo. Sin embargo, *El orgasmo femenino* y *El informe Hite* han cambiado mucho mi visión de las mujeres. Gracias. T. M.

No obstante otros jóvenes parecen contemplar la sexualidad femenina y el potencial de la mujer para el orgasmo como una amenaza o un desafío, que es un poco como preguntarse por qué un día llueve y otro brilla el sol. Pero la realidad de cómo la mayoría de las mujeres consiguen llegar al orgasmo está formada simplemente por hechos, y conocerlos es importante.

¿TIENEN ORGASMOS EN EL COITO LA MAYORÍA DE LAS MUJERES? ¿CUÁNDO?

Temo admitirlo, pero aunque he tenido muchos orgasmos con la masturbación, no estoy segura de cómo es el orgasmo con el coito vaginal. He tenido sensaciones muy intensas, pero como no eran iguales que con un orgasmo masturbatorio no pensé que fueran un orgasmo. Decir esto me hace sentir totalmente inexperta.

No sé si he tenido un orgasmo de verdad con un hombre, salvo que en realidad sea que no sé qué tendría que haber notado, pues si tiene que ser como al masturbarme, entonces no. Me gustaría saber si eso me hace anómala. Me da mucha vergüenza y me hace sentir inferior no tener nunca orgasmos durante el coito.

Mi novio se siente mal porque yo no experimento el mismo placer que él. A veces pienso que nos esforzamos demasiado, y otras veces nos parece que nos acercamos cada vez más, pero yo nunca lo experimento.

Crecí oyendo la maldita palabra «frígida», y creo que mi deseo de tener orgasmos durante el coito proviene en gran medida de esa vergüenza y esos sentimientos de insuficiencia. Bueno, no sé, llevo dos años haciendo terapia y me ha ayudado en lo personal, pero sigo estando igual de lejos de llegar al orgasmo durante el coito.

Aunque casi todas las mujeres llegan fácilmente al orgasmo con la autoestimulación o masturbación, de acuerdo con mi estudio realizado a lo largo de veinte años con miles de mujeres en muchos países, sólo una pequeña minoría llega habitualmente al orgasmo con el coito.

¿Es trágico, quiere decir que la mujer que no tiene orgasmos con «el acto» es «menos buena»? No, no hay razón por la que ninguna mujer tenga que sentir lo que no siente. Desde el punto de vista biológico, el motivo de la poca sensibilidad dentro de la vagina es obvio: diseñada por la naturaleza para ser el canal del parto, sería imposible que el bebé bajara por un conducto lleno de terminaciones nerviosas.

La anatomía femenina se ha entendido muy mal y siempre se ha esperado que la mujer fuera la versión inversa del hombre; aunque el Antiguo Testamento nos dice que la mujer salió de una costilla del hombre, lo que en realidad sucede en la naturaleza es lo contrario: todos los embriones son biológicamente hembras hasta alrededor del tercer mes de embarazo, cuando puede aparecer la hormona masculina y programar el descenso de los ovarios, formándose a partir de ellos los testículos del hombre y el pene como órgano exterior homólogo de la anatomía sexual de la mujer. Sin embargo, tradicionalmente, la sociedad ha contemplado el cuerpo de la mujer como si el «acto reproductor» que lleva al hombre al orgasmo tuviera que llevarla al clímax también a ella. Como el orgasmo femenino no es en realidad necesario para la reproducción, la naturaleza no lo dispuso así. El cuerpo de la mujer está hecho de otra forma. ¡No es motivo de lamentación! El cuerpo femenino es maravilloso y debería ensalzarse.

Según mi estudio, más del 90 por ciento de las mujeres llegan fácilmente al orgasmo con la masturbación, lo que para la mayoría de ellas significa un suave masaje de la zona del clítoris o la zona pública, en la parte frontal del cuerpo; sólo un 2 por ciento se introduce algo en la vagina al mismo tiempo. Para la mujer es fácil tener orgasmos así, a veces varios seguidos.

Si la mujer llega fácilmente al orgasmo con este tipo de estimulación, es ilógico hablar de «disfunción sexual femenina». Por desgracia, se le ha presionado mucho para que tenga el orgasmo en «el acto» o coito, es decir, durante la actividad reproductora, de igual modo y a la vez que el hombre. ¡Hay quien ha ido tan lejos como para tildar de «disfuncional» o «neurótica» a la mujer que no lo tiene! No es disfuncional ni neurótica, simplemente tiene orgasmos de otro modo.

La definición del sexo ha de modificarse e incluir la necesidad de la mujer de una estimulación específica para llegar al orgasmo. Como la mayoría de ellas llega al orgasmo fácilmente masajeando de forma rítmica el clítoris o la zona púbica externa, esa estimulación —todo el camino hasta el orgasmo— debería pasar a ser una parte más del «sexo».

La mujer de quien se espera que llegue al orgasmo sólo con el coito —o que ni siquiera llegue nunca— recibe un trato injusto. Cualquier mujer presionada de esta manera puede decidir distanciarse de una relación, pues, en un deseo instintivo de reajustar el desequilibrio, su cuerpo comienza a resistirse a los intentos sexuales del hombre. Él debería ver ahí una buena ocasión para el diálogo y para abrir nuevas vías de comunicación, verbales y no verbales.

CONFUSIÓN EN TORNO AL ORGASMO FEMENINO... DE NUEVO

Recibí la siguiente carta de una lectora que tiene orgasmos con la estimulación clitoridiana, pero sigue preguntándose por qué no los tiene durante la «penetración vaginal» (o «envoltura del pene», mirado de otra forma):

Querida profesora Hite: he leído que las mujeres llegan al orgasmo con la estimulación del clítoris. Lo cierto es que para mí también es así. Aun así, tengo amigas (de confianza, con las que se habla muy abiertamente, sin excusas que nos lleven a mentir) que también han conseguido llegar al orgasmo mediante el coito, es decir, mediante la estimulación de un punto «maravilloso» (llámese G o como se le quiera llamar) dentro de la vagina. Estoy segura de que estas compañeras me han contado la verdad. Por tanto, me gustaría saber por qué yo no he conseguido llegar al orgasmo de esa forma. Sólo he mantenido relaciones sexuales con un hombre y, en este caso, no sé si la incapacidad de llegar al orgasmo con el coito se debe a que el chico no llegaba a tocar el punto maravilloso o sólo a que dicho punto existe en ciertas mujeres y no en otras (ni en mí, por lo visto). Susana.

Aunque algunas mujeres puedan tener un punto especialmente sensible en el interior de la vagina, un punto que suele ser más fácil de encontrar con los dedos que con el pene (en particular mientras se produce el coito), para la mayoría la zona vaginal no lleva fácilmente al orgasmo. Numerosas parejas han probado repetidas veces este sistema, sin conseguir esa supuesta sensación sublime de orgasmo para la mujer (ni ningún placer real para el hombre).

¿Por qué puede haber una zona dentro la vagina más sensible que otras partes del «tambor» vaginal? En términos generales, el interior de la vagina está hecho para que el bebé pueda pasar del útero al mundo exterior sin demasiado dolor. Así pues, la piel que recubre la vagina no permite a la mujer experimentar grandes sensaciones durante el coito.

¿Por qué algunas mujeres hablan de una mayor sensibilidad en cierta parte de la vagina? Se dice que esa zona produce «placer sexual» (normalmente, apretando con los dedos la parte «frontal») porque al presionar las estructuras clitoridianas internas situadas bajo la pared «frontal» de la vagina se activa la sensibilidad de la intrincada red de vasos sanguíneos y terminales nerviosas conectadas al sistema «subterráneo» del clítoris.

Hay otro problema extendido en el mundo: existen parejas con tantos deseos de hacer el coito «igualitario» para el hombre y la mujer, es decir, que lleve al orgasmo a la mujer y no sólo al hombre, que se han convencido a toda costa de que hay un punto especial dentro de la vagina que lleva al orgasmo. Sin embargo, simplemente no hay pruebas, y algunas de esas parejas están atrapadas en un círculo vicioso de su propia creación. Las mujeres exageran lo que sienten para complacer al hombre, lo que más o menos equivale a la vieja situación de «fingir el orgasmo».

El hecho que no debe olvidarse —aunque todas las mujeres tienen todo el derecho a probar la estimulación vaginal si lo desean— es que el 99 por ciento de las mujeres no se insertan nada en la vagina para llegar al orgasmo cuando se masturban. Si de verdad existiera esa zona interna que aporta tal sensación de placer y cuyo contacto suele llevar al orgasmo, seguramente habríamos registrado una cantidad significativa aunque minoritaria de mujeres que se masturban de esa manera. No ha sido así.

¿Por qué no gozar de las intensas sensaciones de la «penetración vaginal» o «coito» («envoltura del pene») por lo que verdaderamente son, con el hondo placer físico y psicológico que la cópula puede aportar aunque no haya orgasmo?

Sería un buen camino hacia la «igualdad», siempre que el hombre comparta su placer con la mujer, llevándola al orgasmo con la mano o con la boca o abrazándola mientras ella misma se lleva, tocándose junto a él.

¿«PUNTO G» O «PUNTO C»? LA RUTA HACIA EL ORGASMO FEMENINO

El informe Hite sobre la sexualidad femenina, basado en los testimonios de más de 3.000 mujeres, muestra que la estimulación clitoridiana es la forma en que casi todas ellas llegan al orgasmo, mientras que sólo una pequeña parte alcanza el clímax con la estimulación vaginal («orgasmo vaginal», como se ha dado en llamar).

Tras el éxito mundial de dicho informe (que, basándose en un estudio masivo, proclamó normal la estimulación clitoridiana manual que lleva al orgasmo femenino), tres autores rebautizaron la estimulación vaginal como «punto G» en un libro que, revistiendo la vagina con este nuevo y sonoro nombre, reinstauró de la noche a la mañana la centenaria idea que durante siglos fue tan dañina.

En la actualidad, la mitología del presunto «punto G» ha tomado el relevo del ya caduco «orgasmo vaginal», llevando a muchos a creer vigente la vieja definición del sexo según la cual la mujer alcanza el orgasmo por estimulación vaginal (a la vez que el hombre), sin importar que, según las estadísticas, la mayoría no suela llegar al clímax así, aunque sí lo haga fácilmente con la masturbación (que, no olvidemos, en el 99 por ciento de los casos es el masaje de la zona del clítoris, y no la estimulación vaginal).

Mi estudio a gran escala, que demuestra en boca de miles de mujeres que casi todas llegan al orgasmo fácilmente con cualquier forma de estimulación clitoridiana —refutando así la vieja cantinela de que la mujer tiene problemas para alcanzar el clímax—, concluye que lo que debería cambiar es la definición del sexo, y no el cuerpo femenino. Mi estudio reveló que la definición del sexo imperante en los dos últimos milenios (no a lo largo de toda la historia) ha oprimido a la mujer descartando la estimulación que necesita para el orgasmo y bloqueando su expresión sexual, y ha perjudicado también al hombre haciéndole sentirse inseguro y alienado en la cópula (con orgasmos, pero sin estar seguro de si la mujer también los tenía ni de qué hacía falta para ello, solía llegar a la conclusión de que su pene era «insuficiente»). Sin embargo, parecía muy difícil pedir al mundo que cambiara sus prácticas y opiniones sexuales. En realidad, no obstante, puede ser de gran interés ocuparnos individualmente de cambiar nuestra forma de practicar el sexo.

La teoría del supuesto punto vaginal —refutada en la actualidad—se expuso tres años después de la publicación de *El informe Hite*. Basándose en un estudio somero y discutible, el libro lanzó la idea del misterioso «punto G» oculto en el interior de la vagina, que hacía innecesaria la estimulación clitoridiana en cualquiera de sus variantes; así, se consideraba superfluo modificar la definición del sexo e incluir un tipo más específico de estimulación para el orgasmo femenino, y el coito siguió siendo el supremo icono del sexo, pese al testimonio de las mujeres.

Los medios de comunicación proclamaron la «nueva verdad» del «punto G», y así, implícitamente, se dijo una vez más a la mujer que debía hallar su «destino vaginal», desoyendo sus dificultades para tener orgasmos así (llevaba siglos callada, qué importaba un poco más). La credibilidad de Freud subió, al haber proclamado que toda mujer, para estar «bien ajustada», tenía que pasar de la necesidad infantil de estimulación del clítoris a la de la vagina (en la pubertad); si no era así, seguía siendo inmadura, y se le achacaba una disfunción o «neurosis» que precisaba tratamiento psiquiátrico (según Freud, y dicho rápidamente, había que averiguar por qué había odiado al padre). En los años setenta, la añeja idea freudiana (publicada en los años veinte) de que la mujer no debía necesitar ni desear estimulación clitoridiana, sino contentarse con la vaginal, se desenterró y empezó a recibir el crédito «científico» (que a Freud le fue denegado en vida) de muchos médicos que querían mantener a flote la idea de que el orgasmo femenino ha de producirse de forma «natural» con el coito; es decir, se volvía a sugerir que la mujer debía encajar en el sistema (o resignarse a que la declararan «anormal» y «psicológicamente bloqueada»). Tal sistema de «médicos expertos», sumado a la antigua expectativa de que «las buenas mujeres no hablan de esas cosas entre sí» (y menos aún madres e hijas), hizo una vez más que la mujer se viera reducida al silencio.

El derecho de la mujer a determinar su identidad sexual, abierto por *El informe Hite* y otras obras del momento (las de Albert Ellis y Shulamith Firestone, por ejemplo), quedó relegado.

Pese a la propaganda del «punto G» (el nombre de «punto G» fue elegido por aquellos tres autores de los años setenta en memoria del fallecido médico Graffenburg, el primero en citar la existencia de dicho punto), el porcentaje de mujeres que no tenían orgasmos en el sexo con su pareja durante la cópula permaneció invariable. Sin embargo, casi todas lograban el orgasmo fácilmente a solas o con la adecuada estimulación de la zona púbica (como comenta M. J. Sherfey, la estimulación de la mujer, a diferencia de la del hombre, ha de ser continua, y no discontinua, para que llegue al orgasmo). Según *El informe Hite* y otras fuentes, la mujer registra un índice estadístico muy alto de orgasmos cuando se estimula sola, y casi siempre lo hace masajeándose rítmicamente la parte externa de la zona del clítoris, sin penetrarse la vagina. Sin embargo, la idea del mítico «punto G» siguió presente en la imaginación popular y los medios de comunicación como algo parecido a un «santo grial», pese a la experiencia individual de la mujer. La razón: al estar codificado, la sociedad en su conjunto lo aceptaba como «verdad»; permitía al hombre pensar que era «moderno» si creía en la estimulación clitoridiana y en el derecho de la mujer a disfrutar, ya que «Bueno, ¿acaso no incluye la cópula ese tipo de estimulación? Siempre que el hombre sea sensible...». Resurgió la idea ya desechada de que «la mayoría de las mujeres tendrían la estimulación que necesitan si el pene del hombre es lo bastante grande» o «si dura lo suficiente».

El problema para cualquier mujer concreta en la relación sexual era intentar decirle al hombre, ya lo amara o acabara de conocerlo, que «no lo estaba haciendo bien». Como en teoría el sexo era una especialidad masculina, la mujer que tratara de cambiar algo podía verse en una situación no ya amorosa, sino de enfrentamiento. Así, le resultaba más satisfactorio y placentero conformarse con el placer que se le ofrecía, hasta sin orgasmo («puedo tener orgasmos yo sola, si quiero»), que intentar iniciar un diálogo sobre la estimulación que le hacía falta. Dice mucho que para la mujer que hace el amor con otras mujeres la penetración o la inserción sea accesoria en sus relaciones sexuales y no un medio básico para el orgasmo, siendo el índice de orgasmos entre mujeres mucho más alto que el que registran con hombres.

Por supuesto, no hay nada malo en que la mujer disfrute de la cópula por sí misma, con o sin orgasmo, tal como dejó documentado *El informe Hite*. La mayoría halla placer en «el acto», aunque no le lleve al orgasmo; el lado negativo viene de la presión de tener orgasmos obligatoriamente de esa forma. Por eso no es raro que muchas mujeres, como muchos hombres, se hayan apropiado del término «punto G» y lo utilicen para explicarse por qué les gustan las incontables sensaciones de la cópula.

Sin embargo, con respecto al orgasmo, las pruebas son claras: sólo el 2 por ciento de las mujeres llega al orgasmo masturbándose con inserción vaginal, mientras que más del 90 por ciento de ellas se masturban y llegan al orgasmo con facilidad masajeándose con la mano la zona púbica o el clítoris. ¿Es necesario el orgasmo tanto del hombre como de la mujer en el sexo? Para la reproducción y la fecundación, únicamente es necesario el orgasmo masculino, pero ambos importan por muchas otras razones que seguramente pesan más hoy, cuando la mayoría de la población usa anticonceptivos para impedir la fecundación y la mayor parte de las relaciones sexuales se dan por el placer emocional y físico, y no por tener hijos. Así pues, hay que considerar las consecuencias de la realidad pura y dura del orgasmo femenino sobre las relaciones entre hombre y mujer.

La claridad de *El informe Hite* (en la cultura popular de masas) se perdió al vetarse en los principales medios de comunicación el uso de la palabra «clítoris» con la excusa del imaginario «punto G», todo por un libro que pretendía tranquilizar con la idea de que no había necesidad de crear formas de sexo radicalmente nuevas.

Como en aquel entonces la mujer no solía estar a cargo de agencias de salud pública, ni había muchas que fueran psiquiatras, ginecólogas o catedráticas, no era la propia mujer la encargada de difundir la información sobre su cuerpo. Se dejaba a las conversaciones de la vida privada un tema que tradicionalmente le había sido tan difícil (tabú) de abordar en detalle.

Creo que hay una dirección mejor para el «sexo», un camino abierto entre 1976 y 1977, pero abandonado por la cultura mediática con el pretexto del hipotético «punto G». Se trata de reorientar por completo nuestra idea de lo que son el «sexo», los movimientos eróticos y compartir el cuerpo: es el camino hacia la igualdad entre hombre y mujer en las relaciones sexuales (lo que, desde luego, no significa la mujer *dominatrix*, que imita el cliché del hombre dominador). Es el camino de mejora del paisaje psicológico y emocional del sexo, que ha dividido a hombres y mujeres en las categorías de «folladores» y «folladas» (el hombre «el follador», la mujer «la follada» o, en jerga médica, él «penetra» la vagina con su pene, ella no «envuelve» el pene con su vagina).

Para facilitar este nuevo tipo de relaciones sexuales, propongo otro término, el de «punto C», que es la estimulación de la zona clitoridiana que lleva al orgasmo. Sin duda, este término es más atractivo y suena mejor que la larga e incómoda frase que la mujer tendría que repetir a su pareja: «¿Podrías por favor estimularme el clítoris con la mano sin detenerte hasta que llegue al orgasmo?».

Esta modalidad de sexo, es decir, la estimulación clitoridiana manual para el orgasmo femenino, apenas está empezando a practicarse hoy en día de forma más generalizada. La pornografía, considerada vanguardista y actual, aún no ha mostrado la estimulación del punto C que lleva al orgasmo. En su lugar, presenta «el acto» de la penetración como esencial para la satisfacción femenina y masculina: está muy pasada de moda, repite los clichés del pasado. Aun así, los jóvenes, ellas y ellos, intentan por todos los medios hallar plena satisfacción en la repetición de ese acto, centrándose en el coito como lo hacen las imágenes pornográficas y negándose así la diversidad y el placer de la expresión sexual propia, la suya verdadera (la diversidad ofrecida típicamente al hombre es la de tener varias parejas, que supuestamente hace menos tediosa la repetición del «acto»).

Pese a que muchos jóvenes de hoy creen que la pornografía es «moderna» y muestra el sexo «tal como es», en realidad es poco fiable y engañosa, ya que el acto no es necesariamente el plato fuerte de la sexualidad femenina: en general, no lleva al orgasmo, aunque puede que sí a un «clímax emocional», término empleado en *El informe Hite* para describir lo que sienten algunas mujeres en un momento de gran intensidad.

Redefinir el sexo («Hacer que mil flores florezcan») es la ruta hacia el futuro. Aferrarse a las viejas opiniones psicosexuales puede dar lugar a una psicología y una sociedad reaccionarias (incluso militaristas), no idóneas para las necesidades y creencias de hoy. El sexo puede ser mucho más «sexy» en el nuevo contexto diversificado que todos construyamos, dejando atrás la trasnochada fijación en un rígido guión sexual que siempre acaba en el acto potencialmente reproductor.

Hace falta inventar una nueva concepción de las relaciones sexuales que tenga por meta un intercambio sexual eléctrico, y no «el acto» por sí solo.

¿POR QUÉ ES IMPORTANTE CONOCER LA MASTURBACIÓN FEMENINA? (LA SEXUALIDAD SUBTERRÁNEA DE LA MUJER)

La masturbación es uno de los temas más importantes de los que hablar. Es motivo de celebración por ser una fuente de orgasmos tan fácil para casi todas las mujeres, además de un modo de conocer la estimulación que necesita cada una: su forma singular de masturbarse está hecha especialmente para responder a sus necesidades y lograr el orgasmo. Las mujeres de mi estudio dicen que pueden masturbarse y llegar al orgasmo con facilidad en sólo unos minutos, a menudo más de una vez (del 82 por ciento de las mujeres que dijeron que se masturbaban, el 95 por ciento tenía orgasmos fácilmente y de forma habitual cada vez que quería). Muchas usaban el término «masturbación» como sinónimo de orgasmo: la mujer da por sentado que la masturbación incluye el orgasmo.

La facilidad con la que la mujer consigue el orgasmo con la masturbación contradice tajantemente los estereotipos generales sobre la sexualidad femenina: que la mujer tarda en excitarse y sólo es capaz de tener orgasmos a veces.

La verdad apunta a que la sexualidad femenina está floreciendo, pero por desgracia sigue creciendo subterráneamente.

La forma de masturbarse de la mujer es una de las mejores claves para entender la sexualidad femenina desde el punto de vista del orgasmo: puesto que casi siempre se hace a solas y a casi nadie le enseñan cómo se hace, la masturbación aporta una fuente de información biológica relativamente pura; es una de las pocas formas de «conducta instintiva» a la que tenemos acceso (se puede recurrir a la pornografía y las conversaciones particulares para informarnos de cómo se realiza el coito, pero no hay un cuerpo de «conocimiento de dominio público» similar que diga a la chica cómo tiene que masturbarse). Aunque algunas no se masturban hasta haber practicado el sexo con otra persona, la mayor parte (la inmensa mayoría) lo descubren solas a temprana edad: «Nunca me han tenido que decir dónde tocarme para tener un orgasmo; me masturbo desde que recuerdo». Como dice Betty Dodson en «La masturbación como liberación»: «La masturbación constituye nuestra vida sexual primaria. Todo lo que hacemos por añadidura es sólo la forma en que decidimos compartir la vida sexual». Otros datos muestran que las hembras primates también se masturban más o menos instintivamente desde la infancia.

Sorprendentemente, la mayoría de los estudiosos no ha mostrado gran interés por la masturbación. En general, abordan el estudio de la sexualidad a través de la cópula, con la masturbación como luz lateral, ya que, argumentan, el «impulso sexual» existe fundamentalmente para la reproducción. Pero tomar la cópula como punto de partida es una premisa que ha llevado a malinterpretar la sexualidad femenina. Asumir que la cópula es la expresión básica de la sexualidad femenina, durante la cual la mujer debería tener orgasmos y analizar luego sus «respuestas» a la cópula es abordar la cuestión al revés. Lo que habría que hacer es atender a lo que la mujer experimenta en la realidad, de qué disfruta, cuándo tiene orgasmos, y luego sacar conclusiones. En otras palabras, los investigadores y el resto de la gente (¿parejas desinformadas?) han de dejar de decir a la mujer lo que *debería* sentir sexualmente, y empezar a preguntarle qué *siente* sexualmente.

El hecho de que la mujer pueda tener orgasmos fácilmente y con todo placer cada vez que quiere (a menudo varias veces seguidas) muestra más allá de toda duda que sabe disfrutar de su cuerpo con el orgasmo; ninguna necesita que le digan cómo. No es que la sexualidad femenina tenga un problema («disfunción»), es la sociedad la que tiene un problema en su definición del sexo y en el papel subordinado que esa definición da a la mujer.

Para una mujer, compartir su sexualidad oculta diciendo cómo se masturba es un primer paso para sacar al mundo la sexualidad femenina y comenzar a redefinir el sexo y las relaciones físicas que hemos conocido.

¿POR QUÉ LA ESTIMULACIÓN DEL CLÍTORIS POR EL HOMBRE NO LLEVA A LA MUJER AL ORGASMO?

¿Por qué muchas mujeres que llegan al orgasmo perfectamente cuando se masturban solas no lo consiguen cuando su pareja les acaricia la zona púbica o el clítoris?

Puede haber varias razones: una es que muchos hombres no parecen darse cuenta de que la estimulación ha de hacerse con un ritmo continuo y «en el sitio justo», que varía de unos momentos a otros, por lo que necesitan cierta ayuda de la mujer para localizarlo. El orgullo parece impedir a algunos hacer esa pregunta, pensando que son ellos quienes «llevan las riendas y le hacen correrse».

Otra razón de que algunas mujeres que tienen orgasmos estimulándose ellas solas no lleguen al orgasmo con un hombre es que no confían en que él desee de verdad su orgasmo ni creen que vaya a entender los signos de que se va acercando, y temen que interrumpa la estimulación. Algunas también temen que a él le desagrade verla en ese momento por la cara que pone, el olor o los sonidos que hace durante ese momento «no maquillado».

En palabras de una mujer (cuya carta también hemos citado en la página 78):

> Soy una chica de deiciocho años, llevo bastantes meses saliendo con mi novio, de la misma edad que yo. Hace poco decidimos tener relaciones sexuales, él ya las había tenido, yo no. Al principio sólo jugábamos, pero últimamente queremos hacerlo con coito y no lo conseguimos. La pregunta es: me gusta cuando él me lo hace (me masturba), pero llega un momento en que me molesta y siempre le digo que pare sin llegar nunca al orgasmo. ¿A qué se debe?

En primer lugar, es la constitución de nuestro cuerpo. La mujer tiene el orgasmo por medios distintos a los del hombre, de lo que no se deduce que ninguno sea «erróneo». Anatómicamente, salta a la vista la razón de que nuestros genitales se desarrollen de modo diverso, aunque similar. La naturaleza no garantiza la reproducción haciendo coincidir el orgasmo femenino con el coito; el orgasmo de la mujer es una maravillosa expresión de toda la energía y la belleza de la sexualidad femenina, se produzca cuando se produzca.

En segundo lugar, durante la estimulación que hace el hombre de la zona del clítoris con la mano o con la boca, puede que no sepa colocarle las piernas como ella lo necesita para llegar al orgasmo. Si necesita juntar las piernas y él se las está separando, no es probable que tenga un orgasmo, lo que dejará frustrados a ambos. Si necesita doblar las rodillas pero le parece que decirlo o hacerlo sería indecoroso, se bloqueará y no podrá alcanzar el clímax, aunque él haga muy bien la estimulación clitoridiana.

Cada mujer es distinta, su pareja no puede aplicar mecánicamente a una mujer lo que «funcionó» con otra: tiene que haber comunicación, un placer en sí.

He aquí otra de las maneras en que las mujeres se distinguen unas de otras, lo que hace más importante que nunca conocer la masturbación.

LA IMPORTANCIA DE LA POSICIÓN DE LAS PIERNAS EN EL ORGASMO FEMENINO

Una cuestión importante sobre el orgasmo femenino que sigue sin recibir respuesta es por qué algunas mujeres necesitan tener las piernas abiertas y otras cerradas para alcanzarlo. O por qué otras prefieren doblar las rodillas o levantar las piernas. Así como cada mujer necesita un tipo distinto de estimulación para el orgasmo, también necesita tener las piernas en una posición distinta.

Recibo sin cesar cartas de lectoras que se preguntan por qué no tienen orgasmos mediante la estimulación del clítoris con su pareja:

> Da igual lo que pruebe, no consigo tener un orgasmo con él. Me siento estúpida e incapaz cuando intenta lograrlo con la mano, lleno de paciencia y cariño. Sé que quiere que yo alcance el clímax, pero no puedo; en cambio, sí lo consigo a solas. La verdad es que le hago a mi cuerpo cosas distintas que él, y tengo las piernas cerradas. Pero con él me da miedo hacerlo, porque a lo mejor se siente rechazado o piensa que soy rara.

Mucha gente —hombres y mujeres— cree que la posición de las piernas es la misma para todas las mujeres y consiste en lo que aparece en la pornografía y otros lugares: las piernas abiertas, separadas. Aunque la mayoría de las mujeres que contestó a esta pregunta en mi sondeo (a algunas les resultó demasiado embarazoso) solían abrir las piernas durante el orgasmo tanto al masturbarse como con su pareja, son muchas las que mantienen las piernas cerradas en todos los tipos de masturbación. Desde luego, si la pareja empieza a estimular el clítoris cuando ella tiene las piernas abiertas —durante un gesto o movimiento sexual de uno de los dos—, y necesita cerrarlas para el orgasmo, o bien las mantendrá abiertas (limitándose a disfrutar del placer del momento) o las cerrará mientras su pareja sigue estimulándola; pero entonces es posible que la pareja detenga la estimulación porque crea, al ver que ella se mueve, que «se cierra en sí misma, no quiere esto». En la mayoría de los casos, la pareja dudaría, tendría miedo de hablar y pedir instrucciones, por lo que el momento se desvanecería.

¿Por qué algunas mujeres prefieren cerrar las piernas para llegar al orgasmo? Entre las razones que me dieron las mujeres a las que pregunté están las siguientes:

> Me gusta tener las piernas cerradas porque entonces todo (la zona genital) está más apretado y las vibraciones se transmiten mejor.

> Si tengo las piernas abiertas, no siento casi nada, haga lo que haga.

> Las piernas juntas intensifican el orgasmo; lo mejor es tener todo lo más tenso y apretado posible, como un tambor.

> No sé, simplemente es mucho más fuerte cuando tengo las piernas cerradas, y no puedo conseguir el orgasmo de ninguna otra forma. Cuando era adolescente, podía cruzar las piernas en la escuela (o en la iglesia), mecerme adelante y atrás, y alcanzar el orgasmo. Era fantástico.

La principal razón por la que algunas mujeres no pueden tener orgasmos si no es con las piernas en una posición determinada —sea cerradas o abiertas— no se conoce todavía; no hay ningún otro estudio que haya abordado esta pregunta tan interesante, aunque la investigación anatómica de la estructura clitoridiana interna (que se adentra bastante en el cuerpo femenino, no se queda «cerca de la superficie») ofrece muchas pistas.

Algunas mujeres de mi estudio dijeron que no podían sentir nada si juntaban las piernas.

A algunas de las que preferían abrir las piernas les gustaba también doblar las rodillas, como explica la siguiente mujer:

> Tengo las piernas abiertas, con las rodillas dobladas y los pies sobre la cama o con las rodillas dobladas en ángulo recto hacia afuera y los pies juntos. También puedo masturbarme sentada o de pie, pero prefiero tumbarme en esa posición.

Algunas mujeres cierran las piernas al aproximarse al orgasmo, a medida que la sensación se intensifica, después de haberlas tenido abiertas durante la estimulación (y otras, muy pocas, hacen lo contrario).

La mayoría de las mujeres tienen una postura concreta que es la que mejor les va, pero a algunas les da igual una que otra:

> Tengo las piernas cerradas o abiertas dependiendo del tipo de fantasía que utilice.

> En general, mis músculos se tensan y, justo antes del orgasmo, las caderas empiezan a mecerse adelante y atrás. Cuando estoy sola, las piernas son la parte más tensa, normalmente dobladas por las rodillas, una hacia arriba y la otra de lado. En pareja, hay otros factores que influyen en lo que haga con las piernas; a veces, las dejo completamente estiradas.

El motivo de que a cada mujer le convenga una posición distinta sigue siendo un misterio. ¿Depende de cómo haya aprendido la mujer a tener orgasmos? (En el 96 por ciento de las mujeres no parece que los intentos de alcanzar el orgasmo en una posición diferente obtengan resultados ni los cambien, dato que refuta la idea de que «es cosa de costumbre»). Lo más probable es que la anatomía de los genitales (tanto internos como externos) varíe de una mujer a otra lo bastante como para que cada una necesite una posición distinta.

La relación sexual ha de tener la suficiente fluidez para que ambos miembros de la pareja puedan probar diversas posiciones corporales, incluidas algunas posturas que el otro no siempre espera. Hay que escuchar los sutiles sonidos y señales que envía el cuerpo de la pareja, y entonces comprenderemos.

Una lectora excepcional explica cómo acaba de aprender a usar sus piernas («sin manos») para llegar al orgasmo ella sola cada vez que quiere:

> Tengo treinta y tres años, y desde los cinco me masturbo de una forma absolutamente placentera, sin utilizar jamás las manos. Sólo necesito mis piernas. Esto me ha permitido tener orgasmos en casi cualquier situación o decorado, sólo tengo que ocultar la cara en un momento dado. La «técnica» (aunque llamar así algo que ha sido absolutamente innato me resulta chocante) consiste en cruzar las piernas dos veces (el pie que se queda colgando vuelve a pasar por debajo de la pantorrilla para poder hacer fuerza). Hacerlo con pantalones que tengan la costura algo gruesa es lo mejor. Cuando era pequeña y las piernas no me llegaban para este doble cruce, conseguía la presión colocando entre las piernas un periódico enrollado o una muñeca blandita.

> ¿Más características de estos orgasmos? Pues es un acto exclusivamente físico. Mi mente se vacía en esos momentos. Sólo hay un intenso placer físico. Casi siempre hay varios orgasmos. En ocasiones llego a perder la conciencia por minutos. He tenido masturbaciones intensas horas después de intensas relaciones placenteras con mi pareja, pero no se pueden comparar. Quizá por eso no me viene a la mente ninguna fantasía sexual tradicional en esos momentos.

Otro joven se pregunta por qué su novia no tiene orgasmos cuando la masturba:

> Tengo veintitrés años, al igual que mi novia. Desde hace más o menos un mes mantenemos relaciones sexuales fluidas, pero hay un problema, y es que cuando la masturbo, no llega nunca al orgasmo. Para mí es muy importante que disfrute, y estoy empezando a preocuparme mucho. No sé qué hacer. ¿Qué me recomendaría? F.

Si es un problema extendido que llega a hacer que las chicas se distancien de los chicos, ¿no será la solución cambiar el sexo, mejorarlo?

LA SOLUCIÓN ES CAMBIAR EL SEXO, ¿TAN DIFÍCIL RESULTA?

El apuro de la mujer en la relación sexual y la necesidad de cambio

Las cosas han cambiado desde la primera edición de *El informe Hite sobre la sexualidad femenina*: hoy la mujer ya no cree que le pase «algo terrible» si no tiene orgasmos durante «el acto», aunque muchas lo desearían. Sin embargo, el hombre suele indicar por sus acciones que da por sentado que ella tiene orgasmos en el coito «salvo que diga otra cosa». Eso pone a la mujer en el apuro de tener que pedir algo que no tiene nombre y debe de ser «especial», pues ni es «corriente» ni se le ofrece automáticamente (como ella ofrece el coito durante «el sexo»). Por eso sigue abierta la brecha entre la realidad de la mujer y la idea de ella que tiene el hombre, y esa corriente subterránea en el sexo convierte las emociones del amor y las relaciones en algo más frágiles de lo que son de por sí.

Sin embargo hay a quien no le resulta nada fácil cambiar la idea que tenía de la estimulación necesaria para el orgasmo femenino, pues piensa que el sexo dejará de ser tan atractivo y sexy, aunque no sea así. Otros han trascendido la antigua visión del sexo. Una lectora dice saber qué personalidad tiene el hombre en el momento en que ve si entiende (o está dispuesto a entender) el orgasmo de la mujer.

> He conocido a hombres que no se sienten cómodos con la estimulación manual del clítoris durante el acto amoroso. A mi entender, ningún mensaje podría describir más claramente qué tipo de persona es, y redunda decir que dichas relaciones no han sido duraderas. Mi actual pareja acepta y comparte que tengamos formas diferentes de estimulación sexual, y cuando las llevamos a la práctica simultáneamente, los resultados son muy satisfactorios. M.

Si la mayoría de las mujeres tiene orgasmos con mucha facilidad tocándose ellas mismas (no como en el coito), ¿no está claro que es un vano error insistir en hacerlas encajar en la variante de sexo típica hasta ahora, y en que el hombre intente contra toda probabilidad «durar un poco más»?

A propósito, los dos componentes de la pareja deberían hacerse un simple análisis de sangre para detectar la posible presencia del virus del sida o VIH y comprobar que ambos están bien, compartiendo los resultados y hablando después de los anticonceptivos que van usar si practican el coito (hay parejas con una gran vida sexual sin coitos). Pueden decidirse por los condones o aplicar cualquier otro de los métodos de prevención habituales. Los preservativos son buenos para impedir el embarazo, y también previenen el sida; para asegurarse de no contraer el virus con una pareja nueva de la que no se está seguro, y de no transmitirlo si uno mismo ha practicado el sexo fuera de la relación, lo mejor es un análisis.

La resaca de un machista

La mayor parte de los hombres está cambiando o intentando cambiar, pero los hay que sufren una especie de resaca machista. Por ejemplo, he recibido esta carta de un joven que aún presume de acudir a prostitutas. Aunque use palabras y conceptos en teoría modernos, suena muy anticuado.

> Tengo treinta años y soy cliente desde hace dos de una prostituta. Las prostitutas normalmente fingen o simplemente no sienten nada, y menos con alguien que no les gusta, ¡a mí me gustaría, cómo no! Yo quiero que ella sienta placer conmigo, por eso leo todo acerca de la sexua-

lidad y sus artículos, que decían que la penetración sola no era suficiente, que era necesaria la estimulación del clítoris, en *mujeractual.com*. Encontré dos posturas: una se llama el molde, la otra el tornillo, penetración lateral (tir-yak) en la que ella está tumbada de lado boca arriba con los muslos bien juntos a un lado. Al penetrar, los labios frotan el clítoris. Según leí, el pene está bien cogido por las paredes vaginales, la penetración es lenta y profunda. A ella se lo he hecho así en más de una ocasión. Cuando me ve, dice sonriendo: «Vamos a hacerlo así». También se lo hice así a otras chicas. Lo que más me sorprende son las caras que ponen, nunca sabré si fingidas o no, una se puso de perfil y abría la boca sin hacer ningún sonido; a otra, primero, se le pusieron coloradas las mejillas, después su respiración era más fuerte y terminó haciendo los gemidos que tanto me gustan: «Aaaah, aaaah», bajito. Cuando terminé, se metió una servilleta por la vagina y me dijo: «¡Muy bien! ¿Dónde lo has aprendido?». La chica que a mí me gusta hizo algo más increíble: al terminar, sentada, se quedó mucho rato mirando hacia arriba y dijo: «¡Uff!». Quizá fingió. En la última ocasión, al metérsela así, ella se quedó con los ojos cerrados, y los apretaba más cuando yo entraba con el pene profundamente (yo pensaba: ¿la estaré haciendo daño?).

Aunque mi pene es de los chicos (12 x 4 cm, o eso creo), notaba las paredes de su vagina, y eso para mí era increíble, al mismo tiempo que la tocaba sus muslos juntos. Las caras que pone esta chica, haciendo «U» con los morritos, abriendo la boca o quedándose muy relajada, son para grabarlas en vídeo. Otra curiosidad, con otras posturas ella me mete prisa, me dice: «Venga, date prisa, sabes que sólo son quince minutos», o la llaman al móvil o sus gemidos resultan exagerados, pero con esta postura se queda silenciosa, tarda más en contestar al móvil y no mete prisa, sólo se la oye suspirar. Quizá también con esta postura termino antes. La última vez que le hice esto me dijo: «¡Muy bien!», y me dio dos besos.

Antes de empezar, las toco, las beso, y antes de penetrar, paso primero mi pene por los labios de su vagina, toco su clítoris con el glande, empiezo con ella abierta de piernas y luego se las pongo a un lado juntando los muslos. Supone todo un reto hacerlas disfrutar de verdad.

Ahora esta postura me obsesiona, no dejo de darle vueltas, entro en foros, en chats, sin obtener respuesta. Me dicen: «Eres un pesado, vale ya, pregúntaselo a ella o a tu madre». Se lo pregunté a mi madre, y casi me parte la cara. A ella me da muchísima vergüenza preguntarle: «¿Qué tal, lo hice bien? ¿Te ha gustado, qué has sentido?», y mucho más teniendo en cuenta que es una prostituta. Y como me dijo una: «Lo hago con más de veinte clientes al día». No trato de quedar el mejor como en los videojuegos y salir en la tabla de los que más puntos han hecho. Sólo trato, intento, pretendo que ella lo pase bien conmigo, sólo eso. Ella antes de empezar suele echarme un líquido lubricante, normalmente se moja poco o nada, y sólo la he visto meterse una servilleta cuando le hago sexo oral. La pregunta: ¿qué sienten ellas con estas posturas laterales (tiryak)?, me da vergüenza hacérsela a ella, porque pensará que soy tonto o machista, si es que no lo piensa ya. Otra cosa: si decide comentarlo en el suplemento del periódico, me gustaría que me lo comunicara, así lo compro y se lo regalo a esta chica. Y si no, da igual. Gracias.

Ha sido horrible, espero que los lectores hayan podido lidiar con ello.

No obstante, hay otra cara de la sexualidad masculina... O puede haberla, como ya hemos descubierto y seguiremos descubriendo en el siguiente capítulo.

LA IMAGEN DEL HOMBRE EN LA PORNOGRAFÍA: EL HOMBRE-BESTIA O LA BELLEZA OCULTA DE LA SEXUALIDAD MASCULINA. COTEJANDO LA REALIDAD

A mi parecer, la pornografía ofrece una imagen muy distorsionada del hombre. No creo que éste sea el ente monolítico que nos presentan casi todas las imágenes porno, ni que encuentre «su verdadero yo» en la pornografía. Mi estudio de miles de ellos aporta una visión diferente de «quién es sexualmente el hombre», mientras que la pornografía es la imposición de una rígida visión ideológica de las emociones, expresión y conducta sexuales masculinas, y no una descripción realista de la sexualidad del hombre.

Es irónico que aunque superficialmente la pornografía parezca pensada para el hombre —más que para la mujer—, su mensaje subyacente lo ridiculice. En voz baja, subliminalmente, da a entender que la expresión sexual del hombre es absurda, vil, grosera o insensible, hasta grotesca. Visualmente, suele presentar a hombres feos y bastos, estúpidos y sin atractivo. ¿Quién no ha visto imágenes porno? Nos rodean por todas partes, en las revistas de sexo, en el correo electrónico basura, en Internet e incluso en las bellas artes. Quienes hacen y distribuyen las imágenes seguramente creen que a los hombres les agradan, que por lo general hacen «lo que gusta al hombre», porque las comercializan «para hombres» y el sector crece. Aunque pocas mujeres compran porno, los portavoces de esta industria suelen decir que «el número de mujeres va en aumento», pero tal «ganancia» es ínfima.

¿De verdad la pornografía gusta a la mayoría de los hombres? ¿Se identifican con las imágenes o las consideran risibles? ¿Ven algo que no es su «verdadero yo» o piensan para sí que les gustaría ser como los afortunados que aparecen en ellas? Es difícil saber si el hombre es o no como le retrata la pornografía, ya que a la mayoría les han educado en la idea de que si algo les parece asqueroso, no deben retroceder, sino mirarlo «directamente a los ojos» y decir: «¡Guau! ¡Me gusta! ¡Qué malo soy!». En teoría, los chicos no rehuyen las «cosas vulgares»; serían «afeminados». Por eso, cuanto más repelente sea una imagen pornográfica, menos asco ha de mostrar un hombre de verdad. Pero, en privado, ¿la mayoría de ellos piensa de verdad que son «así», o viven su sexualidad como algo más sutil, más diverso, seguramente más erótico e incluso espiritual?

Desde luego, no todos consumen pornografía, pero entonces, ¿por qué suele considerarse «para hombres»? ¿Porque supuestamente «la mujer no necesita hacerse pajas» o porque el material pornográfico les sitúa «por encima», «los ganadores», y denigra a la mujer, «la perdedora»? En la pornografía hay un «texto» subliminal junto a la imagen visual real. El hombre casi siempre figura como un predador empalmado; de hecho, es casi un violador. Uno de los principales clichés tácitos del porno es que no debe mostrar sentimientos, nada de sentimentalismo: ha de seguir un guión sexual estrictamente físico. El porno retrata a un hombre que sólo ve placer en la erección y en la eyaculación, sobre todo dentro de una mujer, sin buscar casi nunca el erotismo ni ninguna otra actividad puramente sensual, además de no estar nunca «enamorado» ni ser sexualmente activo de otra forma que no sea el coito. No aparecen hombres que busquen un contacto corporal pleno ni necesiten abrazar ni que los abracen ni penetren a ellos de alguna forma. El frenesí del sexo, el deseo, el júbilo, el amor que no se sacia con el orgasmo, la fantasía... Esos estados hablan de algo que no es el impulso biológico de reproducción de la especie, el «impulso sexual masculino», que según la pornografía es fundamental para el sexo.

En la actualidad, el concepto de «impulso sexual masculino» parece connotar cierto misticismo. A finales del siglo XX su uso proliferó, y acabó convirtiéndose en una «verdad incuestionable»: la realidad. Hoy se supone que es biológico, pero ¿lo es? Por lógica, si supuestamente el hombre tiene el impulso biológico de «empujar», ¿no debería la mujer tener el «impulso» inverso complementario de abrirse? ¿O esta idea del «impulso sexual» no es más que una fraudulenta categoría ideológica que se hace pasar por hecho científico?

¿Y qué ocurre con los demás estados sexuales que ellos experimentan y no aparecen en la pornografía? ¿Es el hombre tan singularmente mecánico y agresivo «por naturaleza» como se le representa? La sociedad ha intentado insistir en que un hombre de verdad debería «empalmarse» a voluntad, cada vez que sea «apropiado», es decir, cuando se encuentra a solas con una mujer en edad reproductiva. Pero tener una erección a voluntad es imposible. En realidad, el pene es una parte delicada del cuerpo masculino que responde con exquisita sensibilidad a cada matiz emocional que sienta el hombre. Las erecciones van y vienen, durante el sexo y durante el sueño. Casi todos los hombres dicen que lo que buscan es el deseo, no los medios mecánicos del orgasmo o de la erección. El deseo y la excitación son placeres que se extienden por todo el cuerpo; el orgasmo, después de todo, puede lograrse a solas con la masturbación.

La belleza de la sexualidad masculina no tiene tanto que ver con la erección como con todos los gestos y movimientos corporales, sutiles y llenos de significado, también los altibajos de la erección —tumescencia y no tumescencia, detumescencia y la retumescencia—, todos los modos en que el cuerpo se da a conocer o habla. Estos movimientos representan la belleza y personalidad de un hombre, y son muy eróticos. La pornografía tal como la conocemos no presenta esa variedad ni esa diversidad de expresión: sólo se pretende «revolucionaria» y «vanguardista» por ser «escabrosa», dándoselas de «increíblemente abierta» en contraste con el antiguo sistema de valores del «decoro». Pero no es «revolucionaria», y sus imágenes no aportan una visión valiosa ni interesante de «quién es sexualmente el hombre».

¿Qué es la «sexualidad masculina»? ¿Por qué se identifica tan estrechamente con la cópula en un guión sexual reproductivo? La respuesta está en los siglos de imposición de la idea del «sexo» como un deseo físico animal que hay que controlar poniéndolo en un contexto reproductivo dentro del matrimonio. Sin embargo, esta ideología temprana contenía las semillas de su propia destrucción al fomentar la idea de que el hombre está bajo el yugo de la «reproducción en el matrimonio» y sólo puede «experimentar libremente» su sexualidad fuera de la familia. En mi estudio, parece que la división ideológica entre «cuerpo» y «mente» o «alma» —como muestra la pornografía— es el meollo del problema que experimenta el hombre, no si está o no en una «relación reproductiva». La definición del sexo creada en aras de nuestro orden social y nuestra estructura familiar originada hace unos 3.000 años se ha centrado en el acto reproductivo en detrimento de otras actividades, porque hemos pasado de una cultura que necesitaba aumentar la reproducción a una en la que, ahora, la mayoría usamos anticonceptivos.

La «naturaleza sexual» masculina es muy «polimorfa-perversa», según una reseña de *The New York Times Book Review* a propósito de la imagen del hombre que se desprende de *El informe Hite sobre la sexualidad masculina*. En mi estudio, el hombre muestra gran diversidad, como indica este extracto: «La masturbación: una ocasión en la que el hombre expresa su sexualidad sin reducirse a la reproducción ni al coito. Como dice uno: "Tengo más o menos dos vidas sexuales, una con mi mujer y otra conmigo mismo". Los hombres dicen disfrutar masturbándose y practicando el sexo a solas porque pueden fantasear con lo que quieran y no sienten la presión de rendir para otra persona. Según mi estudio, el hombre durante la masturbación se estimula en más partes del cuerpo que cuando está con su pareja. La estimulación anal es un ejemplo: en mi estudio muchos expresaron el deseo oculto de que los acariciaran y «penetraran» analmente —tal vez con un dedo—, ya que en el ano (no en el de la mujer) hay una glándula que les provoca el orgasmo al apretarla, tanto que durante sus exámenes, los urólogos les estimulan así para que eyaculen».

Sin embargo, casi ninguno se permite explorar las variadas emociones que desea expresar durante el sexo con su pareja, y menos si ésta es mujer, sino que, en cambio, intentan ajustarse lo más «perfectamente» posible al guión reproductor que describe casi toda la pornografía. Nuestra sexualidad se ha canalizado en una forma de expresión muy limitada; la sexualidad sería más interesante si no se centrara siempre en un mismo argumento: los «preliminares» seguidos de la «penetración», siendo el punto álgido «follar», el coito o «el acto».

La aparición del fármaco Viagra y el temor al VIH han llevado la atención a la erección más que alejarla de ella; por ejemplo, a muchos hombres les pone nerviosos ponerse un condón, y por eso pierden la erección o el deseo sexual. No sólo se les pide que usen condones: además se espera que aporten la estimulación clitoridiana que lleva al orgasmo. Pero muchos cortan en seco los «preliminares» por el temor a perder la erección que les han dicho que es necesaria para gozar del sexo y que sería «vergonzoso» perder. Podrían alcanzar cotas mucho más altas de sensibilidad y excitación si no tuvieran esa ansiedad respecto a cómo «deberían» actuar sexualmente.

Hoy en día muchos hombres parecen rehuir el sexo de diversas maneras. Su retirada puede adoptar distintas formas: «disfunción eréctil», «pureza religiosa» que difiere del «compromiso» o una preferencia por el sexo «pervertido», no convencional. Tal vez sea una reacción a los tópicos que caracterizan la visión de la sociedad sobre el hombre, a quien se contempla cada vez más a través de la publicidad moderna y la pornografía. Si se le dice que es «barato», que su cuerpo obedece mecánicamente a estímulos «provocativos» (como responden los perros de Pavlov a la campana de la comida), desde luego que cuanto más sensible sea, más ganas tendrá de retirarse. Sería mejor cambiar los trasnochados estereotipos sobre el sexo que retirarse apuntalando las viejas dicotomías que dieron lugar al problema.

¿Qué siente el hombre respecto a cómo la pornografía presenta su trato con la mujer y de la violencia contra la mujer casi siempre presente? La mayoría se sienten perplejos, preguntándose por qué les excita. La pornografía suele denigrar a la mujer mostrándola golpeada, amoratada, magullada —y encima contenta—, pero también le denigra a él, degradando y embruteciendo su sensibilidad, destruyéndole toda posibilidad de descubrimiento sexual personal, implantando clichés del tipo que «un hombre de verdad es el que tiene la erección más grande y dura», bloqueando su capacidad de expresión y relación. En mi interpretación, sexo y violencia se mezclan durante la fase edípica del desarrollo del niño, momento en el que está abandonando emocionalmente a «la madre» y a la vez se hace cada vez más sexual. Pero la frecuente consecuencia de la pornografía —«el hombre es una bestia cuya incorregible naturaleza subyacente le hace propenso a la violencia contra la mujer»— es falsa, engañosa y peligrosa.

Los mensajes de la pornografía diseccionan psicológicamente al hombre, mostrando la sexualidad divorciada de la emoción y el alma. Esto puede afectarle negativamente; aunque muchos hombres desconozcan el origen de su malestar, esos mensajes no verbales les hacen pensar que son «dos personas»: el «animal» sexual y el individuo pensante, espiritual. Esto nos remite a la separación de hombres y mujeres en las mezquitas musulmanas. Por eso la inmensa mayoría de los hombres se desconciertan cuando se enamoran de verdad y «cuerpo» y «alma» se mezclan. La creciente aversión del hombre a encajar en estos estereotipos de la «sexualidad masculina» puede también verse en un sentido político más amplio: los extremistas islámicos de Afganistán han proclamado en muchas de sus arengas públicas que quieren «crear una sociedad más pura», menos sexual, en la que el cuerpo femenino se tape y oculte a la vista (¿no será que quieren castigar a la mujer?). La tradición, tanto occidental como oriental, supone un problema para el hombre a la hora de integrar «mente», «cuerpo» y las relaciones con la mujer.

La pornografía es ante todo propaganda, una interpretación ideológica que se emplea para dirigir al hombre hacia cierto tipo de actividad sexual reproductora y decirle la actitud que ha de tener hacia el sexo y la mujer. La mujer en la pornografía sirve al objetivo básico de legitimar la expresión sexual masculina. Con la pretensión de representar la «naturaleza», el porno revende una visión ideológica de cómo debería actuar el hombre. Es una herramienta para el lavado de cerebro. En realidad, la pornografía es una de las áreas de la globalización que presenta al resto del mundo las versiones caducas más negativas de «quién es el hombre»; si transformamos nuestra visión básica de «cómo es» el sexo, estaremos contribuyendo a una forma mejor de globalización.

Capítulo 5

Pasos hacia una nueva cultura sexual

LA IGUALDAD EN EL SEXO: EL ORGASMO FEMENINO Y LOS DERECHOS HUMANOS

A un adolescente le preocupa que su novia no se excite en el coito, y no sabe qué hacer:

> Hola, soy José. Siento de veras no poder darte más datos, pero mis padres no saben que escribo esto. Nada más lo sabemos mi novia y yo. De hecho, ni siquiera sé si esto te lo estoy mandando a ti o a otra persona, tengo cierto miedo por lo que pueda pasar o por quién lo pueda ver.
>
> Desde hace algún tiempo las cosas no nos van bien en cuanto al sexo. Bueno, realmente es desde siempre. Nos queremos un montón y todo eso. Probablemente estés pensando: «¡Qué raro!». Mi pareja y yo discutimos sobre quién tiene la culpa, ¡yo pienso que soy yo y ella piensa que es ella! Creo que soy yo porque quizás no le excite lo suficiente, lo extraño es que hacemos el juego precoital de manera muy intensa. Intensísima: muchas veces incluso pasamos del coito. Por lo general, nos lo tomamos de manera que el hecho de

«hacer el amor» no gire alrededor del coito, y la verdad es que va muy bien.

Lo cierto es que el principal problema llega cuando practicamos la penetración en sí. En todo lo que hacemos antes del coito los dos acabamos excitadísimos. Estamos entre hora y media y dos horas haciendo muchas cosas, hasta que llega un momento en el cual, justo queremos pasar al coito; es justo el siguiente paso que nos hace falta. En principio todo está perfecto, la vagina de mi pareja está muy lubricada y parece que no va a haber ningún problema. No obstante, yo pienso que no es suficiente, y por eso creo que es culpa mía al no excitarla más.

Ella lo ve de otra forma, y como no tiene posibilidad de conectarse a Internet ni ordenador en casa, me ha pedido por favor que te ponga esto (escrito por ella directamente): «Hola, soy una mujer de veintidós años, estoy saliendo con mi novio de diecinueve desde hace casi dos años. Le amo, le adoro, le deseo, pero desde que lo hicimos por primera vez, muchas cosas han cambiado en mí. A mí me duele muchísimo y no puedo pensar en otra cosa. Sólo en lo mucho que me duele. Tal vez sea que yo no me excito, o puede ser que me ponga tan nerviosa que no dejo que pase lo demás. Esto se está convirtiendo en un problema, estoy obsesionada, y como mi novio es muy ardiente y sensual, tengo miedo a que me deje porque no lo hago bien».

A mí me da mucha pena que pueda pensar que la dejaría sólo por eso. Si realmente me interesara sólo el sexo en una persona, no llevaríamos saliendo tanto tiempo. ¡Me asusta que piense que soy un ogro! De veras que me gustaría saber si nuestro problema es psíquico o físico. Un hombre preocupado.

Esta carta me parece alentadora, pues en otros tiempos casi ningún hombre aceptaba el hecho de que la mayoría de las mujeres no tuvieran orgasmos durante el coito —casi todos esperaban que ella lo fingiera cortesmente de alguna manera—, pero hoy a muchos jóvenes varones les preocupa la situación (como hemos visto) y se dan cuenta de que la mujer pierde interés sexual por ellos. Les gustaría hallar una solución: en este capítulo hay una.

Una solución es diversificar la sexualidad introduciendo también el sexo oral (*cunnilingus* y felación), y besos y caricias sin prisas: ésa es la meta de numerosas chicas y chicos. Otra meta o solución que es muy importante recordar es llegar a la igualdad y a la estimulación igualitaria en «el sexo tal cual es». Esta idea quizá no sea fácil de comprender.

SEXUALIDAD IGUALITARIA: ¿QUÉ ES ESO?

¿Qué es la igualdad en el sexo, o qué debería ser? Durante siglos, la sexualidad tal como se ha definido no ha sido igualitaria. Ahora tenemos la oportunidad de cambiar esto. Durante siglos, el sexo ha reflejado el desequilibrio de poder y estatus entre hombre y mujer. Esta situación no es «mera biología», «la única forma de hacerlo» ni nada por el estilo, sino que la ha generado y prolongado una cultura que creaba desigualdad por el deseo de un grupo de controlar la reproducción de otro grupo. Ese desequilibrio, además de perjudicar a chicas y mujeres, perjudica también a chicos y hombres: separa a los sexos, abre una brecha entre ellos y los convierte en «enemigos».

Una de las manifestaciones más claras de la desigualdad en el sexo es lo que pasa con el orgasmo: el hombre lo alcanza a menudo con el sexo convencional, con el guión sexual establecido, mientras que la mujer no. Se dice que «el acto» lo «dicta Dios» o «la Naturaleza», que cambiarlo es imposible, que es «la naturaleza humana» o «la biología», así están formados el cuerpo masculino y el femenino, es «el plan de Dios». Sin embargo, nuestra cultura nos ha hecho moldear el sexo y el erotismo a voluntad (no me refiero a la monogamia), y hemos puesto todo el énfasis en el coito y la reproducción, como si fueran lo único que importa. ¿No será que los primeros clérigos o sacerdotes temían que ya no fuera tan fácil controlar a la gente si ésta tenía acceso a la misma sexualidad indefinida a la que ellos accedían? Hoy en día, el sexo es una institución cultural y biológica, que subraya y aclama la erección, el coito y el orgasmo masculino en la vagina: todo esto forma parte de la cultura y la sociedad tradicionales, una parte de la que queremos seguir disfrutando, pero añadiéndole los ingredientes de la democracia y la igualdad.

El orgasmo no es la única forma de ver que el guión sexual preestablecido que conocemos es menos placentero para la mujer que para el hombre; otra forma es el testimonio de las propias mujeres cuando les preguntan qué suelen hacer en la cama. Casi todas nos dicen que las actividades que les gustan —besar, acariciar y juguetear, que les hagan sexo oral—, no reciben tanto tiempo y atención como las que llevan «al acto» y al orgasmo masculino. Afirman además que el sexo finaliza cuando el hombre tiene el orgasmo, aunque ellas expresen su deseo de continuar, de forma que no tienen control sobre cuándo se acaba el sexo y han de «asistir al banquete» y ser serviciales, pero no participantes de pleno derecho.

Hoy nos rodean por todas partes las imágenes de sexo donde aparecen chicas en actitudes «sexuales», haciendo cosas que suelen gustar al hombre; mientras que la expresión «sexo oral» casi ha pasado a ser un eufemismo de felación, el *cunnilingus*, escandalosamente, está pasando de moda. Estas imágenes, se nos dice, prueban que la mujer es sexualmente libre, que tiene pocas inhibiciones y «sabe lo que quiere». Sin embargo, según estas cartas no es así, pues las jóvenes tienen muchas preguntas que necesitan respuesta. Quieren sentir que eligen su sexualidad igual que el hombre o el chico, su pareja; quieren sentirse libres de hacer lo que decidan y les apetezca en cada momento, y no verse obligadas a ciertos actos preestablecidos por saber que a ellos les agradarán (también el hombre se queja de las «presiones de rendimiento» ante estas expectativas). Según algunas mujeres, tener que hacer «de chica» les hace sentirse las «mironas» de la fiesta. La mujer de hoy quiere ser quien es sexualmente, y eso no conlleva necesariamente una mentalidad enfocada a tener orgasmos o ayudar al hombre a tenerlos, ni a parecerse a «una de esas chicas sexy» o actuar como ellas, aunque algunas lo encuentren divertido.

El simbolismo de la penetración (¿envoltura de pene?) y sus movimientos en nuestra historia ha trasmitido mensajes contradictorios a la mujer: deseo, posible placer, posible embarazo y satisfacción y rendimiento obligatorios en el coito. Como se ve en este libro, lo que siente la mujer ante ese símbolo es muy ambivalente, pese a lo que proclamen los anuncios de potenciadores químicos de la erección.

A la mujer le gustaría dedicar más tiempo a otras actividades sexuales, variar más. Le gustaría hacer algo más que limitarse a oír que ha de ser seductora y vestirse en consecuencia; le gustaría tener tiempo para ponerse en contacto con su propio cuerpo y que su pareja estuviera ahí mientras sucede; tiempo para probar diversas posibilidades y formas de compartir su cuerpo, que acaso no tengan mucho que ver con el sexo tradicional, y también tiempo para actividades que le gusten tanto a ella como al hombre.

El sexo puede diversificarse. Chicos y chicas necesitan sentir todo lo que les da su cuerpo de un modo distinto al de las imágenes de «nenas sexy» de las revistas, y ya está ocurriendo. Los varones han de darse cuenta de que un juego igualitario de excitación que quizá no lleve a «ninguna parte» puede ser fantástico; tienen que dar cabida a lo que suceda y dejar de querer ser los directores del espectáculo.

¿ESTÁN CAMBIANDO LAS COSAS, ESTÁ CAMBIANDO EL SEXO?

Al hombre le disgustan las presiones de rendimiento durante el sexo tradicional; por eso, cambiar el sexo es liberarle y liberar a su pareja dándole espacio y libertad, dejando que actúe como le dicten sus sentimientos. ¡Es un don de libertad para los dos! Pero algunos no se dan por enterados de los mensajes que muchas mujeres les envían cuando se desconectan del sexo, ni de que lo que quieren es que haya más diálogo y remontar vuelo en otra dirección.

De hecho, algunos hombres hacen como si nada estuviera cambiando y sólo les hiciera falta conocer «los conmutadores» de los «mandos de la consola» de la mujer para luego manejar el juego como siempre.

Pero las mujeres ya no lo ven así. En la mayoría de nosotras ya se registra un gran cambio interno que toma formas inesperadas, «pequeñas», sutiles, que acabarán acumulándose y dando lugar a un cambio global de gran repercusión.

La mujer puede comenzar a mover su cuerpo de otra forma, quizá de formas que ni siquiera imagina aún. Puede que le interese la cópula o puede que no, puede que le interese el orgasmo masculino, e incluso su propio orgasmo, o no le interese ninguno de los dos. Puede que quiera manifestarse físicamente de otro modo, con un nuevo tipo de sexo (¿comenzando por bailar?), tocar el cielo con una sexualidad que persiga nuevas cotas de excitación, más novedosa aún que la fórmula (también nueva) de primero el orgasmo de él y luego el de ella (o viceversa) —por más que haya sido una clara mejora respecto al sexo tradicional que conocemos.

LA CREACIÓN DE UNA NUEVA CULTURA SEXUAL

Se puede crear un nuevo tipo de sexualidad cuya meta sea excitarse y apasionarse lo más posible, con o sin orgasmo, con o sin penetración y coito, pero con todos los sentidos y todo el deseo.

¿Ya está ahí? ¿Percibe la mayoría de los hombres que esta nueva apertura al conocimiento del orgasmo femenino será buena para ellos y aumentará su pasión, o la consideran algo negativo y difícil, «demasiado exigente», o peor aún, una especie de trabajo políticamente correcto?

El hombre reacciona de diversas maneras. Ya impugnada la idea del punto G, muchos han seguido como siempre y esperan que a la mujer —como en los anuncios porno— le encante que la introduzcan «una bien grande», pensando que «el punto» les dará estimulación clitoridiana por arte de magia. Pero como ya hemos visto, esto no suele funcionar, y muchos llegan a la conclusión de que «no duran lo suficiente», sin darse cuenta de que hay que cambiarlo todo ni de que es una gran oportunidad que traerá cosas buenas para todo el mundo. A casi todos los hombres les es difícil aceptar que la cópula sea más para su propio placer que para el orgasmo mutuo, pues han aprendido que su pene es la «palanca de mandos» por excelencia. Además, sin darse cuenta, muchos temen tener que aprender algo nuevo o compartir el poder en la sexualidad, cuando acostumbran a llevar la iniciativa —o al menos a seguir hasta el último detalle unas directrices previstas que los sitúan en cabeza, los líderes—, sin aceptar la igualdad con «una mujer».

Qué aventurada, pues, es la reacción de este hombre que quiere trazar la carta de unas aguas inexploradas, «llegar adonde ninguno ha llegado antes». Aunque al principio le aflija saber que la mujer no alcanza el orgasmo con la penetración, casi de inmediato se le ocurre otra idea: aprender del lesbianismo, que no se basa en el pene ni en «el orgasmo por la penetración»:

> He preguntado a una amiga por sus sentimientos al hacer el amor, y los resultados son realmente desastrosos. El resumen de la visión que mi amiga tiene sobre el sexo es que sólo puede alcanzar el orgasmo mediante la masturbación... Respecto a hacer el amor, se trata más bien de una concesión a su novio, y lo único que le interesa es que le acaricie y le haga mimos y no salga corriendo des-

pués de haber tenido un orgasmo, pero de disfrutar en el sexo, nada de nada, y no digamos ya con la penetración. Para ella lo importante son las caricias. A mí también me gustan mucho, pero la reflexión que hago es la siguiente: las caricias proporcionan una maravillosa sensación, muy placentera, pero no creo que el placer fisiológico sea equivalente al de un orgasmo. Ella está convencida de que a todas las mujeres les pasa igual.

Lo triste del asunto es que si a mi novia le pasa lo mismo, siento que se ha hecho ya muy tarde para hablar con ella del tema. ¿Viviremos entonces una especie de farsa surrealista hasta el final de nuestros días? No sé, siempre me ha parecido que mi novia disfruta conmigo, y no sólo con las caricias. Pero quizá todo no sea más que una concesión para que yo disfrute.

Una idea: tal vez puedo aprender una nueva manera de hacer el amor de las lesbianas, puesto que no utilizan mucho la penetración; si he comprendido, es más o menos así. Sí, me interesa aprender las posibilidades de actos y juegos sexuales entre mujeres, y me informaré de ellos. Fernando.

Algunos hombres dicen que no quieren estar tan a cargo del orgasmo de la mujer, pero quizá actúen justo al revés (acaso sin darse cuenta) o lo digan de una manera muy negativa, acusando a la mujer de complicarles la vida. El siguiente, por ejemplo, en vez de hacer comentarios positivos, como que necesitamos una nueva igualdad en el sexo que garantice a la mujer la libertad que necesita, parece enojado y hostil:

Hola, doctora Hite, soy un médico de veinticuatro años interesado en el orgasmo femenino. Puede que el hombre no sepa practicar bien el sexo porque la mujer no dice lo que le gusta (tampoco sabe lo que quiere, al no masturbarse). He hablado con mujeres de la masturbación. Me han dicho que ven el sexo de otro modo que el hombre, y que no desean masturbarse. Mi pregunta es: no tienen ese deseo, pero ¿no será que lo tienen pero sin saberlo, o simplemente sin hacerle caso? Entiendo que no siempre vayan a desear masturbarse, pero sólo una vez en la vida... Yo les digo que masturbarse les facilitará el orgasmo con su pareja, pero me dicen que no tienen ese deseo. Claro, yo no quiero que hagan nada que no quieran hacer. El hecho es que tienen deseo sexual, y no de masturbarse. Pero eso es una forma de obligar al hombre a hacerlo todo mientras ellas simplemente se quedan pasivas. Se limitan a esperar a que el hombre les lleve al orgasmo, no se hacen responsables. ¿Por qué se limitan a esperar que el hombre les facilite el orgasmo, por una mala educación sexual? R.

¿CÓMO HACER EL AMOR DE OTRA FORMA?

Hacia una nueva sexualidad y la igualdad en el orgasmo. (El apuro de la mujer durante el sexo al tener que pedir)

Una de las formas que el hombre está probando para mejorar el sexo, como se ve en este libro, es «dar» a la mujer estimulación clitoridiana y llevarla al orgasmo igual que cuando se masturba. A veces funciona, otras no (por timidez o por una actitud muy mecánica). Es un paso adelante respecto al sexo tradicional, en el que los preliminares sólo incluían un poco de estimulación clitoridiana para prepararla (si acaso) y luego se pasaba al «acto», finalizando el sexo con el orgasmo masculino.

Sin embargo, aun en este nuevo guión sexual, muchos hombres y mujeres, chicas y chicos, no están satisfechos del todo, se sienten frustrados y quieren algo distinto. Lo que buscan es una nueva sexualidad, me parece, centrada en algo que no sea el consabido argumento de la penetración y el orgasmo, y que dé cabida a la igualdad. Con dudas o enfado, los lectores varones nos hacen la misma pregunta: ¿por qué no se siente la mujer libre de hacer lo que quiera, por qué tiene que esperar a que el hombre «le dé» el orgasmo? El horrendo estereotipo de la *dominatrix* de la última pornografía, que asigna a la mujer el papel de pasiva y a continuación el de dominadora, todo en una, no deja de ser también un intento de cambiar la vieja pauta —aunque lo único que haga sea revertirla superficialmente, sin verdaderos cambios en la conducta sexual—. Por otro lado, las chicas dicen que es corriente que ellos sigan actuando como «seres superiores» y tratándolas como a «ciudadanas de segunda»: por ello, lógicamente, se sienten desposeídas en el sexo y poco dispuestas a compartir sus secretos.

Es un verdadero paso adelante que ahora veamos el problema tal cual es. La propagación de una nueva manera de actuar juntos eróticamente es sólo cuestión de tiempo. Ahora estamos en una fase de la que todos queremos salir y que tratamos de superar, ellas de una forma, ellos de otra. Se puede conseguir.

CÓMO ACOSTUMBRARSE A TENER ORGASMOS CUANDO TU PAREJA TE ESTIMULA EL CLÍTORIS (CÓMO AHUYENTAR LA TIMIDEZ)

En este momento de la historia, muchas parejas prueban otra forma de estimulación para el orgasmo femenino: la clitoridiana en todas sus variantes que, si dura cierto tiempo, lleva al orgasmo no mediante la forma «indirecta» del coito, sino con la mano o con la boca. ¿Qué piensan?

La mayoría de los hombres y las mujeres se sienten algo cohibidos cuando se les conmina a «inventar esta nueva actividad», como describe esta joven:

> Estoy desconcertada. Intento una y otra vez tener un orgasmo con mi novio —llevo tres años con él, es algo mayor que yo, muy agradable—, pero se deprime porque casi nunca me corro. Está claro que sí puedo tener orgasmos sola. En los últimos tiempos le he mostrado cómo puede abrazarme mientras me masturbo. Ahora él está intentando ver si puede estimularme igual, con la mano, pero me corto, me da mucha vergüenza pensar que soy una especie de egoísta, y además, que soy la única a quien le gusta el control. Encima, en ese momento temo parecer tonta o fea, o algo rara, con la cara contraída. Por eso me acerco cada vez más al orgasmo, pero no acabo de tenerlo. Después, cuando él está dentro de mí, me siento menos inhibida, porque él está ocupado y a la vez excitado, y entonces me excito de verdad, pero no me corro del todo. ¡Vaya problema!

Es normal sentirse muy «rara» y quizá «egoísta» al intentar en el sexo algo que no sale reflejado en ningún sitio ni se comenta entre amigos: no hay en el lenguaje una palabra de uso común que aluda a la «estimulación clitoridiana manual para llegar al orgasmo» (¿será que no existe?), ni tampoco aparece en la pornografía o materiales eróticos, ni se menciona en los libros religiosos, y ni siquiera en la inmensa mayoría de los manuales de sexo. En realidad, ella y su novio están haciendo historia y creando un placer que beneficiará a otros a medida que la cultura global vaya absorbiendo poco a poco esa experiencia. No hay que olvidar que al venir de una cultura que lleva siglos diciéndole siempre a la mujer que ha de «amar a los demás y cuidarlos», «no ser egoísta», y que «la auténtica naturaleza de la mujer es ser madre», se trata de un paso muy audaz para ella.

Sin embargo es un paso muy importante. Hoy, la mujer necesita demostrar toda su identidad y enorgullecerse de ella, «pensar en sí misma», mostrar que es una persona completa con su propia identidad sexual y ya no vive a la sombra de un hombre, aun cuando le ame mucho. Así irá haciendo sitio a otras mujeres (hasta a mujeres que no conoce ni conocerá) y también hará sentir al hombre que el mundo es un lugar mucho más grande que está ahí para su disfrute.

Muchos hombres dicen en mi estudio que para ellos también es difícil tener orgasmos cuando su pareja les estimula el pene con la mano, que también ellos se sienten «observados» y cohibidos. Pero mi estudio muestra asimismo que en esas circunstancias, tener un orgasmo no es tan difícil para él como para ella cuando su pareja la estimula con la mano. Esto nos dice varias cosas. Tal vez llegar al orgasmo sea más fácil para el hombre cuando le estimulan el pene, pues a la mayor parte de ellos «al final» no les incomoda bajar la mano y ayudar a quien les acaricia a darles la presión y el ritmo correctos, mientras que la mujer suele pararse y no «toma el relevo», aunque vea que así no llegará al orgasmo. ¡Una pena! Algunas afirman que la estimulación del hombre carece del ritmo regular que necesitan, o que la presión es demasiado fuerte (lo típico es que ellos digan que ella no les aprieta lo suficiente, y ellas que el hombre les aprieta demasiado). Algunos hombres tienen muy poca práctica. Lo más frecuente es que la mujer que recibe estimulación clitoridiana del hombre e intenta llegar al orgasmo así, esté demasiado cohibida para concentrarse en el placer como cuando se estimula a solas. Como explica la anterior lectora, muchas mujeres se sienten «solas», incómodas, «sólo ellas», y temen parecer «egoístas»: «Sólo va a lo suyo» es una frase negativa que muchas veces se les dirige.

¿A través de qué signos puede reconocer su pareja que la mujer está teniendo un orgasmo o está a punto de tenerlo? Que cada cual, hombre o mujer, se pare a pensar en su propio cuerpo: la respiración se acelera, se tensa la musculatura de todo el cuerpo, puede que te agarre con brazos y manos, haciéndose casi «espásticos» sus movimientos: todos son signos de que está muy excitada. No busques los tópicos de lo que «se supone» que ella tiene que mostrar al llegar al orgasmo, como «arquear la espalda», «abrir las piernas» o gritar de alguna forma en particular.

Como medida temporal, buena para este momento histórico, tanto al hombre como a la mujer puede ayudarles recordar todos los siglos que ellas han pasado provocándoles orgasmos en el coito sin tenerlos ellas: así, ¡ya serán unos cuantos los orgasmos a que tienen derecho para compensar todos los «servicios prestados en el pasado»!

LA BELLEZA OCULTA DE LA SEXUALIDAD MASCULINA

¿Qué es la sexualidad masculina? ¿Sabemos en realidad lo que es, pese a «verla» todo el rato a nuestro alrededor? Antes de asumir que «el hombre no quiere cambiar las cosas», parémonos a mirar: ¿qué quiere realmente el hombre? ¿Hay una belleza oculta tras las acostumbradas imágenes del hombre como una bestia que sólo piensa en una cosa?

¡Seguro que las ideas actuales de la sexualidad masculina no son tan malas! Muchas mujeres dicen que hay hombres muy románticos, sexy y divertidos; que la sexualidad masculina, con su impulso y la arrogancia que hace que ocurran cosas, merece la pena. Y es verdad, pero la sexualidad del hombre aún puede ser más bella.

Frente a los desacertados estereotipos sobre su propia sexualidad —trilladas versiones de la creencia en la suprema importancia de la erección—, muchos hombres consiguen crear en el sexo momentos muy bellos. Sin embargo, en mi estudio muchos dicen también que se sienten presionados a rendir sexualmente, que en el sexo casi nunca se sienten «libres» de ser quien son. Temen que su pareja se ría de ellos si se muestran «blandos».

¿Quién es el hombre en la sexualidad? Mi estudio con miles de hombres revela otra visión de «quién es sexualmente el hombre» oculta bajo la superficie de afirmaciones y conductas socialmente maquilladas, cuyas apariencias reflejan una rígida visión ideológica de la expresión y el comportamiento sexual masculinos. Me parece que la mayor parte de los tópicos e imágenes sexuales presentan una imagen distorsionada, monolítica o de una sola cara, que insta al hombre a «ser así», sin importar lo que sienta, para que no le tachen de «bobo» o «afeminado».

En la pornografía, como ya hemos visto, el hombre casi siempre focaliza su placer en la erección y la eyaculación, sobre todo penetrando a la mujer, y rara vez busca el erotismo en sí mismo, nunca se le ve «enamorado» ni sexualmente activo más que centrándose en el pene. No parece buscar el contacto de todo el cuerpo ni querer abrazar a alguien ni que le abracen, o ser penetrado él de alguna forma.

Todos los tópicos populares sobre la sexualidad masculina retratan al hombre como el que «obviamente penetra», no el «penetrado». ¿Es esto lógico o es simbólico?

En realidad, la sexualidad masculina es un exquisito conjunto de respuestas a sensaciones sutiles. El cuerpo masculino está hecho para dar y recibir, el hombre puede disfrutar de la mayor excitación cuando deja que le acaricien y le lleven a un estado febril o cuando cuenta sus fantasías. El pene contiene multitud de nervios sensoriales que pueden excitarse y ser una fuente de gran placer para el hombre, y, sin embargo, pocos se permiten el «abandono» que exige la escena, aunque muchos dicen que les gustaría «no controlar» tanto.

En mi interpretación, el sexo y la violencia no son inevitablemente (como la pornografía parece indicar) «parte de la naturaleza humana»: hombre y mujer sienten su deseo cuanto más «duros» y agresivos se ponen, cuanto más se excitan, pero en él eso se considera «la prueba» de que «es así», mientras que, en mi opinión, nuestra cultura exacerba su deseo mayoritario de mezclar sexo y violencia, programado psicosexualmente para la «etapa del Edipo», entre los diez y los doce años, momento en el que los chicos «abandonan a la madre» en el terreno emocional y se enfadan y desconciertan por ello, de acuerdo con mi documentación (hay que reinterpretar las primeras versiones del mito de Edipo, pues Freud no entendió bien el significado del dilema para los chicos en mi opinión, que contradice la suya). Cuando los chicos van aprendiendo a no ser «mariquitas» (en los bárbaros rituales de la pubertad y las mofas de los demás) y van madurando sexualmente (llegan al orgasmo con eyaculación), hacen todo lo posible por imitar a la perfección todos los pasos del ritual de rendimiento sexual de los que hablan los «chicos mayores». Más que nada, desean pertenecer al grupo masculino y que no se les margine ni se les considere unos «debiluchos»; así se perpetúa la pauta, pese a ser restrictiva (y causar resentimiento en el hombre).

La función de la pornografía es hacer una interpretación ideológica que transmita a hombres y chicos mensajes diversos (abiertos y encubiertos) sobre quién han de ser en el sexo; les dirige hacia cierto estilo de actividad sexual reproductora, y les dicta la actitud que han de tener hacia el sexo y la mujer. «Les informa» de que el hombre es un animal y una bestia sexual, y que eso está bien, que así debe ser. De ahí que la sexualidad masculina esté encorsetada por una ideología que les impone centrarse en el pene y la vagina (insertar) y no ser emocional («sentimental»): una necesidad más o menos mecánica de descargar esperma.

Pocos hombres se ven realmente así. La conclusión es que no deberían temer alejarse de los tópicos sobre su sexualidad que se les ofrece y acercarse a quien realmente son. ¿Está sucediendo ya?

¿TEMOR A LO DESCONOCIDO O TEMOR AL ORGASMO FEMENINO?

Sin duda, el hombre puede entender que la mujer llega al orgasmo masturbándose, e imitarlo cuando se acuesta con ella. ¿No quiere hacerlo? ¿O sirve a una voz que en su fuero interno le dice que «un hombre de verdad no haría esto» o que «un hombre de verdad tiene orgasmos, y la mujer no»?

¿Es pedir tanto, es tan terriblemente difícil aceptar que la definición de sexo cambie para incluir de forma específica la estimulación clitoridiana que lleva al orgasmo a la mujer? En realidad no. Seguramente, cambiar la definición del sexo e incluir la estimulación externa sistemática de la mujer (con la mano o con la boca) hasta llevarla al orgasmo fuera del coito no sea tan difícil para ningún hombre que desee entenderlo. Entonces, ¿qué sucede? ¿Es sólo el comprensible miedo a empezar algo nuevo, es decir, la misma pereza que hace que casi nadie nos decidamos a abrir la caja con las piezas desmontadas de la tienda local de bricolaje con instrucciones para montar el artículo nosotros mismos? ¿O en el caso del orgasmo femenino pasa algo más, hay algo que ha bloqueado el deseo masculino de dominar a la mujer, de ponerlo difícil, de retener cualquiera sabe qué (pues ya hay hombres que se sienten explotados por la mujer)?

¿Es tan problemático ese cambio en la definición del sexo sólo por tratarse de una estimulación nueva y desconocida?

¿O es que los jóvenes, ellas y ellos, tienen problemas para cambiar lo que siglos de educación les han enseñado: que él será «el líder» y ella «la que va detrás»? Cambiar las tornas —la mujer *dominatrix*— no soluciona nada: no es más que invertir los papeles, mucho más facilón que intentar expresarse de verdad y crear un nuevo tipo de cultura sexual, un clima de igualdad en el sexo.

Pero ¿no está sonando a trabajo disfrutar del sexo?

Contemplemos a hombres y chicos de otro modo.

EDIPO ENAMORADO: UNA REVISIÓN DE LA IDENTIDAD PSICOSEXUAL MASCULINA

Los dolorosos ritos de iniciación: «¡Niño de mamá!»

De niños, la mayoría de los varones están muy unidos a la madre y suelen preferir su compañía a la del padre. Sin embargo, según mi estudio, a la mayor parte de ellos les desconcierta mucho al llegar a la pubertad la presión cultural para que «se decidan», es decir, la rechacen: «No te cuelgues de las faldas de tu madre», «No seas mariquita», «Sal de la cocina y vete por ahí con los chicos, no te pegues a tu hermana», y cosas así. Se espera que demuestren su nueva «identidad de chico duro» ridiculizando a su madre y distanciándose de ella, sobre todo ante sus amigos, el padre y los hermanos.

Las consecuencias no se han analizado por pensarse que el cambio conductual del chico en la pubertad lo provocan «las hormonas». El daño que le hacen las risas a su costa se trivializa: «Ah, ¡los chicos siempre serán así! Las hormonas les tienen locos a esa edad». Pero cuando en mi estudio salieron a relucir tantos y tantos relatos tristes y conmovedores, me di cuenta de su importancia: son ritos culturales de iniciación, tan «primitivos» como los de una tribu del África oscura (o más). Estos ritos de iniciación cambian el curso de la vida del hombre y la sociedad. La sociedad los crea porque necesita moldear la conducta masculina para engrasar el sistema social. Como dice uno de los chicos:

> Cuando vienen los otros chavales y mi madre intenta decirme qué canal de la tele puedo ver, es humillante.

«¡Apaga eso!», me grita desde el otro cuarto, al oírnos con los vídeos de heavy metal. Me da tanto corte que le respondo a voces: «¡Calla la boca!», y subo el volumen más todavía. Con eso los chicos se quedan admirados de verdad: «¡Cómo se ve que tu madre a ti no puede decirte lo que tienes que hacer!», me dijo una vez el mayor de todos, sonriendo. Entonces me sentí aceptado, pero eso también me dio pena. Me sentí como un mal hijo, y temí que mi madre me odiara.

El chico tiene que sufrir las chanzas despiadadas de los otros chicos del colegio, que le llaman, por ejemplo, «niño de mamá» (si no va con los demás), o le dicen cosas como «deja de actuar como un mariquita, no estás en la onda», o «sé un hombre y no un pringado, un gilipollas». Se ve en la tesitura de tener que optar por algo: para entrar en el mundo «masculino» —para que los demás hombres le respeten, hallar su lugar en el mundo, encontrar trabajo—, tiene que dejar de lado toda conducta tachada de «femenina» «sentimentaloide», «infantil», y «crecer» y «actuar como un hombre», lo que se opone a lo «femenino». En la práctica, suele mostrarlo con el rechazo a su madre (o a su hermana) en compañía de un grupo de chicos u hombres, aliándose con ellos, «contestando» a la madre y cosas así.

Cuando el chico en la pubertad abandona a la madre

En efecto, la cultura espera que el chico modifique su alianza —y su identidad— en la pubertad. Mientras que de niños muchos están muy unidos a la madre, en la «pubertad» han de rechazarla (muchas veces ante testigos). Según mi estudio, esa «ruptura» con la madre supone una grave presión mental y emocional (que dura una media de un año). Casi todos se sienten culpables: lamentan su deslealtad a quien aman y les ama (la madre), pero no ven otra opción («No debería haberme dicho que apagara la música. No quería herir sus sentimientos desobedeciendo ni diciéndole nada mezquino, pero no me ha quedado más remedio, se lo ha buscado»). Otros, en una inversión lógica que los psicólogos conocen bien, llegan a sentirse abandonados: «No te puedes fiar de una mujer».

En resumen, la psicología masculina registra a una edad temprana un cambio traumático en su horizonte psicológico y emocional que la sociedad no se toma en serio y que muchos psicólogos freudianos y posfreudianos declaran «hormonal» y «natural». Así, por ejemplo, se dice que la unión con la madre finaliza «de forma natural» porque en la pubertad las hormonas masculinas hacen que los chicos se distancien y disocien de la madre, dejen de sentirse unidos a ella. Pero en realidad, según el testimonio de los chicos que participaron en mi estudio, son más bien las chanzas de los compañeros de colegio (y del padre), que les ridiculizan por asociarse a «mujeres» y ser «blandengues» como «una niña», lo que provoca el cambio en su conducta. Según mi estudio, el chico además se siente decepcionado al darse cuenta de que el poder de su madre no le puede ayudar gran cosa en el mundo adulto: «Un día llegué llorando a casa desde el colegio y le dije a mi madre que un chico mayor me había pegado. Me quedé de piedra cuando ella ni me comprendió ni me ayudó, sino que se limitó a decir: "Es mejor que vuelvas y le pegues más tú, no me vengas a casa llorando. Ya eres mayor"». El chico, al ver que la madre no le va a ahorrar la necesidad de vérselas con el mundo de los hombres, aprende que no le queda más remedio que «abandonarla».

Esta «deserción» de la madre deja hondas cicatrices en la mayor parte de los chicos. Muchos, sintiéndose culpables de «traicionar» a su madre, descubren que esa culpa empaña posteriormente sus relaciones adultas con otras mujeres. Tal vez les irrite lo que perciben como «exigencias» tácitas de la mujer, es decir, su propio y soterrado recuerdo de la herida y el dolor de su madre. O el amor de una mujer hace aflorar sentimientos enterrados de culpabilidad y temor (es fácil que se desplacen de la madre a la «mala» mujer que «les provoca» o «les seduce»), abriéndose así paso a una reiterada representación del argumento que dicta que «el amor siempre acaba en ruptura», por lo que buscan obsesivamente signos de que han de abandonar a «la mujer».

Más tarde muchas mujeres, de adultas, se asombran y desconciertan ante la errática conducta masculina en sus relaciones amorosas y matrimoniales, viendo al hombre primero apasionado, amoroso y ávido, y al final frío y bloqueado, incluso hostil y agresivo o violento.

El hombre experimenta sentimientos muy complejos de aceptación y rechazo al enamorarse de una mujer. En mi estudio del hombre, descubrí que casi ninguno se siente cómodo enamorado; de hecho, la mayoría no se casa con la mujer que más ama. No sólo descubrí que casi todos afirman no haberse casado con la mujer que han amado con más pasión, sino que además se enorgullecen de ello. La mayoría se vanaglorian de haber «controlado sus sentimientos». Los motivos se retrotraen al guión amoroso que aprendieron de pequeños con la primera mujer importante en su vida: el amor no puede durar, es un error mantenerse demasiado unido a ella, hay que aprender a ser frío.

Es interesante que en los hogares uniparentales donde el chico crece sólo con la madre, es mucho menos probable que se presente ese trauma emocional de la separación con tanta intensidad, y mucho más probable que en su vida posterior desarrolle relaciones emocionales estables e igualitarias con las mujeres.

Quizá esta pauta psicológica esté también presente en otras culturas, es decir, en culturas patriarcales que crean una brecha entre hombres y mujeres: en *Más allá del velo*, la escritora árabe Fátima Mernissi da cuenta de un fenómeno parecido en el hombre de cultura islámica, quien afirma que sentir gran amor por la mujer interfiere en su amor y su deber para con Alá (que, lo diré, simboliza a los demás hombres y el «sistema masculino»).

¿Cómo afecta esto a su desarrollo sexual?

Esta confusión emocional no sólo se aplica a cómo el hombre ve a la mujer, sino también a su propia sexualidad. La vida sexual temprana de la mayoría de los chicos está asociada subliminalmente, pero con gran fuerza, a sus sentimientos hacia la madre. Ella es la mujer con quien han tenido la mayor intimidad: ella les ha besado, ellos le han visto el cuerpo, ella les ha abrazado, ellos conocen su rutina en el baño. Ella es quien sabe sus secretos, les ha alimentado y les ha vestido, les ha tocado y les ha cogido en sus brazos. Sin embargo, en la pubertad todo esto cambia.

La pubertad del chico, es decir, su «despertar sexual», se produce entre los diez y los doce años, cuando los cambios corporales hacen posible por primera vez el orgasmo pleno. La mayoría de los chicos comienzan su vida sexual masturbándose asiduamente, casi siempre en secreto, aunque la mitad comparten con otros la masturbación y quizá otros actos sexuales (Kinsey, 1948; Hite, 1981 y 1994). «La recuerdo como una época de secretos», cuenta uno, «todo un nuevo mundo se abría a mi alrededor». Otro recuerda estar tendido en su cuarto, masturbándose, mientras oía a su madre preparar la cena en la cocina.

Lo que hasta ahora no ha estudiado la teoría psicológica es que, como se acaba de describir, a la vez que la sexualidad se intensifica para el chico, se produce también la crisis moral y emocional en su relación con la madre.

Alejarse de la madre a la misma edad en la que vive ese fuerte despertar sexual hace que el chico desarrolle una sexualidad y un erotismo de amor-odio peculiares en relación a la mujer: una sexualidad ligada a emociones de culpa e ira.

Como su sexualidad está despertando justo a la vez que aprende a rechazar y ridiculizar a la madre y «la forma de ser de las mujeres», y como al mismo tiempo muchas madres no dejan de volver a dar más «amor» y «comprensión» por más hostil y difícil que se haga el chico (intentando conservar la unión entre ambos), la pauta se refuerza. Muchos hombres llegan a creer que «la mujer disfruta con el dolor», que es «masoquista».

En el pensamiento del chico, que está formándose, el hecho de que la madre siga alimentándole se ve como una humillación, lo que afecta a cómo aprenden a definir el «amor» de una mujer. William coincide con muchos cuando afirma: «Hizo que me empezara a preguntar: ¿hasta dónde puedo llegar sin que ella deje de ser tan buena conmigo? El otro día se nos rompieron varios vasos en la cocina, y le dije a mi amigo: "Déjalos ahí, a ver qué hace." Hicimos una apuesta: yo dije que ella los recogería y él que no, que me haría recogerlos a mí. Gané yo». Por desgracia, todo esto pasa a formar parte del equipaje erótico-amoroso que algunos hombres arrastran durante toda la vida.

Así pues, ¿puede sorprender que al hombre le parezca normal y erótico el deseo de humillar a la mujer al tiempo que desea besarla? ¿Es eso amor? Sí y no. El hombre se ve en un aprieto; para la mayoría, el patriarcado no es un yugo, un muro que les encierra, sino que creen que les da «derechos» y «privilegios».

Aunque la sociedad llame «naturaleza humana» a algunas de las actitudes masculinas aquí estudiadas, mi teoría —si está en lo cierto— trae buenas noticias, pues significa que esas actitudes no son parte de la «naturaleza» ni vienen dadas por las hormonas, sino que forman parte de una ideología que la sociedad inculca a los chicos, sobre todo en la pubertad, presionándoles para que expresen desprecio hacia su madre y «todo lo femenino» justo cuando comienzan a mostrarse «sexuales» con las mujeres. Los dos mensajes se funden, y la conducta resultante se hace tan tópica que la llamamos «naturaleza humana».

¿Se está dando en la actualidad una crisis en muchos hombres —en el alma y la psique masculinas— de la que el reciente llamamiento generalizado al retorno al «tradicionalismo» no es más que un síntoma? Tal crisis no se resolverá mediante la «preservación de los valores familiares tradicionales», pues «proteger la familia tal como la conocemos» no significa, como suena, hacer un mundo seguro para los valores amorosos, sino más bien mantener la tradicional jerarquía de la familia, que insiste en que en la pubertad los chicos transfieran su alianza con la madre al padre. ¿Por qué es necesaria una estructura familiar o social en la que se tenga que escoger? La familia tradicional implica, y siempre implicará, mujeres supeditadas en casa y hombres «en el poder», pero empobrecidos y alienados emocionalmente. Seguir el camino tradicional debilitará más el tejido social, porque el hombre que se siente infeliz y aislado se vuelve agresivo, y la mujer, frustrada en sus intentos de que el amor funcione, se enfría.

Mucha gente, a título individual, está rompiendo con los viejos tópicos y las imposiciones y estereotipos sociales sobre la familia y quiere construir un nuevo tipo de familia y forjar alianzas amorosas verdaderas con las personas a las que quiere. Puede que sea la ola del futuro.

¿POR QUÉ ALGUNOS HOMBRES ASOCIAN EROTISMO CON HACER DAÑO A LA MUJER?

El sexo es peligroso, la violencia es sexy: eso se nos dice

Nos gritan truculentos relatos de violencia sexual todos los días desde la prensa, el cine y los vídeos, la televisión, las revistas, la vida de nuestros amigos y hasta nuestra propia vida. Las estadísticas indican altos índices de violencia sexual contra la mujer. Durante las guerras de Bosnia, Serbia y Ruanda, por no hablar de Sierra Leona, la violación se empleó como una herramienta bélica más. El sadismo hacia la mujer es un *leitmotiv* de la pornografía.

Pero ¿de dónde viene la ambivalencia masculina hacia la mujer, ese impulso a la humillación y la violencia sexual? En el estudio que realicé para *El informe Hite sobre la sexualidad masculina*, casi todos los hombres decían, para mi sorpresa, no haberse casado con la mujer que más amaban y estar orgullosos de ello. Creían haber hecho lo que debían al «escoger racionalmente» sin perder el «control sobre sus sentimientos», aunque lamentaran el trágico «amor perdido». Este hallazgo, el más profundo e importante de ese estudio de siete años, sugiere que muchos sienten que el «verdadero amor» está condenado desde el principio, no puede durar. Las mujeres no suelen compartir ese cinismo sobre el amor; ellas creen que los problemas pueden solucionarse. ¿Por qué no así ellos? ¿De dónde han sacado ese punto de vista?

En mi estudio sobre el amor, la sexualidad y el crecimiento de los niños en la familia, he llegado a una visión de la identidad psicosexual masculina y de su desarrollo que difiere radicalmente de la teoría establecida.

ROMPER CON LA MADRE: ¿HA DE ACABAR SIEMPRE EL AMOR?

Recapitulando, «romper» con la madre sitúa al chico bajo una grave presión mental y emocional. En muchos crea ya de por vida la pauta de creer que el amor no dura, no se puede contar con él. La mayoría se sienten culpables al adoptar su nueva conducta; a la vez que lamentan ser desleales a alguien que aman y les ama, no ven otra opción. Otros, en una inversión lógica que los psicólogos conocen bien, llegan a sentirse abandonados. Y así se quedan con la idea de que «no te puedes fiar de una mujer». Otros nunca podrán librarse de la creencia de que los sentimientos fuertes y apasionados provocan un sufrimiento terrible y hay que evitarlos.

Esta confusión está presente en la sexualidad de numerosos hombres. En la pubertad, muchos aprendieron a asociar sexo y violencia. Alejarse de la madre al tiempo que experimentaban el fuerte despertar de la sexualidad suscita en ellos una peculiar reacción de amor-odio hacia la mujer que les lleva a una sexualidad ligada a la culpabilidad y la angustia. Muchos asocian erotismo con hacer daño a la mujer. Y como la madre, por mucho que la rechace y ridiculice, no deja de volver para ofrecer más «amor» y «comprensión» por más hostil y difícil que se haga el chico, la pauta se refuerza. El hecho de que la madre siga alimentándole se ve como una forma de humillación que moldea su definición del «amor» de una mujer.

Demasiados chicos construyen una sexualidad que mezcla deseo y desprecio hacia la mujer. Mostrar deseo es mostrar desprecio; todo forma parte de lo mismo en el sexo. Así fue con la madre; han de amarla y desearla, y al mismo tiempo alejarse de ella y no respetarla.

Así, las relaciones físicas y emocionales con la mujer contienen elementos de «amor» y «odio», deseo y repulsión. A él le puede parecer normal y erótico el deseo de humillar a la mujer a la vez que quiere besarla.

La identidad sexual del hombre puede estar tan peligrosamente desvirtuada que quizá sienta perfectamente justificado amar y odiar a la madre (y por extensión, a toda mujer) cuando se siente sexualmente cuestionado, atacando, mostrando resistencia emocional y estallando en agresiones psicológicas o físicas. Puede parecerle sexualmente «correcto» combinar un intenso deseo, incluso el amor, con el dolor y la agresión, la dominación y la humillación.

Con esto no quiero decir que sea políticamente incorrecto practicar un sexo que incluya ideas de poder: ¿cómo evitarlo en una cultura como la nuestra? Pero al menos deberíamos saber qué hacemos y por qué, y no llamarlo estúpidamente «hormonas» y glorificarlo, declarando que no tenemos más opción que vivir así.

No es inevitable que la naturaleza masculina sea ambivalente y hasta hostil en sus relaciones con la mujer. Obviamente, no todos los hombres lo son. Esas actitudes forman parte de una ideología que la sociedad reitera sin fin al chico, sobre todo en la pubertad. La presión para que exprese desdén y desprecio hacia su madre, simultánea a la ejercida para que empiece a ser «sexual» con las mujeres son mensajes que, unidos, le provocan un atasco mental y un cortocircuito (trauma) que le hacen fusionarlos para siempre. El bloqueo queda incorporado de tal forma a las estructuras mentales que ya no «ve».

Es obvio que los hombres se enamoran de las mujeres; aun así, normalmente no dejan de anteponer la «masculinidad» al amor (ocultando sus sentimientos fuera de casa). Para ellos es más importante ser «uno de ellos» que entablar una relación con una mujer, sin importar lo maravillosamente bien que les haga sentir.

Actualmente hay una crisis de masculinidad de la que la reciente expansión de la «vuelta al tradicionalismo» no es más que un síntoma. El dilema no se puede resolver apelando a los «valores familiares tradicionales», puesto que, como hemos visto, ahí es donde el síndrome se perpetúa, considerando «menor» a la mujer y empobreciendo y distanciando emocionalmente al hombre. La única solución al dilema de Edipo es cambiar los códigos masculinos, el «sistema de valores» del hombre, es decir, la «masculinidad» tal como hoy se estructura. Como esa forma de pensar ha llevado a la obligación de «conquistar cualquier problema» (por ejemplo, ganar guerras, dominar el medio ambiente, dominar en el amor y las relaciones, la política y la empresa), los efectos positivos tendrían escala internacional.

Necesitamos otro tipo de heroísmo masculino, una reinvención de la psique del hombre, una nueva identidad para la cultura actual.

Para ayudarnos a desmontar la «sexualidad masculina» (y liberar al hombre), nos fijaremos en lo mecánico que es el concepto de «la identidad masculina» tal como se ha pintado, y lo poco «científica» que es en realidad esa visión.

¿ES CIENTÍFICA LA VISIÓN IMPERANTE DE LA SEXUALIDAD MASCULINA? ¿QUÉ ES EL «IMPULSO SEXUAL»?

La visión generalizada de la sexualidad masculina es que el cuerpo del hombre tiene un poderoso mecanismo, el «impulso sexual» (ligado a las hormonas masculinas), que le lleva a «penetrar» y «fecundar a la mujer con su simiente» y constituye un imperativo biológico.

Sin embargo, nadie ha aportado nunca pruebas científicas de la existencia de ese impulso sexual, sólo pruebas circunstanciales.

En realidad, el impulso sexual puede ser un deus ex máchina, un concepto pensado para demostrar todo lo demás («esto, luego aquello»), «obvio per se». ¿Pero lo es? No hay ninguna prueba de su existencia. Las únicas «pruebas» son circunstanciales: por ejemplo, que muchos hombres sienten su deseo acompañado de la erección y del «impulso de penetrar la vagina» (ya sea la de la mujer amada o en general); otra «prueba» es que las imágenes sacadas «de la historia» (sólo de los dos últimos milenios) presentan el acto copulatorio: por ejemplo, las ilustraciones del *Kama Sutra*, las célebres tallas de gran tamaño que representan posturas del coito en un antiguo templo indio y ciertos grabados japoneses. ¿Demuestran esas referencias que la eterna validez del impulso sexual básico del hombre (¿y la mujer?) gire alrededor de la cópula (mecanismo corporal que lleva a la actividad reproductiva)? ¿Y qué pasa con los numerosos artefactos e iconos (cómodamente pasados por alto) no referidos al coito?

Reducir el sexo prácticamente al «acto» no describe la naturaleza humana ni la naturaleza masculina: es la forma en que la sociedad pone al hombre bajo el yugo reproductor, una visión alegremente proclamada «científica y verdadera».

Si en la naturaleza se da el impulso sexual masculino —el pene erecto programado biológicamente para sentir atracción por la vagina de una mujer en edad fértil—, entonces sería posible probar científicamente su existencia. La pregunta es: ¿se demuestra físicamente en el cuerpo, o es una estructura mental, una idea grabada en nuestra mente?

Por supuesto, la existencia de hormonas sexuales masculinas no prueba que exista el impulso sexual masculino: primero hay que probar que el deseo de tener orgasmos (en hombres y mujeres) lo provocan las hormonas, y no vale con decir que hormonas y orgasmo coexisten (pueden estar relacionados causalmente o no); y en segundo lugar, que las hormonas hacen al hombre centrarse «por su naturaleza» en la «penetración en la vagina» de la mujer o «acto reproductivo».

Tal vez el terreno del sexo se haya investigado poco desde una perspectiva científica por haber sido tabú: los científicos pueden haber tenido problemas para la financiación en un «terreno tan frívolo» (tal vez sus colegas les reprocharan: «¿Es que no hay cosas más serias de las que ocuparse, como el hambre en el mundo? ¿Por qué pensar en el orgasmo, ¡salvo que no lo consigas!?»). La posibilidad de que se haya investigado poco se aplica especialmente a la sexualidad masculina: mientras ya hay iniciativas de estudio de la anatomía sexual femenina y sus «mecanismos», la anatomía sexual del hombre se considera más o menos evidente —aunque puede que no lo sea—, y por eso no necesariamente objeto de investigación médica o científica.

La causa del deseo de tener orgasmos —bien en la masturbación o en el sexo en pareja, cualquier variante— no se conoce científicamente. Los «impulsos hormonales al orgasmo» y el coito como centro de atención son cuestiones aparte. El hombre tiene hormonas sexuales fluctuantes que pueden o no coincidir con su deseo de orgasmo. Una vieja pregunta: ¿en qué medida es mecánico el deseo masculino? ¿Lo inspiran cuestiones psicológicas y emocionales o surge de forma mecánica, por las hormonas? Si el deseo del hombre por el orgasmo y el coito lo causan, como tanto se dice, las hormonas, ¿cómo ocurre? La mayoría de los hombres de mi estudio sienten que su deseo lo suscita en gran parte alguien concreto que desean, o unas imágenes concretas o una fantasía que les gusta; no llega automáticamente ni de forma «mecánica», sin esfuerzo (bien mental o por un entorno adecuado, incluidos elementos psicológicos y emocionales).

La ciencia aún no ha contestado estas preguntas. Afirmar con simplismo que es una cuestión del impulso sexual masculino no las responde.

El concepto del «impulso sexual» como un tentetieso mecánico distorsiona la sexualidad masculina y la femenina, haciendo temer al hombre su propio cuerpo, presionándole para que «rinda» y tenga erecciones, y haciendo sentir a la mujer que «debe ponerse a su disposición» («la necesidad de la erección para el orgasmo»): no precisamente las mejores bases para una buena relación.

En realidad, sólo estamos comenzando a conocer la sexualidad masculina.

EL VIBRADOR Y EL HOMBRE, EL VIBRADOR Y LA MUJER: ¿DÓNDE ESTÁ EL PROBLEMA?

Al ver que muchas mujeres usan hoy aparatos de masaje o vibradores eléctricos para llegar fácilmente al orgasmo a solas, poniéndolos fuera del cuerpo sin insertárselos de la forma estereotipada, surge la pregunta de si un vibrador ayudaría a la mujer a romper el hielo en los primeros orgasmos con su pareja. Hemos visto las dificultades de hombres y mujeres, también en aquellas para las que el problema no es que piensen que necesitan el coito para tener orgasmos, sino sólo que no llegan al clímax con la estimulación manual del hombre.

¿Ha de usar la mujer un vibrador para llegar al orgasmo cuando practica el sexo con un hombre?

Una cantidad cada vez mayor (ya grande) de mujeres usan un vibrador para llegar al orgasmo a solas o durante la masturbación (por cierto, la mayoría de las que lo usan para masturbarse no se penetran con el vibrador, aunque tenga forma de pene: los compran así porque son los que suele haber en las tiendas).

Aunque para muchas la forma más fácil de llegar al orgasmo sea un vibrador eléctrico (o a pilas), la mayoría de las que suelen masturbarse con este aparato no intentan usarlo durante el sexo con un hombre. Temen su reacción: muchas de las que lo han intentado dicen que la mayoría de los hombres se resisten a incorporar el vibrador al sexo con la mujer, hasta los que aceptan el principio de que ella necesita la estimulación clitoridiana para el orgasmo. Como escribe una mujer:

> Tengo treinta y tres años y vivo felizmente con Pedro. Él —con el que llevo viviendo seis años— sabe que uso un vibrador cuando me masturbo (no de los que tienen forma de pene para insertarlo, sólo un pequeño aparato redondo de masajes que va a pilas), pero nunca le gusta que lo use cuando estoy con él. A mí me encantaría, porque me parece sexy y me corro muy fácilmente de ese modo. Me gustaría abandonarme más con él, tener orgasmos besándonos y jugueteando sin pensar en eso. Pero si lo saco, él se frena. Por otro lado, con él a veces tengo orgasmos, pero no siempre. Si me corro o no es una especie de problema sordo entre nosotros, y a veces me pone tensa, aunque me corra.
>
> Me siento culpable de esto (¿me pasará algo malo?), pero para correrme como me gusta de verdad (un montón), necesito una buena sesión con mi vibrador. Puede

que él piense que «no debería depender del vibrador», pero ya lo he intentado. Supongo que no estoy tan segura de él; cuando me toca con la mano, me preocupa que vaya a pararse (justo cuando me empiece a correr) y no continúe estimulándome con la fluidez que necesito (¿se aburrirá?, ¿se sentirá oprimido?). Por eso no puedo dejarme llevar, ni fantasear ni concentrarme en esa gloriosa sensación que crece cuando es él quien lo hace.

No hay ninguna razón por la que un hombre y una mujer no puedan usar hoy un vibrador en su relación sexual con toda normalidad.

Además, el vibrador es una buena manera de dejar atrás la timidez ante la novedad de quien está enterándose de cómo llega a tener orgasmos la mujer, muchas veces varios seguidos. Así, el hombre puede observar cuál es el momento escogido por ella y cuáles sus hábitos, de la misma forma que ella llega a conocer los gustos y aversiones de «su hombre» en el sexo y cómo llega él al orgasmo.

El hombre que tema que un vibrador sea «antinatural» debería preguntarse si escucha la radio o lleva un coche antes de criticar a la mujer por utilizar «chismes» y aparatos electrónicos. Al fin y al cabo, el hombre recibe una estimulación consagrada, idónea para que tenga orgasmos durante el coito, por lo que no necesita ayuda mecánica. ¡Pero eso no significa que sea biológicamente superior!

Hay hombres que ven en el vibrador un placentero realce de todo lo demás. El hombre y la mujer juntos, o cualquiera de los dos, pueden cogerlo, sean cuales sean su forma y su tamaño. Más importante: el hombre no hará sentir a la mujer que se queda sola mientras lo usa. Por ejemplo, si ella lo presiona sobre la zona del clítoris o la entrepierna, él puede introducirle el dedo en la vagina o acariciarle el ano y besarla, jugar consigo mismo o decirle «guarrerías».

Es una actividad para dos, no para uno. Puede formar parte de otra forma de sexualidad compartida y usarse como un importante paso adelante hacia otro tipo de sexo, una forma de superar «la primera vez».

Capítulo 6

Contra las actitudes machistas (nos perjudican a todos)

Según lo que planteas en tus artículos, ¿no resulta irónico que se considere que la virginidad se pierde cuando se produce la penetración?

¿QUÉ SIGNIFICAN VIRGINIDAD Y PENETRACIÓN? ¿QUÉ SIMBOLIZAN?

Honor, virginidad, pureza, son palabras ligadas a ideas tradicionales sobre el sexo, suscitan en nosotros fuertes reacciones asociadas al sexo y a la identidad.

En los últimos tiempos, el sexo ha adquirido mala prensa: pedofilia, tráfico sexual infantil, presentación pornográfica del sexo, jóvenes forzadas a ejercer la prostitución, violencia sexual..., y podríamos seguir.

Sin embargo, aquí nos quedamos con lo positivo y persistimos en nuestra meta de ayudar a los que intentan mejorar su expresión personal y la comunicación en el sexo. Esto habría surgido de forma natural hace mucho si la pseudocientífica ideología moral centrada en la reproducción no lo hubiera impedido decretando que el sexo reproductivo es la relación erótica por excelencia (todo está bien siempre que culmine en «el acto», y todo lo demás es «innecesario» o «decadente»).

LA VIOLENCIA SEXUAL A LA QUE SE ENFRENTA LA CHICA

Algo hay que decir de los peligros que encara la joven en el sexo. Es una desgracia que haya que mencionar algo así, pero en un momento en el que en la mayoría de los diarios aparecen truculentos asesinatos sexuales de mujeres jóvenes, es importante preguntarnos lo que esto significa para las chicas y para la sociedad.

No significa simplemente que «los padres han de vigilar a sus hijas más de cerca» (de todos modos, no todas las chicas ni chicos tienen padres, y cuando los tienen, a veces ellos necesitan más vigilancia que los hijos); lo que significa, a largo plazo, es que la sociedad debería cambiar.

Pero entretanto la chica sigue creciendo en una cultura con la que debe vivir y que propaga actitudes negativas hacia la sexualidad femenina. A veces estas ideas se tergiversan de forma tan extrema que el deseo se mezcla con el asco, y entonces el caos y la violencia toman el relevo (véase «Edipo enamorado»).

EL SEXO TRADICIONAL DE LA PENETRACIÓN

Hoy en día, aunque vivamos en una sociedad democrática que da la bienvenida a la igualdad, el sexo sigue sin ser igualitario y, por razones históricas, un clima de ira rodea la sexualidad femenina. Para colmo, el sexo se tiene por «inabordable» («no hay quien lo cambie»), se considera parte del «comportamiento animal» y del sistema de reproducción familiar que conocemos (aunque antes de existir la familia que conocemos ya nos reprodujéramos). La familia lleva siglos en los códigos legales de la Iglesia, ha tenido su parcela: pasara lo que pasara (y siendo el sexo una nota a pie de página), la familia no tenía que regirse por valores democráticos ni de igualdad. Hasta el siglo XX, el matrimonio lo oficiaban exclusivamente las autoridades eclesiales.

La unidad familiar se gestionaba como un feudo, una autocracia, y el padre era la cabeza legal y moral. Hoy en día, la justificación de la familia se ha trasladado en parte a la ciencia o la pseudociencia: es decir, la familia ha de ser como es porque la mejor manera de preservar el impulso reproductor es dentro de la unidad familiar, y como «la biología ha moldeado así al hombre y a la mujer, el uno con una forma protuberante y la otra con un "agujero", el modo en que se debe practicar el sexo se considera dictado por el cuerpo; es más, tanto el hombre como la mujer tienen un instinto (sin ninguna prueba ni demostración científica, se supone que el masculino es penetrar a la mujer y, teóricamente, el femenino es quedarse embarazada), por lo cual eso es lo que su instinto les dicta (follarse)».

Pero la realidad es más compleja. En realidad, ambos sexos y la familia son en parte biología y en parte cultura; la cultura y el derecho religioso han configurado nuestros deseos básicos dando lugar a la familia que hoy conocemos, a conveniencia de la reproducción.

El énfasis que hemos puesto en la reproducción ha hecho del falo un símbolo formidable, ¿por qué no el «yoni» o el óvulo, claramente igual de importantes?

En la actualidad, para seguir adelante y liberar el pensamiento, hay que hacerse ciertas preguntas difíciles. Todo se ha bloqueado, el antiguo sistema sexual se ha resquebrajado, hace falta comenzar de nuevo.

En primer lugar, ¿por qué definir el sexo como «penetración de la mujer»? Aparte de su potencial reproductivo (y pese al uso generalizado de métodos anticonceptivos), ¿por qué es tan importante la penetración del falo erecto? Porque simboliza quién es quién en el mundo, nos dice nuestro lugar —en la mayoría de los hombres, sugerir lo contrario, es decir, que ellos fueran los penetrados, suscita un incómodo rechazo: la idea de ser penetrados no les atrae. Por definición, el hombre es el «follador» y la mujer la «follada» (¿qué nos dice esta arraigada creencia?).

En segundo lugar, ¿puede entablarse el sexo entre dos personas de otra forma hoy en día? ¿Cómo sería?

LA VIRGINIDAD Y LA PRIMERA VEZ: SÍMBOLOS DEL VIEJO ORDEN

Una interesante faceta de la definición de la sexualidad y la reproducción femenina es el concepto de la «virginidad» femenina. Todos conocemos la historia del parto de la Virgen María, que dio a luz a Jesús, su hijo, sin haber practicado el sexo. Esto fue muy importante, ya que el «pecado original» es el conocimiento sexual en el que Eva se inició en el jardín del Edén. La virginidad femenina es un potente símbolo que representa el antiguo orden social y moral; la lapidación a manos de la ley en algunos lugares del mundo de las mujeres que no llegan vírgenes al matrimonio forma parte de ese orden social. Sin embargo, los actuales derechos humanos prohíben tales prácticas, y casi nadie niega que la mujer tiene los mismos derechos que el hombre para vivir y decidir sobre su vida.

Aun así, a supuestos entendidos les sigue fascinando la idea de la virginidad femenina, y no ven en ella una violación histórica y cultural de los derechos de la mujer, insistiendo en que es «pura biología». Conciben «la primera vez» como un acontecimiento muy dramático; sin embargo, según mi estudio, para la mayoría de las chicas no suele ser muy doloroso. Como dice una adolescente:

> Soy una chica de diecisiete años y hace cuatro meses perdí la virginidad con mi novio. No sangré, es decir, creo que no se me rompió el himen, y creo que nunca se me ha roto, porque nunca he sangrado, sin que sepa por qué; tal vez se me rompiera alguna vez teniendo la menstruación.

¿Es un caso raro, o es la experiencia de la mayoría de las chicas? Sigue leyendo.

¿QUÉ SIMBOLIZA LA PENETRACIÓN? ¿POR QUÉ LOS CHICOS NO QUIEREN QUE LES PENETREN?

¿Por qué la penetración —la de ellas, no de ellos— es la señal de que «ha habido sexo»? El concepto de «virginidad» se suele aplicar a la chica, y no tanto al chico, y la prueba de su virginidad es que hayan sido «penetradas», tengan himen y sangren.

He recibido muchos correos electrónicos de jóvenes acerca de la virginidad y de la penetración:

> Estimada doctora: soy un hombre y leí su artículo acerca del himen. Me alegró ver que ya se empieza a desmitificar la dichosa «virginidad». ¿Existe la virginidad femenina? Sí, no, ya veremos. Más aún: ¿existe la virginidad masculina? Pues a lo mejor existiría, si se hubiese cultivado.
>
> Imagine un mundo al revés. Un mundo en el que al hombre se le diga que la virginidad es un «tesoro» que hay que guardar, que «al paño fino en la tienda, si le cae una mancha ya no se vende», y que en ese contexto se considere la fimosis masculina algo tan sagrado como el himen femenino. Todos los hombres tenemos de jóvenes algo de fimosis más o menos acusada, que en ocasiones puede llegar a ser patológica y de solución quirúrgica. A nosotros desde pequeñitos nuestras mamás nos manipulan el pene para ver si el prepucio es lo suficientemente amplio y, en caso de no serlo, se trata de agrandar o incluso se nos lleva al médico, que lo trata como una patología. ¿Por qué entonces no se trata así también al himen? En un comportamiento lógico, las mamás deberían manipular también los genitales de sus hijas para ver si la entrada de la vagina es lo bastante amplia y, de no serlo, agrandarla o incluso llevarlas al médico que abriría quirúrgicamente el himen, de tal modo que, al llegar el coito, fuera lo más placentero posible.
>
> Sigamos imaginando un mundo al revés: las mujeres de solteras a correrse juergas: «Mari Pili se folla a todo lo que tiene pantalones y corre menos que ella. Es que es muy mujer, es una gran hembra». El hombre, en cambio, en casa esperando a la mujer de su vida. «No te mires, no

te toques, consérvate puro para ella, para la mujer de tu vida», etcétera. ¡Dios mío, qué aberración!

Un chico de quince años da su versión, bastante machista, de cómo primero hizo sangrar a su virginal novia y después disfrutó su primer coito:

> Hola, me llamo Adrián y tengo quince años. Le quiero contar mi experiencia y, si es posible, que me explique el extraño suceso que me aconteció el día en que iba a perder la virginidad, tanto yo como mi entonces novia. La penetración se volvió dolorosa, con lo cual no seguimos, ella estaba arriba y dirigía. Y así pasó una vez más, en la cual ella sangraba mucho pero en poco tiempo, esas fueron sus palabras textuales, que no entiendo muy bien, pero espero le sirvan a usted. Y aquí llegó la tercera, que empezó tan bien como las otras, pero se le ocurrió la genial idea de que me pusiera encima, cosa que resultó muy satisfactoria para ambos.

La concepción tradicional del sexo es que se trata, sin duda, de un instinto que lleva a la reproducción, lo que, de todos modos, deja sin explicar por qué la naturaleza no incluyó automáticamente el orgasmo femenino en el coito o «el acto», de haber pretendido alentar a la mujer a participar en la actividad reproductora. No: pese a las teorías que afirman lo contrario, el orgasmo femenino no es un vestigio residual olvidado por la biología o la anatomía, un rasgo que se irá desvaneciendo gradualmente en los humanos; la razón de ser del orgasmo tanto del hombre como de la mujer no concierne a la reproducción, y tal vez tenga que ver sobre todo con liberar energía corporal.

No cabe duda de que si se habla más de la virginidad femenina que de la masculina es porque para los padres de la Iglesia la idea era que el hombre tenía que cuidar de que su mujer fuera casta, estar seguro de que sólo practicara el sexo con él, ya que sólo así tendría la certeza absoluta de que los hijos eran suyos. Era la base del orden social; previamente, la herencia y los derechos de nacimiento eran de línea materna, sin que la paternidad biológica fuera un problema.

¿QUÉ ES LA VIRGINIDAD? ¿EXISTE?

Una lectora nos dice que intentó en vano hallar una buena definición de «virginidad» en su biblioteca y en Internet:

> Después de haber buscado en Internet y en la biblioteca, no he encontrado ninguna publicación ni referencia seria a la virginidad (entendida como virginidad femenina y masculina). Esta búsqueda no fue casual, sino motivada a raíz de que un amigo me dijera que el tema de la virginidad en nuestros días seguía siendo tabú y que la información que reciben nuestros jóvenes sobre ella, sobre la «primera vez», y sobre todo esa primera vez femenina en la que encima se rompe «algo», sigue siendo mitológica. Entonces fue cuando me picó la curiosidad y me puse a buscar. Y nada, o al menos nada serio, desde mi punto de vista.
>
> En Internet, al buscar «virginidad» salen contenidos mayoritariamente religiosos, y si se busca «himen», salen mayoritariamente páginas porno. Y en la biblioteca no hay ningún libro sobre el tema, y me pregunto si es que no hay nada serio publicado al respecto. Por eso me acor-

dé de que venía su dirección de correo electrónico a pie de un artículo en el periódico y me decidí a escribirla, por si puede ayudarme y orientarme al respecto, puesto que no me esperaba un panorama tan desolador. Tal vez se trate de que yo no haya sabido buscar, o tal vez sea que la virginidad (sobre todo la femenina) y su pérdida es objeto de culto, un culto oscuro del que no se debe hablar si no es de forma idílica o fantasiosa, y menos darlo a conocer a quien tendrá que pasar por ello. Carolina.

El himen: ¿mito o realidad?

Tras más de veinte años de estudio con miles y miles de mujeres, me sorprendió ver que muy pocas hablaban de dolor ni sangre en su primera cópula:

> La primera vez que me acosté con un hombre, me pareció muy natural y bonito. Antes pensaba que me sentiría sucia, pero me sorprendió ver que me sentía ¡como la Virgen María después de hacer el amor! Fue tan perfecto: nada de dolor, sólo placer, sentí que era privado, entre dos personas, y muy especial.
>
> La primera vez que follé tenía quince años. Me decepcionó que el acontecimiento fuera tan poco notable. El himen se me rompió sin esfuerzo, por eso el chico puso en duda mi virginidad. Por toda prueba sólo hubo una diminuta mancha de sangre.
>
> Hubo mucho menos dolor y sangre de lo que me esperaba, sólo una pizca. Dolor emocional, mucho, pero

no me quejo: me arriesgué a hacer autoestop lejos de casa, tenía veinte años.

¿Es el «himen» tan común como se supone? ¿Es «normal» tenerlo? Al buscar otros datos para contrastar mi propio estudio, vi, para mi sorpresa, que había poca información fiable sobre la cantidad de chicas que realmente experimentan dolor físico o sangran en su primera cópula.

No obstante, la sociedad promueve entre hombres y mujeres la creencia de que «la penetración del himen» es un momento culminante (con un dolor y sangrado dramáticos) para la chica o mujer. Una lectora nos habla de ello:

> ¿La pérdida de la virginidad? Vaya por Dios. Yo la había inflado tanto que al final tenía los nervios crispados. La usé como una baza mientras esperaba a estar segura de querer y estar enamorada de verdad: preocupada cuando veía decaer el afecto que él me daba, me sacaba de la manga el triunfo. Al final la experiencia me destrozó porque no fue como había pensado, nos peleamos y nos separamos.

Según mi estudio, sólo el 18 por ciento de las mujeres sintieron un desgarro doloroso o vieron sangre en su primera cópula o en algún momento anterior de su vida (suele decirse que la chica «la perdió» al caerse de la bicicleta o por ser «muy deportista»). Sorprendentemente, según mi estudio, no es anatómicamente «normal» que la chica tenga un himen cuya ruptura le cause dolor. Entonces, ¿por qué lo creemos así?

Quienes supuestamente «entienden» de esto —ginecólogos y pediatras— no tienen en realidad ningún conocimiento concreto, ya que, primero, el ginecólogo no suele ver a chicas tan jóvenes y, segundo, el pediatra no suele profundizar ni hacer exploraciones vaginales detalladas. Por tanto, todo apunta a que la teoría de que la «chica normal» tiene himen se basa en rumores. Si los médicos lo «aprenden» de los manuales de medicina, ¿en qué cuerpo de investigación, si lo hay, se basan esos textos?

La creencia de que las «chicas normales» preservan el himen es un mito peligroso para la mujer, sobre todo en culturas que la castigan si no llega virgen al matrimonio.

Puede que estemos haciendo muy flaco servicio a las chicas y a sus familias cuando ponemos en duda innecesariamente la «bondad» de la joven, sin cuestionar tal suposición. Los padres hasta pueden llevar a la hija al médico para que la explore y la «remiende» antes del matrimonio, sobre todo en culturas donde el himen es un fetiche.

Muchos padres (y ginecólogos) dan por sentado que si la chica o mujer no tiene himen, ya «lo ha hecho» o de joven «se cayó de la bici» o algo por el estilo. O lo atribuyen a las variaciones de la anatomía humana.

La opinión de algunos hombres de que una chica sin himen no es una «buena chica», sino «mala» (más o menos, una puta) es indignante. Este mito envenena la mente del hombre y la de la mujer desde su temprana juventud, sembrando sospechas y dudas. ¿Cuántas mujeres no han hablado nunca con nadie (por ejemplo, de no haber sentido dolor) y se han guardado para sí el temor de ser «anormal» o «mala» por eso, creyendo que la ausencia del himen indicaba que eran «demasiado sexuales» o estaban potencialmente «en peligro» de serlo? Pregúntatelo tú, ¿creciste pensando que tal vez fueras «mala chica», que tu sexualidad no era como debía? ¿La cópula fue demasiado fácil, e incluso placentera, para ti?

No deberíamos dejar intacto este mito. Los médicos tienen que informar a los padres y a las propias chicas de que, aunque algunas sangren, no ocurre así con «la media»: la mayoría no sangra. El hombre ha de desechar la actitud de que «la buena chica tiene himen» y no esperar la prueba de que es la «primera vez» porque le duela. ¿Y por qué iba a ser un placer añadido para él «desflorar a una virgen»?

Estas visiones están ligadas a ideas anticuadas sobre «lo que le hace a uno ser un hombre de verdad» y sobre la relación entre hombres y mujeres.

En cuanto a la existencia o inexistencia del himen en la chica, dejo a los lectores que decidáis lo que creéis ahora.

EL SÍMBOLO SEXUAL DE LA PENETRACIÓN

¿Por qué definimos el sexo como la penetración de la mujer por el hombre, y no también a la inversa?

La concepción tradicional del sexo es que sin duda se trata del instinto que nos hace reproducirnos, lo que obviamente convierte en punto álgido el momento en que esto podría suceder («la penetración y el empuje») —aunque, irónicamente, hoy usemos métodos anticonceptivos—. En los albores del tiempo (en la Prehistoria), el sexo no se centraba en la reproducción, sino que se veía como un conjunto variado y sensual de placeres buenos para el cuerpo. El interés exclusivo en la reproducción concentra todo el énfasis en la inserción del pene en la vagina y los movimientos que producen el orgasmo masculino (el femenino no es necesario para la reproducción), y por ello «el acto» ha llegado a acaparar la atención y a ser un vasto símbolo de la cultura.

Como escribe una lectora inteligente:

> El hombre penetra a la mujer durante el sexo haciéndole perder su virginidad, ya que en teoría él ha de abrir surco y depositar su semilla: en otras palabras, tiene derecho a experimentar y a «tomar» el mundo y todo lo que hay en él, incluida la mujer («lo Otro», como decía Simone de Beauvoir). Ella no tiene el mismo derecho según la mentalidad tradicional, es decir, no ha de controlar al hombre. Por eso la penetración de la mujer por el hombre es símbolo de todo el orden social.

Pero, ¿por qué la penetración equivale a que la chica «pierda la virginidad»? Estos dos conceptos están inextricablemente unidos.

Un hombre que me escribe enfadado afirma con irritación que para él «hacer el amor» es «penetrar a una mujer»: no se puede tener lo uno sin lo otro.

> Respeto tu opinión de mujer profesional acerca de las relaciones sexuales entre hombres y mujeres, pero no puedo dejar de asombrarme al leer: «(...) Una forma de evitar el sida es que el hombre y la mujer, después de las caricias y el periodo de excitación, se masturben hasta llegar al orgasmo mientras yacen uno al lado del otro. Es una acción muy íntima, que forma parte de una vida sexual madura». Mi opinión: hacer lo que tú dices lo veo poco erótico. A la hora del sexo con una chica, después de las caricias, el periodo de excita-

ción y el sexo oral, siempre me han pedido ser penetradas, y las he oído gritar de profundo gozo cuando estaban dentro de ellas. Muchas también me han pedido que las penetrase (aunque sólo fuese con el dedo) analmente. No me considero un caso aislado, aunque reconozco que muchos hombres ignoran cómo tratar a una mujer en la cama. E.

Pero, ¿por qué él no quiere que lo penetren, si es tan maravilloso? ¿Simboliza algo que no quiere reconocer?

VIRGINIDAD Y HONOR: ¿QUÉ SON?

Como ya hemos visto, no hay apoyo científico para la idea de que la chica tiene una membrana más resistente que el chico que «cubre» su orificio reproductivo.

Por otro lado, de la virginidad masculina no se habla tanto como de la femenina, la clásica piedra angular de la pureza femenina. La virginidad de la mujer es un concepto ligado al honor; en demasiadas culturas se dan «asesinatos por honor» consagrados por la tradición local: un clan familiar (o sus varones adultos) deciden que han de matar a una chica que «perdió el honor» por un acto sexual. Eso está mal, y lesiona el derecho de la mujer a la sexualidad.

Pero someter a la mujer a pruebas de virginidad se sigue haciendo hoy en día, y los asesinatos por honor proliferan o se comentan más que antes, tanto en los países occidentales como en Oriente Medio. No hay ningún asesinato honorable, es decir, ningún hombre tiene derecho a matar a una mujer ni a hacerle daño de ninguna forma por ningún acto sexual que ella haya realizado. La chica tiene tanto derecho a la sexualidad como el chico. Eso no la degrada a ella ni a la sociedad, ni hace esta última «moralmente decadente»; los crímenes, sí.

¿ESTÁN CAMBIANDO LAS COSAS, LA MORAL Y LOS VALORES FAMILIARES?

Uno de los movimientos políticos más pujantes en la actualidad es el de los «valores familiares» o la «vuelta a los valores básicos». Sin embargo, el significado de ese movimiento para la mujer no es tan positivo como aparenta.

La idea de que el mundo mejorará potenciando la vida familiar es interesada y hasta superficial y plana, pues muchos niños de todo el planeta no saben lo que es tener padres, tras ver morir a los suyos en guerras, o de hambre o sida.

Uno de los sellos distintivos del movimiento de los «valores familiares» es su idea de que la sexualidad femenina debería mantenerse en secreto y que la chica ha de «actuar como una dama» y no como una «de las otras»: así pasa a primer plano la virginidad femenina.

«La vuelta a los valores clásicos»

El actual movimiento político de «vuelta a los valores morales básicos» da una idea concreta de cómo ha de ser la mujer, y prefiere verla «en casa» ejerciendo de esposa y madre que desempeñando una profesión, y si tiene una, ha de ser secundaria. La trayectoria política de Condoleezza Rice, secretaria de Estado de Estados Unidos, evoca otra actitud: pese a representar a un Gobierno que propugna los valores de la familia, ella es soltera y está volcada en su profesión. ¿Es una dicotomía para los teóricos fundamentalistas? ¿Cuál es el lugar de la mujer en la teoría del movimiento de los valores familiares?

¿Ha de abrazar los valores familiares, o seguir proclamando su derecho a la autonomía y a la libertad profesional y sexual fuera de la familia, si es su deseo? El movimiento de los valores familiares se presenta como «la alternativa» a la libertad sexual y la cultura del rock and roll, pero ¿es que no hay más que eso? ¿Tenemos que identificar el movimiento de «liberación» de la mujer con corrientes como la de la «libertad sexual» o la «revolución sexual»? No, el movimiento de la mujer no es lo mismo que la revolución sexual. La meta de la «libertad sexual» femenina no es ni la «revolución sexual» (con la pornografía, entre otras cosas) ni la vuelta a «los buenos tiempos» de «los valores familiares», cuando «el hombre era hombre y la mujer, mujer» (y todo iba bien en la casa de la pradera). La mujer no necesita estar chapada a la antigua ni renunciar a su libertad para hacerse respetar. Tampoco tiene que actuar como un personaje de comedia sexual televisiva.

Lo que nos hace falta, de lo que hablamos aquí, es de otra forma de vida, una nueva cultura sexual, una tercera vía para seguir adelante y salir de nuestro atolladero que no sea ni la «vuelta a los valores básicos» ni tampoco la así llamada «revolución sexual».

LA MALA RELACIÓN DE ALGUNOS CHICOS CON LAS CHICAS

Tradicionalmente, el chico ha disfrutado de más derechos sexuales que la chica en todo el planeta. Esto era tan injusto como la condena al analfabetismo de la inmensa mayoría de la población femenina del mundo, sin acceso a la escuela. En Occidente, tal legado histórico aún puede verse en la tendencia en Estados Unidos a poner a las niñas nombres tontorrones y no «de verdad», como «Crystal» o «Dawn», mientras que a nadie se le ocurre ponerle a un varón «Bright» o «Morning».

En el terreno de la sexualidad concretamente, son muy notorias las trágicas consecuencias de la exageración cultural de las diferencias entre la chica y el chico: la contraposición creada entre ellos, entre otras cosas mediante la definición cultural del sexo como algo por lo que ellos son agresivos y ellas pasivas, ha llevado, por desgracia, a la actual generalización del abuso sexual de la mujer.

El problema global que afrontan las chicas no tiene nombre, pero tiene que ver con la famosa cuestión de la «reputación de la mujer» (y la idea de los «valores familiares» sobre «cómo ha de conducirse») y con ideas de «pureza religiosa ligadas a la sexualidad femenina». He trabajado en esto durante una temporada, en un intento de reconfigurar totalmente la psicología femenina (o la visión que de ella tiene la sociedad) en mi ensayo *Mujeres y amor*, documentando con miles de testimonios de mujeres sus experiencias en el amor y las relaciones sexuales.

Algunas chicas entablan relaciones sexuales perjudiciales para ellas con chicos que las humillan o las dejan plantadas, las tienen pendientes (primero llaman, después no) y un largo etcétera. Esos juegos de poder reflejan las pautas generales de una sociedad en la que el hombre domina a la mujer. En general, ellos no se dan cuenta de que así refuerzan viejos estereotipos; a veces tienen hondos conflictos con la mujer y el amor; de ahí que se pongan desagradables, desaparezcan del mapa o emitan mensajes contradictorios. Todo esto es muy corriente. Las chicas no deberían reaccionar culpándose ni cayendo en la «baja autoestima» —aunque nunca es malo intentar mejorar—, sino preguntándose si no sería mejor pasar página y seguir adelante en la vida. La respuesta femenina al hombre con conflictos internos ha sido siempre la de mostrarse «comprensiva» y «paciente» y ayudarle a sobrellevar su conflicto y su desconcierto, pero ¿es ése el camino hacia delante?

Varias cartas tocan este tema, que aquí sólo podemos abordar brevemente:

> Querida doctora Hite, tengo un amigo de treinta y dos años que dice que hace todo lo posible por demostrar interés por las mujeres para rechazarlas de plano cuando ellas esperen algo más que amistad. Afirma que esto se repite, pero al parecer no lo puede evitar. También dice que nunca se ha enamorado y que siempre ha tenido relaciones muy cortas. Al parecer se alimenta de eso, le da placer derrumbar psicológicamente a las mujeres, en quien ve a sus enemigas. Deduzco de su pasado que su madre fue un poco agobiante. Necesita ayuda, pero no sabe adónde acudir. ¿Alguna sugerencia? E.

A veces estos «malos modos» van mucho más lejos, como en los abusos sexuales, e incluso asesinatos, de chicas.

EL DERECHO DE LA CHICA A LA SEXUALIDAD: DUDAS POR HABER SUFRIDO ABUSOS SEXUALES DE JOVEN

El concepto de la virginidad femenina también crea temor y vergüenza en la chica, que por ello no suele denunciarlo si un hombre mayor intenta practicar el sexo con ella; varias adolescentes han escrito para hablar del asco que sienten de sí mismas y de su ira reprimida por haber sido más o menos forzadas al sexo de niñas.

Una chica de diecinueve años afirma en su carta sentirse muy confusa en su identidad sexual por haber sufrido los abusos de su hermano, y le preocupa pensar si no será por su culpa, por tener una naturaleza muy «sexual»:

> Tengo algunas cosas en la cabeza que me molestan, no quiero que se enteren mis padres. Soy una chica, tengo diecinueve años, vivo con mis padres, que se llevan bien, y mis tres hermanos, y estudio 1º de Psicología (he suspendido casi todo, cosa rara en mí y a mis padres les preocupa, no el haber suspendido, sino que me pueda pasar algo y yo no contarlo, porque no suelto ni mu). Mi familia es buena gente, tengo todo lo que necesito y más, vivo en muy buen barrio y mis amigos nunca han sido liantes. Vaya, que mi ambiente es bueno. Y llevo un año trabajando los fines de semana, porque no podía estar en casa tanto tiempo libre, como ahora: los veranos me matan, me deprimo y no hago nada, literalmente.
>
> Lo que me atormenta desde hace años es que de pequeña tuve relaciones sexuales, primero con un vecino de mi edad, después con mi hermano seis años mayor que yo, y por último con mi primo de mi misma edad. Lo que creo que me molesta es más bien mi hermano, porque no le soporto. Hay que decirlo, no fue en contra de mi voluntad, pero yo no sabía nada. Es más, yo creo que quería y me apetecía, pero cuando pasó el tiempo, me di cuenta de que me había jodido la vida con esa tontería, por hacerlo, y que viviré siempre con ello. Lo de mi primo

y mi vecino creo que no le doy tanta importancia, será porque no les tengo que ver la cara todos los días, aquí en casa. Mis padres se enteraron de lo del vecino y a raíz de eso no le volví a ver; ahora sí, porque nos cruzamos y eso, seguimos siendo vecinos. Y mi primo, que yo no sé si esto me molesta más o menos, le veo rara vez y tan normal todo. Pero con mi hermano es distinto, ¿será por la edad? No sé, pero no le aguanto, y hay veces que quisiera hacerle mucho daño. Creo que mis padres no lo saben, pero como ven que nos llevamos mal, pues lo pasan mal, pero yo no puedo decir nada. Total, que tengo un secreto que me come por dentro.

Las relaciones sucedieron cuando yo tenía siete, ocho, nueve años, no lo recuerdo. Cuando se enteró mi hermano de lo que hacíamos el vecino y yo, que realmente no era mucho, pues empezó él conmigo. También he de decir que yo nunca convencí a nadie ni presioné, como hizo mi primo conmigo, en la piscina, ahí todo empezó. Pero tampoco me negué con mi hermano, o no lo recuerdo. Hay muchos detalles más, pero bueno. El caso es que ahora se lo he contado todo a dos amigas, las relaciones con estas personas y mis dudas acerca de mi sexualidad, y una me dice que vaya a un psicólogo y la otra que no diga nada y pa'lante. Soy muy distante en mi casa, a veces me mata estar aquí, y creo que a los hombres les tengo un poco de aversión. Hay veces que no puedo más y no sé a quién acudir.

Esta joven sufre. Gran parte de lo que dice —como el odio a su casa y a todos los que viven en ella— es muy común, sobre todo en adolescentes, que suelen sentirse atrapados hasta que consiguen abandonar el nido y vivir su propia vida. Pero ella no sabe qué parte de lo que siente es «normal» y qué no. Lo que más le tortura es no ser capaz de encarar la situación y hablar de ella; hasta sus mejores amigas tratan de disuadirla de hablar. Es como si ella fuera «mala» o hubiera hecho algo malo; al menos, ése es el clima que parece rodearla. En un mundo ideal, el camino que debería seguir sería contarlo a sus padres y a sus asesores religiosos o escolares primero, y luego, con su apoyo, enfrentarse al hermano y dejar claro que fue él quien actuó mal.

Sin embargo, el clima que la rodea le hace sentir que la vía de hablar no está abierta para ella, que no va a recibir apoyo, que ellos no se pondrán de su parte ni hallarán una solución. Que la acusarán, la verán como «el problema que lo provocó» (después de todo, ¿no lo había hecho ya con su vecino?).

No tiene por qué cargar con esa «culpa», como ella dice, «para siempre», ni estar «siempre asustada» o verse «distinta de las demás». Se sentirá bien, sobre todo, si encuentra la forma de enfrentarse a su hermano ante sus padres u otras personas. Para no acabar sintiéndose aislada y sola, una «proscrita» de «malos pensamientos» y «malas tendencias» que no llegará a integrarse en la sociedad, necesita librarse de todo eso y seguir adelante. En el mundo actual, ese clima negativo al que se enfrenta no debería existir, pero, por desgracia, existe. Por su carta es difícil saber si es ella misma quien se prohíbe hablar de sus sentimientos a sus padres y a su hermano, o si de verdad en su entorno familiar nadie quiere saber nada y sufriría más si intentara hablarles. Los padres de hoy, si quieren a sus hijos, han de fomentar la sinceridad y el diálogo. Las autoridades escolares y familiares deben facilitar que las chicas hablen de los abusos sexuales sufridos sin temor a que las juzguen, las culpabilicen o las avergüencen.

Como esos episodios fueron vivencias sexuales, no está segura de poder protestar. No debería: como ella misma dice, era varios años menor que su hermano, quien ocultó a la familia lo que hacía, lo que indica que era consciente del mal que cometía. También las víctimas de violación suelen culparse si en algún momento se han excitado, aunque las sensaciones sexuales sólo puedan controlarse en cierta medida. En vez de señalar con dedo acusador a la mujer que se ha visto en una situación indeseada (violación o abuso), hay que aceptar que tiene sexualidad y una vida sexual, que tiene derecho a ellas y que nadie debería llamarla «puta» por eso. Todavía hoy se da al hombre mucha más cancha que a la mujer para la sexualidad; la nueva cultura sexual que estamos construyendo, el nuevo horizonte sexual, acabará con estas opiniones caducas y otorgará a la mujer plenos derechos.

En contra de la opinión generalizada, esa experiencia sexual de su infancia no le ha «destrozado la vida para siempre». No obstante, su secreto sí podría crear en ella hábitos de reserva que influirían negativamente sobre toda su vida si no halla la forma de hablar de lo que pasó. Por eso, es una actitud muy saludable que intente contar en voz alta lo sucedido. Cuando trató de hablar con dos amigas, éstas le respondieron con tópicos anodinos («ve al psicólogo» y «espera un poco»), lo que le hizo sentirse aún más un perro verde. Le vendría bien buscar nuevas amistades y hablar con profesores o asesores escolares. Lo mejor para ella sería enfrentarse a su hermano y dejar claro que él se portó mal.

Si logra expresar ante los demás su legítima ira hacia su hermano (y hacia los que colaboraron o colaboran silenciando la situación), su vida irá más allá del deseo sexual de su hermano (y hasta del suyo propio): en parte, parece culparse por haber sentido algo sexual hacia su vecino, su primo y su hermano, pero es «normal» que las adolescentes y jóvenes se sientan sexuales, igual que los chicos. Después de todo, no es automáticamente «malo» sentir algo sexual hacia alguien inapropiado. Sentirse sexual es normal, y todos los adolescentes tienen derecho a ello.

Hay muchas otras chicas y chicos en parecida situación en todo el mundo: la forma más común de incesto en la familia es la cometida por varones parientes de la niña, pero también el chico se percibe cada vez más como objeto sexual. Esta chica no está «marcada de por vida» ni es «víctima para siempre». Necesita hablar de sus sentimientos y de su experiencia, y dejar de culpabilizarse.

Para expresar su superioridad social, algunos hombres muestran poco respeto hacia la mujer: en el sexo, en la conversación, negándose a escucharla, enfrascándose en sus ocupaciones, imponiendo sus propias condiciones en «la relación», violándola, etcétera. Últimamente las mujeres no les suelen imputar estos mecanismos psicológicos, sino que más bien tratan de cambiar su forma de pensar y sentir, leyendo libros de autoayuda para mejorar su baja autoestima. Aunque sea bueno, pues tienden a no saber apreciarse (adivinad por qué), el verdadero nombre de lo que sucede es maltrato por parte de ellos.

Sin embargo a veces los chicos tienen el mismo problema: es la chica quien les trata mal. No sólo ellas, también ellos son susceptibles de fijarse en alguien «que no les conviene» y entablar una mala relación. Un hombre enamorado de una mujer «mala para él» nos expresa su dolor: tal vez necesite hurgar en su propia psicología para matar los fantasmas interiores que le rondan, haciéndole querer a quien le maltrata:

Hace dos meses conocí a una mujer a través de un chat de Internet. Desde el principio tuvimos muy buena comunicación, yo diría que fue un flechazo, pasábamos horas hablando y el tiempo se nos hacía corto. Ella me dijo que tenía pareja, pero que no estaba enamorada, con lo cual mis esperanzas de poder conquistarla aumentaron. Al principio nos limitábamos a hacernos confidencias, y ella me contó que la historia de amor más bonita que había vivido había sido con una mujer, pero que cuando lo dejaron, volvió con su novio, al que había dejado por ella. Después de un mes hablando, me confesó que me había mentido en varias cosas: lo más importante era que no me había dicho que se casaba dentro de un mes. Yo ya estaba completamente enamorado y necesitaba verla, hablábamos todos los días por teléfono, y quedamos para acabar con la historia, pensando que la cita sería un desastre. Pero no fue así, nos abrazamos y nos besamos, y fue maravilloso. Pero a medida que se acercaba la fecha de la boda, mi angustia era mayor. La semana pasada se casó y me llamó para decirme que no tenía que darme explicaciones y que había vivido momentos muy bonitos ese día. Me destrozó. Dos días antes de casarse me había dicho que me quería, que hacía mucho tiempo que no se sentía así. Nos hemos dicho todas las frases de amor posibles y sólo nos hemos visto dos veces. Yo nunca me he sentido tan cerca de alguien como de ella. Hablamos el día antes de que se fuera de luna de miel y me dijo que después de la boda me llamaría. Yo le pedí por favor que no lo hiciera, que todo estaba siendo muy doloroso para mí. Ahora, cuando vuelva de su boda seguirá viviendo sola, puesto que su marido y ella viven en ciudades distintas. Me ha dicho que es lesbiana, pero que quiere tener hijos, y que este tipo de vida convencional que ha elegido es su estrategia para sobrevivir. Y que vivirá su homosexualidad como una doble vida. Yo siempre he estado buscando un amor así, y sé que si volvemos a vernos nos amaremos intensamente. Pero en esta relación yo llevo todas las de perder, no quiero arruinar mi vida.

JUEGOS PSICOLÓGICOS CON CHICOS: ¿QUIÉN TIENE EL PODER?

Simplemente decirle que, personalmente, creo que los hombres se comportan de una manera bastante simple. Como mi ex novio, que después de seis meses aguantando mis insistentes sms después de la ruptura (en los que se incluyen insultos y todo tipo de cosas, depende de mis cambios de carácter), ahora se le ocurre llamarme, después de enviarle un sms bastante agresivo, y me dice que quiere arreglarlo para quedar como amigos, que me va a llamar, pero aún estoy esperando a que lo haga. Y sinceramente, se le ven las intenciones, lo que quiere es matar dos pájaros de un tiro, me explico: con una llamada quiere quedar bien conmigo, halagándome con palabras muy meditadas para tenerme de reserva y asegurarme, cuando una persona normal no aguantaría mis insultos durante seis meses, no le interesaría. ¿Por qué después de seis meses quiere hablar conmigo? ¡Si ya ha pasado una semana y todavía no me ha llamado! Bueno, no sé si me podrá aconsejar sobre este tema, porque la verdad es que tiene mucha «chicha». ¡Ah!, se me olvidaba, está claro que lo que yo quiero es a él. Laura.

Las malas relaciones son un asunto muy prolijo que aquí sólo podemos apuntar someramente, pero encontraréis más sobre ellas en el tercer Informe Hite (*Mujeres y amor*, Plaza y Janés, 1988; Suma de Letras, 2002), con citas textuales de miles de mujeres que describen situaciones que sufren, y en *El informe Hite sobre la sexualidad masculina* (Plaza y Janés y Suma de Letras), donde miles de hombres y chicos hablan de su vida privada. Baste decir aquí que muchos adolescentes me han escrito sobre tales relaciones.

MALAS RELACIONES: ¿UN PELIGRO PARA LA CHICA?

Enamorarse de un «mal tipo» «o de uno que, siendo bueno, ya está casado...»

Algunas mujeres se enamoran de un hombre «no bueno», o que al menos no lo es con ellas. De ello suele deducirse que la mujer es masoquista o que el amor es ciego o que, de alguna manera, se deja engañar fácilmente y es demasiado romántica. Este análisis es erróneo.

¿Por qué es tan fácil para la mujer caer en las redes de un hombre que no es bueno para ella o de un «mentiroso encantador» (casado pero que no va a dejar a su esposa, etcétera)? Aunque es evidente que el hombre que trata mal a una mujer o a varias no es una buena persona, ¿por qué tantas se «enamoran desesperadamente» de hombres así? ¿Es que la mayoría de las mujeres son tontas en el amor? ¿Es que las hormonas tienen sus propias reglas contra las que es inútil luchar?

En realidad, ninguna de estas razones es cierta. Según mi análisis, la mujer que soporta esas situaciones malas o desesperadas está librando una batalla simbólica para «demostrar» a través del hombre que la rechaza que ella es aceptable de verdad, que al final va a salir victoriosa (aunque él la rechace al principio, al final el mundo se convencerá). Para la mujer que se enfrenta al mundo, los hombres sustituyen algo, algunos representan «el mundo masculino de ahí fuera»: su amor significa que él la acepta, y simboliza que el mundo la acoge y la ama. Pero hoy en día, la mujer lucha por ser autónoma y capaz de vivir en el mundo sin necesidad de contar con «el apoyo de un hombre» (que pasa a ser una decisión suya).

Por desgracia, la sociedad considera a la mujer ciudadana de segunda; es decir, es mucho más difícil para una mujer salir elegida jefe de Gobierno (esperemos que eso cambie) o directora de empresa, por lo que, en su fuero interno, siente que necesita casarse o estar con un hombre. Si te hacen falta más pruebas, piensa que el cabeza legal de una familia con padre y madre sigue siendo el hombre (no la mujer, por mucho que el «movimiento masculino» se queje de las batallas por la custodia); ellos ganan más dinero que ellas en todo el mundo, incluida Europa (en España, de un 20 a un 30 por ciento más), y después del divorcio, la mayoría de los que tienen orden judicial de pagar una pensión por los hijos la incumplen.

Es imposible para ninguna mujer luchar ella sola contra toda la sociedad y reivindicar su existencia logrando la aceptación o aprobación simbólica general de la sociedad; sin embargo, sí puede conseguir ese símbolo de aprobación en un hombre concreto —que representa al resto de la sociedad, a «los que cuentan» (o sea, ellos), «la sociedad respetable» (recuerda que en las democracias del siglo XIX sólo el hombre podía votar y poseer propiedades, y que, en cierta medida, ese legado sigue vigente en nuestro pensamiento).

Numerosas mujeres luchan por lograr más relevancia, una posición plena en el mundo, mediante la alianza con un hombre; pensemos en Frida Kahlo o Simone de Beauvoir en el siglo pasado, Sonia Gandhi o la jefa del Gobierno filipino, Corazón Aquino, cuyo marido fue asesinado llegando ella a ser jefe de Estado después. En algunos casos, todo se reduce a enamorarse, casarse y «encajar» de ese modo. En otros (no quiero decir que no exista el amor ni que enamorarse no ocurra realmente, que sí) se trata de ver infinitamente deseable al hombre que tanto las rechaza (o es cariñoso ahora y al momento siguiente es insultante) e intentar demostrar una y otra vez que ella, la mujer insultada, merece su amor, por más que los amigos y la familia le pregunten por qué le ama si él no la merece.

La mujer que quiera salir de una situación así puede preguntarse si, a la vez que intenta ser «perfecta» y complacerle en todo (aunque él siga distante, irritable y de mal humor), a la vez que le encanta dormir con él y practicar el sexo con él —ya que es el momento en el que él le muestra su amor—, no está además intentando resolver en su mente alguna situación anterior de rechazo, o quizá esforzándose por lograr una relación de «igualdad» en el lugar que ella cree que la sociedad le asigna por ser mujer. En otras palabras, puede preguntarse si su batalla no es también una lucha metafórica por ser amada y salir victoriosa, por ser considerada aceptable y deseable y, en el fondo, aceptada por un hombre a quien sólo la mujer más perfecta, Escarlata O'Hara en *Lo que el viento se llevó*, puede complacer.

Si es así, ha de buscarse a sí misma, pues al final nunca la aceptarán del todo. Ha de aceptarse a sí misma y comenzar a valorar a quienes tiene alrededor que sí la aceptan y la valoran. Sí, es la vieja cuestión de la autoestima (en resumen, este mundo las valora menos a ellas que a ellos, aún hoy): la falta de autoestima no es producto de la imaginación ni un problema psicológico de la mujer; es una situación real vivida a diario. La mujer recibe constantes recordatorios de su baja posición en la sociedad, y el problema psicológico de la falta de autoestima es sólo la punta del iceberg, una asunción y un reflejo reales de los dogmas básicos de nuestro sistema social. Al final, a muchas les hacen pagar los errores de los hombres y sufrir en silencio en el sexo.

LA LUCHA DE LA CHICA PARA QUE NO LA MARGINEN NI LA LLAMEN «PUTA»

¿Qué es forzar sexualmente? ¿Dónde acaba el placer y empieza la violación?

La chica tiene que saber distinguir en qué momento el chico supera la media de comentarios desagradables y lo suyo es un trastorno de la personalidad. Si una chica se enamora una y otra vez de «malos tipos» o de chicos que tienden a ser violentos o a darles cortes verbales o de otra índole, ha de fijarse en sí misma y preguntarse por qué desea estar con un chico así: ¿no le parecerá él un «amor verdadero» por decirle lo que «inconscientemente» ella siente sobre sí, como que quizá sea «despreciable» o que «no merece vivir»? Puede haber numerosas razones en el pasado familiar de las que ella no sea culpable y que la lleven a aceptar esa negatividad o a confundirla con el amor o «con algo que la mujer ha de sobrellevar».

Averiguar qué te pesa de tu pasado puede ser muy entretenido, y de paso, te puede traer nuevas amistades.

¡Que te guste ser coqueta no significa que seas una puta ni que merezcas que te lo llamen!

He recibido varias cartas de mujeres jóvenes que forcejean con la cuestión de si «deberían ser sexy o no». Muchas intentan hoy hallar una forma más recíproca e igualitaria de practicar el sexo con el hombre, que tenga más significado y que, no obstante, siga incluyendo los juegos «tradicionales» de la seducción y el coqueteo, de perseguir y ser perseguida, que son eróticos y divertidos.

Recordemos la carta de las páginas 64 y 65, en la que una lectora nos contaba que hacía poco, tras alguna experiencia desagradable, decidió que «el sexo no es un deporte» y que ahora desea algo de «tiempo libre» sin sexo, aunque le parece difícil resistirse cuando un hombre trata de atraerla, ¡pero que muestre signos de excitación al incitarla él no significa que desee ser forzada!

¿ES SEXY UNA MUJER NORMAL?

Con la presión que ejerce «el nuevo aperturismo», muchas mujeres se ven abocadas a situaciones sexuales no deseadas. Temen que al decirlo las tachen de «chapadas a la antigua», «frígidas», «aburridas» o «asexuales».

Varias lectoras me han escrito para contarme que no son tan sexy como parece, que no practican el sexo «desenfrenadamente a todas horas», y que en realidad no lo hacen con nadie más que con ellas mismas.

Aquí hay dos cartas de mujeres de edades diferentes que se sienten «raras», tal vez incluso «anormales», por no acostarse con nadie:

> Me llamo Julia y tengo veinticuatro años, soy de Madrid. Para mis amigos y mi familia, soy del tipo abierto, progresista, madura, de ideas claras: la típica «joven antiglobalización», por darle una idea muy simplificada. No ligo ni mucho ni poco y, según debe suponer la gente a mi alrededor, si no follo más es sólo por falta de infraestructura (un rinconcito pa'pinchar), problema bastante generalizado entre la gente de mi edad, y más joven. Pero la realidad es muy distinta.

> Soy una mujer de treinta y nueve años. Debido a circunstancias, estoy en casa la mayoría de las noches de mi vida: sola. Tal vez no sea tan malo, sólo que la gente de mi oficina hace bromas como que yo probablemente tengo amantes variados, porque me gusta usar maquillaje y tengo un cuerpo que, dicen, es muy femenino. No me gustan esas bromas.

Ninguna de estas lectoras es tan «anormal» como puede pensar. Las imágenes de «la mujer de hoy» exageran mucho su actividad sexual, pese al pelo y al maquillaje. Es su elección, después de todo.

Como consecuencia del clima moralizante que las rodea, muchas mujeres y chicas sienten que han de demostrar que no son unas «putas»:

> Creo que la revolución sexual está pensada para el hombre y es misógina. La idea es que el hombre le diga a

la mujer que es libre de follar con todo el que desee. Pero la trampa es que sigue funcionando la doble moral. El hombre con muchas amantes se «echa sus polvos»; la mujer con muchos amantes es «prostituta» o «ninfómana».

En general, cuando ya saben que me «tienen», tengo la sensación de ser imbécil. Noto hostilidad y desprecio. La doble moral está viva y coleando.

Aunque vivo en el campus de una universidad considerada vanguardista en todo el país por sus ideas sexuales e intelectuales, no es así. Aquí el hombre sigue faltando al respeto a la mujer que tiene relaciones sexuales «sin estar enamorada». Y para la que quiera autoestima, sólo es seguro practicar el sexo con un hombre que piense en ella y no le haga sentirse mal ni hable de ella a otros hombres para que le falten al respecto, o si no, con un hombre a quien nadie conozca (aventuras en enclaves de esquí o de vacaciones...). Un hombre aquí considerado un destacado radical hablaba con una amiga suya la víspera de Halloween. Les habían invitado a una fiesta de disfraces, y ella no sabía qué ponerse y le preguntó: «¿De qué podría disfrazarme?». Con gran crueldad, él contestó: «¿Por qué no de virgen? ¡Seguro que nadie te reconoce!».

Estos comentarios hieren a la mujer y tampoco mejoran nada la situación para el hombre. Es importante cambiar este clima moralista y la doble moral, tipificados por la gran atención concedida a la virginidad o a la falta de «pureza» de la mujer que no es virgen, conceptos de la sexualidad femenina que no existen desde «los albores del tiempo», sino que son interpretaciones cultivadas deliberadamente que vuelven a introducirse ahora con renovado brío.

LAS CHICAS Y LA VIOLENCIA SEXUAL

Hemos intentado decir algo sobre la negatividad y la agresión sexual contra la mujer que obstruye su expresión sexual personal y el sentirse bien consigo misma, y que se manifiesta en las estadísticas de todo el mundo sobre abusos, crímenes y violaciones a mujeres. No son cuestiones hormonales («el hombre no puede evitarlo»), sino que más bien (como los asesinatos por honor) van unidos a ideas culturales concretas sobre «quién es el hombre». Durante siglos tales ataques no recibieron atención, ni siquiera quedaban registrados, pero hoy en día vemos lo importante que es proteger de ellos a la chica, y también dar al chico otra visión de su sexualidad, una nueva forma de vivir el sexo para unirse a las filas del bien en todas partes.

¿Por qué la actual epidemia de ataques y crímenes sexuales de jóvenes y niñas?

¿Cuándo dejamos de ser «niñas» para ser «jóvenes»? La ley da un tratamiento muy distinto a la niña que a la joven soltera, a quien se percibe «demasiado sexy» y, por tanto, «merecedora de lo que reciba»: «Si la atacan es por su culpa: ¿es que no podía quedarse en casa, por qué tuvo que actuar con rebeldía y salir, por qué llevaba esa falda corta?». Una «joven como es debido» ha de tener un «buen historial», una familia que la proteja. Pero ¿qué pasa si no es así? ¿Hay que castigarla?

Las jóvenes sufren un terrible dilema: por un lado, las revistas les dicen que han de ser «modernas, marchosas, sexy y libres, guapas». Por otro, que han de ser «buenas chicas, quedarse con la madre, no consentir que las tomen por putas» (la pena puede llegar hasta el asesinato).

Nadie, al parecer, está dispuesto a ayudar a las jóvenes una vez superada la infancia. Hoy en día muchas tratan de prosperar en empresas y profesiones sin estar preparadas para la especial lucha y el acoso sexual a los que quizá deberán enfrentarse a medida que van ascendiendo, ni para el sutil desaliento de los treinta o treinta y cinco años, cuando se las recuerda que podrían disfrutar quedándose en casa y siendo madres más que haciéndose ejecutivas. Mientras, muchas empiezan a sentir la presión de casarse y asentarse, tener hijos y olvidarlo todo, enamorarse, dedicar varios años a una relación (que quizá salga bien o quizá no), y se quedan atrás en su profesión (no por descuidar el trabajo, sino por permitir que las marginen en ese ámbito, pensando que «no importa»). Como sociedad —tanto la mujer como el hombre—, todos somos responsables de la desigualdad de la mujer en el trabajo y de los obstáculos que ponemos en su camino.

Cada cual debería examinar sus actitudes y su conducta: ¿excluimos de nuestro círculo de conocidos a la mujer que no es de buena familia? Hemos de preguntarnos si estamos alentando este clima.

¿Hay hoy más asesinatos de jóvenes —muchas aún niñas o adolescentes— que antes, o siempre los hubo pero hoy estamos dispuestos a encarar el problema?

Indudablemente, la mayor «liberación» sumada a la desvirtuación de este movimiento por intereses comerciales pornográficos y a la actitud pública general son en gran medida la causa. Pero sólo resaltan una tendencia que está ahí y que la sociedad lleva largo tiempo empleando para dividir a hombres y mujeres, usándolas a ellas de chivo expiatorio para todo tipo de problemas, a la vez que las ofrece al hombre como «zonas de confort».

Durante demasiado tiempo, los asesinatos de jóvenes y niñas han sido más o menos «invisibles»: la policía y la sociedad hacían la vista gorda ante esos crímenes, la prensa relegaba las noticias de la violencia contra mujeres (sobre todo prostitutas) a las páginas previas a los anuncios, o ni siquiera las cubrían. La actitud era: «No tenía que haber estado en un sitio así en aquel momento», o «Si sale así vestida, ¿qué puede esperar?», lo que trae a colación la reivindicación femenina del «derecho a la calle»: ¿por qué la calle ha de pertenecer más al hombre que a la mujer?

¿Son la violación y el asesinato crímenes pasionales que el hombre no puede controlar? No, se trata de otra cosa.

Las actitudes hacia las jóvenes que están provocando esta plaga de crímenes forman parte de la vieja (pero aún fuerte) doble moral, que decretaba (por ejemplo, en los juicios por violación) que «ellas se lo merecen». Estas actitudes se retrotraen a la quema de brujas que se dio durante tres siglos en Occidente (Europa y Estados Unidos), precedida, claro está, de la tortura de mujeres por la Inquisición en la Edad Media.

La idea es que hay dos clases de mujer: la buena y la mala. La buena es la madre casada y dedicada al cuidado de los hijos; su personificación es María, la madre virgen, que concibió a Jesús sin «sexo pecaminoso». Las malas son «todas las demás», sobre todo las que ejercen su sexualidad con más de un hombre y las que o no se casan o practican otras formas de «perfidia». Las prostitutas, sin duda, caen en la categoría más baja de «mala mujer». No hay peores calificativos que «guarra» y «puta» para atacar a una mujer y manchar su reputación.

Sin estas actitudes no se estaría dando la actual plaga de ataques y asesinatos. Hay una línea de separación que no debe rebasarse entre el dominio masculino y las actitudes machistas en hombres y mujeres, y esa línea ya no se controla. De ahí que haya que cambiar la vieja actitud masculina de «yo poseo a mi mujer»; la mujer no tiene que dejar de ser independiente.

¿VIOLENCIA CONTRA INDEPENDENCIA?

Un reciente artículo en el periódico *El Mundo* proclamaba: «"Existe una creciente espiral de este tipo de violencia, paralela al proceso de independencia de la mujer. Predomina en ciertos ámbitos una cultura machista de relaciones de dominio y posesión, y la mujer está pagando su libertad con su propia vida", dijo Comas (...)».

Este trascendental debate ha adquirido carácter urgente en España por el asesinato de varias mujeres a manos de su pareja o ex pareja en los últimos años, muertes que han saltado a los titulares. ¿Qué significan? Suele interpretarse que la «mujer paga con la vida su nueva libertad», como proclamaba el ministro. Aunque en cierto sentido eso sea verdad, la solución no es que la mujer renuncie a su independencia y su libertad; hay una interpretación más profunda.

La mujer se enfrenta a una violenta oleada de crímenes, ataques y asesinatos, no sólo en España, sino en toda Europa, en Oriente Medio y en América. Aunque la «sabiduría» común sostiene que «la libertad e independencia de la mujer es uno de los factores determinantes de la agresión», el meollo de la cuestión es el hecho de que hay hombres que atacan y matan a mujeres; aun cuando lo hicieran por ver cuestionada su tradicional superioridad, eso no significa que la «independencia» de la mujer sea la causa del problema, sino que hay que actualizar la mentalidad trasnochada (a veces romantizada y glorificada por el cine, las novelas y los medios de comunicación) que define lo que es masculino. Después de todo, culpar a la «independencia» implicaría que la mujer ha de poner fin a la violencia convirtiéndose «de nuevo» en dócil esposa y madre, sin desear la «independencia». Sin embargo, sin duda Occidente hoy defiende la dignidad igualitaria y los mismos derechos humanos para mujeres y hombres.

Aunque suele darse a entender que la creciente independencia de la mujer provoca esta violencia en el hombre, eso no es justo, pues la mujer es la víctima de esa violencia, no la infractora. Sin embargo, la sociedad prefiere señalarla a ella con el dedo de la culpa, y no a él, que perpetúa esos crímenes, ni a la caduca ideología que enaltece el dominio masculino. No todos los hombres son «víctimas de la ideología machista», claro está; muchos tienen un pensamiento muy independiente y una buena relación con la mujer. No obstante, por desgracia, muchos aprenden y se toman muy a pecho los patrioteros eslóganes militaristas de lo que «significa ser un hombre de verdad».

¿Qué pasa con el castigo para esos infractores, los que atacan a las mujeres? Tuvo un efecto muy saludable en Nueva

York que la policía arrestara a muchos hombres en respuesta a llamadas rutinarias por violencia doméstica y aparecieran en televisión esposados y detenidos: los índices de violencia bajaron. Por otro lado, una solución a largo plazo es cambiar el sistema de valores que absorben los niños: la actual «glamourización» de la conducta militar está provocando un renacimiento de la idea de que «el hombre ha de ser duro», «glamourizando» a los niños matones que abusan de los más pequeños en el patio del colegio, afirmando que «el poder está bien», ridiculizando al que no «contesta con los puños» ni «muestra de qué pasta está hecho» como «hace un hombre», sino que, por el contrario, es un «blandengue que no aguanta». Los mensajes sociales que damos al chico sobre lo que significa «ser un hombre» pueden cambiarse: hay definiciones mejores.

A propósito, merece la pena decir que culpar a la mujer de la violencia («es demasiado independiente») es equiparable a la vieja mentalidad que la condenaba en los juicios por violación y demostró ser tan injusta: se solía decir que la propia mujer violada era culpable si llevaba falda corta o carmín (cualquier signo de que intentara parecer atractiva sexualmente), o si se probaba que había practicado el sexo sin estar casada, en vez de centrar el problema en el violador. Durante siglos, la ley actuó como si el hombre tuviera derecho a actuar como seductor no monógamo y violador por «ser un animal macho y no poder evitarlo, por necesitad de hacerlo»; así, la ideología le daba carta blanca. Hoy, por supuesto, vemos las cosas de otra forma.

Hay que alentar la creciente autonomía de la mujer y su seguridad en sí misma (su «independencia»), que no equivalen al derecho a llevar falda corta, ¡pese a lo que dan a entender algunos medios!, sino a insuflar energía en la sociedad para bien de todos: mujeres, hombres y niños. Lo contrario es traicionar el legado de los derechos humanos y del futuro que defendemos y escatimarle mucha energía a todo nuestro sistema.

Otro análisis de la situación es señalar que el aumento de la violencia contra la mujer discurre paralelo al crecimiento del movimiento partidario de los «valores familiares» (se dice que el aumento de la violencia es paralelo a la independencia de la mujer, ¿pero por qué es más lógica esa conexión que la de otras tendencias de la sociedad?). Me gustaría señalar de paso que la «alternativa» a la sociedad de los valores familiares no es la sociedad pornográfica. No soy contraria a los «valores familiares» per se, pero no entiendo por familia el grupo tradicional de padre amo y mujer sierva, sino más bien un grupo de afecto al que hombre y mujer contribuyan todo lo posible, dándose amor y apoyo mutuos. Quizá sea la propia presión ejercida sobre la mujer y el hombre para que «se den al buen matrimonio y se queden ahí» —formen una «familia tradicional perfecta»— lo que esté provocando este aumento de la violencia, e incluso del crimen. Yo hasta diría que la violencia no es producto de la creciente independencia de la mujer tanto como del actual clima de presión social que insiste en que ella sea «buena esposa y madre» y «lo acepte todo» y en que el hombre «la cuide» y «sea dominante».

Quienes propugnan los «valores familiares» suelen pasar por alto el hecho de que en la familia siempre ha habido violencia doméstica y el divorcio era frecuente en siglos anteriores, y que en nuestro propio siglo (o en los últimos cien años) «la familia» se ha hecho cada vez más moralista, presionando a la mujer y al hombre para que encajen en ella más que en el siglo XIX, cuando había menos matrimonios (en los años cincuenta, en pleno apogeo de la familia, no se consignaban cifras de violencia doméstica; el derrumbe de la familia empezó en los años sesenta no por la independencia de la mujer, sino por el mal funcionamiento de la propia institución: el hombre declaró su independencia de la familia en los años sesenta, y el movimiento de la mujer no comenzó hasta después, en 1968-1969).

En resumen, podría decirse que el petulante moralismo de quienes presionan en defensa de los «valores familiares» aumenta la violencia, y que afirmar que la mujer está pagando, una vez más, el precio de la sumisión, es tan lógico como decir automáticamente que es «mala» y «rebelde» (¡o sea, «demasiado independiente»!) y ella misma causa así de la violencia.

Este argumento también se oye en los círculos políticos de Oriente Medio y de todo el mundo, pero ¿es cierto?

¿Está ligada la actual oleada de violencia contra la mujer al «aperturismo sexual» y a la «libertad de la mujer» de los últimos veinte años? Un argumento muy oído últimamente en Occidente y en Oriente Medio es que como ahora la mujer «sale y se muestra sexual, como es demasiado sexual (¿igual que Eva?)», hay que castigarla, y eso lo justifica el desmoronamiento de la sociedad y sus valores: son «mujeres diabólicas» que necesitan que las salven de sí mismas. ¿O nos dirán que el sexo y la violencia van inherentemente unidos, pues «qué otra cosa se puede esperar si no se impone un orden moral ante los inevitables deseos del hombre»? Tonterías.

Para ocultar las concepciones que «justifican» la violencia hacia la mujer, hay quien mete en el mismo saco la «libertad femenina», los «derechos de la mujer», la pornografía, la minifalda, el consumismo, el rock y la droga, culpando de todo a «la nueva mujer libre» o haciéndola símbolo del «problema». Los fundamentalistas islámicos ilustran tal actitud con imágenes de la «mujer libre» occidental.

La letanía contra el consumismo y las drogas (que los vincula contra toda lógica al movimiento por los derechos de la mujer dando a entender que ésta, por su deseo de cambiar y crear igualdad, es tan culpable o «decadente» y «negativa» como el drogadicto) apela a los que sienten una honda inquietud y alienación al ver cómo merman a su alrededor los valores del amor y el cariño: por ejemplo, a los que se enfrentan a cambios en la dinámica familiar. También se puede caer en argumentos así de irracionales por la infelicidad que provoca en el individuo la actual sociedad de valores de mercado al exigirle ser productivo y, si no, considerarlo irrelevante.

Aunque mucha gente cree que Occidente se ha corrompido, que la mujer es «demasiado libre», que la mueve el dinero, que el sexo es «demasiado fácil», que debería «volver al hogar, que es su lugar», abandonar su propia vida y dejar de tener ideas independientes, que las cosas eran mejor antes («cuando eran más simples»; pero ¿realmente lo eran?) y retroceder en el tiempo. ¡Qué nociones tan simplistas!

Por supuesto, la sociedad siempre busca explicaciones fáciles, máxime si no comprende el proceso de cambio cultural.

Estamos en plena era de cambios muy profundos. La exigencia de igualdad y derechos humanos para hombres y mujeres tiene hondas repercusiones en el terreno laboral y salarial, en la promoción y el acceso igualitarios a puestos de alto nivel (como el de primer ministro), en la vida personal (quién limpia la casa y cuida de los niños), y la sexualidad (reconsiderar lo que curiosamente se llama «el acto sexual»).

Si bien es comprensible que en ciertos momentos todos sintamos inseguridad por los cambios que se están produciendo —¿se hará la sociedad más pornográfica, es decir, nos valorará sólo por nuestra destreza sexual? ¿Nos conduciremos como «animales» y dejaremos de tener relaciones a largo plazo? ¿Adónde nos llevan estos cambios, cuál es el futuro?—, estos temores son un error, porque estamos ante una gran oportunidad.

Nos encontramos en mitad de un cambio sin precedentes en los últimos siglos de la historia: rehacer el orden social para dar a la mujer igual condición que al hombre, reinventar la cultura sexual, laboral y familiar: tareas enormes. Los sutiles cambios actuales en millones de individuos se encaminan hacia un nuevo orden, con más amor, calor y atenciones del que conocemos, pero no basado ya en el obsoleto sistema familiar jerárquico que exige a la mujer someterse a la autoridad masculina o al hombre a pensar que está «al cargo» y es «responsable» de todo, sin poder relacionarse con igualdad con los demás, sino obligado a actuar «mejor que nadie y a demostrarlo». Se trata de una democratización de la vida privada para mejor. El escandaloso estilo pornográfico que hoy impera en los medios de comunicación y en el arte es sólo un indicio del fin del antiguo orden moral.

El legítimo deseo de mujeres y chicas, de hombres y chicos, de crear una nueva sociedad que valore a la mujer tanto como al hombre a veces se vincula falsamente al «nuevo mundo de la pornografía y el sexo barato». Se oye decir: «La mujer hoy ya no sabe cuidar a su familia ni lo que es el amor de verdad. Ha perdido su belleza, ¡ahora sólo quiere sexo, sexo, sexo! Qué superficial es».

Relacionar los nuevos derechos y la nueva autonomía de la mujer con los actuales valores de mercado o con una idea superficial de la sexualidad femenina es insultante para la mujer. La pornografía, por ejemplo, no representa la «libertad de la mujer»; en su mayoría, es propiedad de hombres y va dirigida a ellos, y en realidad muestra viejos valores en los que la mujer o es la «mala tentadora sexy» o la «buena madre en casa». Esto reafirma la visión «pérfida» de la sexualidad femenina que tanto daño ha hecho a hombres y mujeres. La pornografía, que parece defender «la nueva libertad sexual», busca subyugar a la mujer aún más que antes, al tiempo que justifica la violencia masculina («el hombre es lujurioso y se desmanda como todo animal macho, no puede evitarlo»).

La mujer no ha creado «la revolución sexual» ni la actual «pornografización» de tantas parcelas de la sociedad, desde el arte hasta la publicidad. Es ilógico achacarlas a su «independencia». La mujer ha reclamado, en cambio, sus derechos en general, sin exigir pornografía ni «libertad sexual»; en realidad, exige la igualdad sexual, que es otra cosa, sin duda aún por resolver. Hablando claro: el movimiento de la mujer sostiene que tiene derecho a estar casada o «soltera», a tener hijos o no, etcétera. Sin embargo, el viejo sistema moral sostiene que toda mujer soltera a los treinta años ha de ser «una de ésas», que la que no esté casada y tenga vida sexual ya cumplidos los veinte es probablemente una «puta» o algo aún peor. El movimiento de la mujer ha mostrado que todo eso forma parte del antiguo sistema de valores y no de la realidad, sino del sistema opresor de la mujer, y que exige un cambio. Comenzó en los años setenta a la vez que saltaba a los titulares de prensa otro movimiento distinto en favor de la «libertad sexual» (los hippies del *flower power* de los años sesenta y músicos como los Beatles); por eso los medios fundieron ambos movimientos (relacionados pero diferentes) creando la confusión que hoy sigue en pie. Culpar al «movimiento de la mujer» de «la independencia femenina» y de lo que provoca la violencia hacia ella es buscar un chivo expiatorio y darse a la irracionalidad.

El movimiento para cambiar la sociedad e incorporar a la mujer con igualdad de derechos en todas las áreas concibe un futuro enormemente positivo basado en familias cuya cabeza visible sea hombre o mujer y en nuevas formas de relacionarse dentro de una familia democratizada y en el trabajo.

La solución no es que la mujer se haga más sumisa y obediente —los judíos probaron la sumisión en Alemania antes del exterminio, creyendo más probable que los aceptarían si «encajaban» (pero no fue así: los asesinaron)—; la solución, en cambio, es abandonar la propaganda de los «valores familiares» y la «familia tradicional». En estos días de «retorno fundamentalista» en Oriente y Occidente, cada vez hay más presión sobre la mujer para que «vuelva a la familia», «deje la profesión» y «la independencia y demás», y hay quien afirma que «es mejor la maternidad» (aunque según los últimos datos, en España ya hay casos de progenitores muertos a manos de sus hijos); cada vez se ejerce más presión sobre el hombre para que «sea hombre» al estilo militar, o sea, para que se muestre dominante.

Si se está poniendo de manifiesto la ira de algunos hombres ante el cambio, ¿no debería darse un debate público sobre la identidad tradicional propugnada por el sistema de valores masculino? Si se funda en el deseo de dominio, ¿no deberíamos mostrar nuevos tipos de valores e identidades, otro tipo de héroes masculinos?

Lo que todos podemos aprender es que el gran valor de cada individuo es el de ser quien es: para tener valía, ni el hombre necesita dominar a la mujer, ni ella necesita una familia tradicional ni hijos.

VIOLACIÓN Y ATAQUES SEXUALES

Hoy en día, por desgracia, las chicas han de estar alerta ante situaciones que podrían llevar a una violación o un ataque sexual. La violencia doméstica (extraño nombre) contra la mujer en España, Reino Unido y todos los demás países ha aumentado mucho en los últimos años, con numerosos asesinatos y ministros que harían mejor en abstenerse de relacionarlos con «la nueva independencia de la mujer»: ¡como si el hombre no la soportara y la mujer provocara esta violencia! (¿insinúan que la mujer no debería trabajar fuera, sino «quedarse en casa»? Pero es que trabajar fuera nos gusta y, además, necesitamos pagar el alquiler).

El hecho es que la mayoría de los hombres se enfrenta a los cambios que la mujer está forjando muy bien, y con todo derecho. Unos cuantos no aceptan que «la mujer» actúe con independencia y se ponen agresivos; la cuestión es distinguirlos y evitarlos. El creciente número de ataques sexuales no significa que ahora la mujer haya de ceder independencia; al fin y al cabo, había violaciones y asesinatos antes de que «se hiciera independiente», aunque no se hablara de ello y se silenciaran; más aún, en los años cincuenta no se recogían datos de violencia doméstica. El auge del movimiento feminista de los años sesenta y setenta hizo que el problema saltara a la palestra y comenzaran a recabarse datos, lo que ayudó a mujeres y hombres a ver más claras sus relaciones y actitudes recíprocas, y a mejorarlas.

DOLENCIAS VENÉREAS: ENFERMEDADES DE TRANSMISIÓN SEXUAL Y EL VIH O SIDA

Chicas y chicos afrontan multitud de problemas en la adolescencia: los padres temen que las hijas queden embarazadas y que ellas o los hijos «empiecen a salir con quien no les conviene»; el chico cambia de opinión sobre «el significado del sexo con las chicas» o declara no estar dispuesto al «compromiso» después del sexo; empieza la presión para ser «una chica sexy y popular» a la vez que «una buena chica», y la presión que siente el chico de «ligar» y «pillar», y ahora, además, también han de estar alerta ante el virus del VIH o sida.

Unas palabras sobre el peso de las chicas y la anorexia: si intentan embutirse en vaqueros muy pequeños, se les dice que tienen «el culo muy grande», un cuerpo demasiado grande, lo que provoca entre ellas una epidemia de anorexia y bulimia. Con esa enfermedad, las chicas comen cuanto quieren y luego se fuerzan a vomitarlo (normalmente en secreto, en la privacidad del cuarto de baño) para no coger peso. Es una conducta muy debilitante a la larga y puede ser adictiva, y las chicas caen en el círculo vicioso de ocultar lo que hacen para parecer estupendas mientras en secreto pasan hambre. En 2003, en Estados Unidos se prohibieron las exhortaciones a «adelgazar» dirigidas a las jóvenes desde las portadas de las revistas femeninas europeas, pero la presión continúa, y en algunos países hay revistas que han hecho caso omiso de la advertencia del nuestro.

En mi opinión, las caderas de la mujer son bonitas y han de ser mayores que las del hombre porque, claro está, ellas tienen más estructuras para poder tener hijos: útero, trompas de Falopio y ovarios. Aunque en la Antigüedad se ensalzaban, hoy se desprecian las caderas femeninas, pese a dar a la mujer la exuberancia que todos conocemos. En realidad, las caderas de la mujer son bellas, y la escultura y el arte las han admirado durante siglos. La carne que las recubre, más abultada que la del hombre, dibuja una llamativa silueta.

Si tú o una amiga tenéis un trastorno de alimentación, intentad reconsiderar cómo contempláis «esa parte» del cuerpo, y si no podéis resolver solas ese trastorno de la alimentación, lo mejor es que acudáis a una doctora especializada; encontrareis nombres de profesionales en la página web del Congreso de Anorexia que se celebra cada dos años en España, con sede en la Universidad de Granada; podéis llamar por teléfono para informaros o buscar en Internet.

Si tú o un amigo creéis tener una enfermedad de transmisión sexual, podéis acudir al farmacéutico, urólogo o ginecólogo, o a una clínica pública (están en las guías telefónicas) donde se pueda hablar de la enfermedad sin censuras. Si os parece que la actitud del médico que conocéis va a ser reprobatoria, es mejor que probéis en una clínica donde acostumbren a hablar de enfermedades venéreas; en todo caso, es mejor buscar siempre una segunda opinión, y una tercera, antes de tomar fármacos o tratamientos de cualquier tipo.

Por otro lado, también podríais meteros en una de las muchas organizaciones formativas sobre el VIH o el sexo, y comprometeros y ayudar.

REDEFINIR EL SEXO

Redefinir el sexo es adaptarlo a uno. Hoy en día mucha gente introduce cambios en su forma de considerar y practicar las relaciones físicas íntimas, de expresar y compartir su cuerpo.

La libertad sexual no es una versión tópica de las actitudes de la revolución sexual, que volvieron del revés la tradición (por escandalizar) pensando que todo lo antes «reprimido» ahora era «bueno» y «merecía la pena», por ejemplo:

> Estoy casada, tengo veintiocho años y tres hijos, y estoy en mitad de una aventura amorosa anglo-griega que empezó hace poco, en unas vacaciones en Grecia con mi marido. Me considero una mujer liberada de hoy en día, en armonía con su propio cuerpo y su estado emocional.

Vaya.

La libertad sexual para la mujer —y por tanto, para el hombre— está muy ligada a la independencia económica. La intimidación por la dependencia económica (como se ha visto también en el actual debate sobre acoso sexual en el trabajo), ha hecho que muchas mujeres no pudieran expresarse sexualmente ni tomar ninguna decisión; si se vive en el miedo (por la economía o la psicología de la inferioridad), se atenderá a las necesidades del otro temiendo expresar las propias, sobre todo en el «sexo». Un nuevo lenguaje corporal no se crea de la noche a la mañana. La mujer está introduciendo cambios en su modo de participar en las relaciones sexuales, en la forma de compartir su cuerpo, y espera realizar aún más. Esos cambios llevarán a relaciones sexuales más duraderas y placenteras para todos. Aunque en la actualidad se ve presionada a actuar «copiando al hombre» en el sexo, en su interior hay nuevas ideas de cómo quiere de verdad actuar y qué es lo que de verdad quiere hacer. En realidad, ser activa en el sexo es empezar a darle un sentido totalmente distinto que no tardará en desplegarse.

Las imágenes semipornográficas de mujeres y hombres, chicas y chicos, que se ven en tantas vallas publicitarias y anuncios televisivos (que los fundamentalistas usan para señalar «la decadencia del laicismo occidental» y el «egoísmo» de la mujer) no representan «quién es la mujer sexualmente» ni «quién es el hombre hoy», sino más bien cómo la doble moral tradicional usa y vende nuestro cuerpo. No es de extrañar, si se equipara la sexualidad femenina a lo que vemos en muchos anuncios, que haya quien retroceda y decida que «lo de antes era lo mejor», pensando que la vida era mejor entonces, sea o no así históricamente.

La fuerte presión ejercida sobre los varones para que «se establezcan y tengan hijos» hace que muchos jóvenes se rebelen y se nieguen a comprometerse. Tienden a ver en la mujer con la que salen «el enemigo», objeto de toda referencia al futuro y a formar una unidad familiar. La presión sobre ella para que «se case y tenga hijos» estalla sobre los veintinueve años, y aunque se suele achacar al reloj biológico, yo creo que no la provoca la biología, sino la pretensión de que encajen en el icono social de la «buena mujer», la que forma una «familia tradicional»: para algunos, sólo eso «legitima» a la mujer.

Se ha luchado y se sigue luchando por desterrar estos estereotipos y el horizonte psicológico al que dan lugar. De lo que hablamos aquí es del componente sexual de los cambios y de hacia dónde se encaminan los jóvenes con los actuales cambios sexuales, y también de crear una nueva cultura sexual.

Capítulo 7

«¿Soy gay?»

Me llamo Ana y tengo catorce años. Tengo dudas sobre mi sexualidad. A mí siempre me han gustado los chicos (siempre me he enamorado de chicos; cuando me fijo en el físico de otros, son chicos). Tengo dos amigas que podríamos considerar mis mejores amigas (Gina y Anna). Un día estábamos en casa de Anna. Ella, para jugar, se acercaba mucho a mí y simulaba que me besaba. Y en ese momento yo deseaba que me besara, que no parase. Y me gustaba la broma, pero intentaba disimularlo. No sé si ella me gusta. No lo creo. No tengo ningún problema en ser lesbiana o bisexual, pues mi madre siempre me ha hablado con normalidad de esas posibilidades. Pero si realmente no me gusta, ¿por qué la deseaba de aquella forma? Fue una sensación muy extraña, que nunca había sentido, aún la siento al recordar. ¿Es normal desear a una amiga?

Esta chica, como muchas otras, no está segura de si siente atracción sexual por su amiga o si sólo es amistad, y se pregunta por la intensidad de sus sentimientos. En realidad, es difícil trazar nítidamente la raya entre la amistad y los sentimientos homosexuales, y la verdad es que probablemente tú misma tengas que decidir si te atienes o no a lo que sientes. Sentimientos intensos hacia amigas pueden aparecer en casi cualquier etapa de la vida, pero con el tiempo vamos condicionándonos y al final algunos nos parecen eróticos y otros sólo amistosos.

Las pautas establecidas en la juventud o en la adolescencia suelen convertirse en nuestra forma de vivir la vida y experimentar nuestros sentimientos. Aunque nos sería posible ser «gay» en una relación y luego enamorarnos heterosexualmente (o viceversa) en otro momento de la vida, lo cierto es que no solemos «cruzar la raya»; las presiones para que tengamos una identidad sexual fija suelen impedírnoslo. Si se crece en una familia que quiere saber «quién es» cada cual, tener una relación gay puede hacer que la familia (y el colegio y los amigos) le etiqueten a uno de «gay», dificultándole más adelante verse de otro modo. Aun así, se puede.

También algunos chicos se desconciertan al ver que su sexualidad tiende a ser gay:

> Hace tres años, cuando tenía quince, me volví loco por un tipo mayor que yo. A los dieciséis me emborraché como una cuba y le conté a un amigo íntimo que me chiflaba ese tío fabuloso que todos conocíamos. A partir de entonces dejé de formar parte del grupo de amigos. No me aceptaban como era, por lo que los dejé e hice nuevas amistades, pero fue una experiencia demoledora para mí.

> Siempre he sentido una fuerte atracción sexual hacia otros chicos, pero he oído tantos comentarios despectivos sobre los gays en mi casa que pasé muchos años absteniéndome del sexo homosexual, esperando que esa atracción desapareciera. Ahora sigo siendo virgen a los veinti-

dós, e intento averiguar cómo dar el primer paso con alguien. Es ridículo.

Como las chicas entablan muy buena amistad durante los años de instituto, quizá ellas (que sienten menos vergüenza de su cuerpo y su sexualidad) empiecen ahora a dejarse llevar por sus sentimientos y a recurrir a las opciones físicas abiertas a ellas para explorar y ser afectuosas con otras chicas, como ya hacen los chicos entre sí: las estadísticas muestran que, de niños, muchos chicos (casi la mitad) practican el sexo juntos: normalmente la felación y la masturbación (ver el libro de Kinsey sobre el hombre, *Comportamiento sexual del hombre*, Kinsey *et al.*, 1948 y *El informe Hite sobre la sexualidad masculina*, Knopf, 1981; Ballantine [2002], donde se explican detenidamente estos datos).

Las chicas rara vez exploran a otras en la adolescencia, aunque los chicos sí suelen explorar a otros chicos sin llegar por ello a la conclusión de que son gays, y sin preguntarse siquiera si lo son o no, sino simplemente aceptando «lo bien que se sintieron con aquello entonces». Sería injusto cargar a los adolescentes con el peso de tener que «decidirse de por vida».

EL SEXO ENTRE ADOLESCENTES VARONES

Es sorprendente, dada la insistencia de la mayor parte de los varones en mantener la distancia con los demás hombres, pero muchos chicos practican el sexo entre sí en la adolescencia, y la mayoría son heterosexuales en su vida posterior. El 43 por ciento de los participantes en mi estudio de 7.000 hombres habían practicado alguna forma de sexo con otro chico, igual que en el estudio de Alfred Kinsey. La mayoría de los contactos, casi la mitad, fueron de masturbación mutua (sin caricias en otras partes del cuerpo); un tercio también practicaron la felación y varios la cópula anal.

Sorprendentemente, las tempranas experiencias homosexuales de hombres exclusivamente heterosexuales de adultos resultaron haber sido frecuentes y muy divertidas para la mayoría, pero apenas significaron nada más: ni fueron traumáticas ni las integraron en su identidad posterior:

> Cuando éramos más jóvenes, mi mejor amigo y yo solíamos contarnos historias guarras para estimularnos sexualmente. Empezamos a hacerlo antes de saber que no estaba bien visto. Saber por una clase de educación sexual en 5º curso de primaria que en teoría no debíamos hacer esas cosas apenas tuvo efecto sobre nosotros, pues ya habíamos comprobado que no nos hacía daño. Seguimos con esos actos sexuales amistosos hasta que pudimos satisfacer nuestras ansias sexuales con chicas. Nuestra última experiencia fue a los dieciséis. No creo que ninguno de los dos volviera a tener relaciones sexuales con un hombre.

> Experimenté por primera vez un intenso placer y mi primer orgasmo alrededor de los trece años. Sobre esa época también practiqué la masturbación mutua con unos chicos con los que había empezado a salir, y luego la felación y la penetración anal. Por lo que recuerdo, sólo pensaba en lo bien que me hacía sentir.

> Mis primeras experiencias fueron con otros chicos: hablábamos mucho sobre sexo, nos comparábamos los órganos, nos masturbábamos juntos y practicábamos jue-

gos homosexuales. Un amigo me hizo una paja cuando tenía trece años y yo le hice otra a él: estuvimos más o menos un año haciéndolo de vez en cuando. En aquel momento creía que estaba prohibido, pero era divertido. La parte homosexual me molestaba, pero no tenía seguridad para intentar el sexo con una chica. Mis fantasías durante el juego homosexual eran heterosexuales. Los genitales de las chicas eran un misterio que quería resolver, y sus pechos, cosas con las que me hubiera apetecido jugar.

En 7º de primaria, un grupo de chicos descubrimos la masturbación, y más adelante nos dimos cuenta de que los demás también; en las fiestas nos hacíamos pajas para ver quién se corría primero y salpicaba más lejos.

En un campamento de verano, otro chico estaba orgulloso de machacársela, como él decía, y una noche nos roció con su semen. Recuerdo haberle tocado la polla una vez, sintiéndome ligeramente depravado al sentir su semen y envidiándole por tener una gran polla y poder hacer ese truco.

Una vez mi hermano mayor me hizo masturbarle mientras estaba en la bañera. Él tenía dieciséis años. Su polla me pareció enorme y hermosa, y me gustó hacerlo.

Cuando estaba en 6º curso, mi mejor amigo y yo probamos la cópula anal al explicarnos un compañero de clase que él y su amigo se daban por culo para ensayar cómo follar con una mujer. No creo que nunca llegáramos a meternos más que la punta, pero lo recuerdo.

A los siete años le chupaba el pene a mi hermano. Por entonces me parecía algo fácil y natural.

Sin embargo, algunos experimentaron deseos sexuales hacia otros chicos y, sabiendo que eso era gay, evitaron todo contacto sexual:

> Mi sexualidad en la infancia no se dirigió a otros hasta los once o doce años. Entonces empecé a sentir una creciente atracción hacia chicos de mi edad o algo más jóvenes. Nunca se lo dije a nadie, eran sentimientos que reprimía. Por fin, en los años intermedios de instituto hablé de forma muy vaga sobre la homosexualidad con dos amigos de mi clase, un chico y una chica, y con mi padre. No me dijeron gran cosa. A mí todo eso me daba miedo, y no tuve mi primer encuentro sexual con otro hasta cinco años después de terminado el instituto. Durante toda esa etapa no supe de nadie más que fuera gay, veía mi sexualidad como una barrera con todos los demás hombres y me sentía totalmente solo con mis sentimientos. Temía recibir desprecio y odio.
>
> De adolescente me guardaba para mí mi sexualidad. Usaba a muchos compañeros de clase como objetos sexuales para masturbarme, pero no concebía acercarme a ellos de ningún modo. A los doce años me hizo una felación el viejo verde del pueblo, y me gustó. Por lo que yo sabía, éramos los dos únicos que hacíamos estas cosas por allí.

Otros fueron perseguidos:

> Crecí oyendo que me llamaban marica, me lo decían tanto que me hice inmune, o casi. Era muy afeminado, y cuanto más me llamaban marica, más me rebelaba yo y más escandaloso me ponía. Sexualmente, actuaba con ira y frustración. Apenas hacía caso a nadie, tampoco a los

chicos con los que me acosté, y no daba amor ni ternura. Además, me veía muy feo y tenía muchos complejos con mi pene. Luego crecí y empecé a verme muy guapo.

Pero algunos tuvieron buenas relaciones con otros chicos en la adolescencia:

Fui muy feliz con mi pareja sexual de aquella época, otro chico. Estaba muy contento. Nuestra relación empezó con toda inocencia, y así prosiguió. No teníamos broncas, culpa ni competitividad. Nuestra comunicación verbal era mínima, pero el sexo excelente.

Llegado un momento, muchos pensaron que tenían que tomar una decisión:

Con quien más feliz y unido a alguien he vivido es la mujer con la que vivo ahora. Aun así, hay veces en las que creo que en realidad sería mucho más feliz si viviera con otro hombre. Ciertos hombres me atraen mucho sexualmente. Creo que tarde o temprano me veré forzado a tomar una decisión, por ahora sigo intentando encontrarme a mí mismo.

¿EMPEZARÁN LAS CHICAS A DARSE MÁS AL AMOR HOMOSEXUAL?

Varias jóvenes casadas sueñan con tener una relación sexual con otra mujer:

Me llamo Roberta y soy una mujer de veintiséis años. Estoy casada, pero desde que tenía aproximadamente doce años me he sentido atraída por las mujeres. Sin embargo, nunca he tenido una experiencia con ninguna y, sinceramente, es un tema que me causa una gran insatisfacción emocional. Soy muy femenina, con un nivel de vida medio-alto, y las mujeres que me atraen siempre son muy femeninas. Nunca me he atrevido a coquetear con ninguna, ¿cómo empezar?

Me gustan los hombres, pero no he tenido orgasmos satisfactorios. Con mi actual esposo lo paso bien, pero mis orgasmos no son nada del otro mundo. Hoy mismo me ha pasado algo que me sucede muy a menudo, pues soñé que veía a dos mujeres tener relaciones y tuve un orgasmo espectacular. Entre mis sueños eróticos está el estar con una mujer. No se qué me pasa, esto no he sido capaz de contárselo a nadie para que no piensen que me estoy volviendo lesbiana, pero me ocurre hace ya mucho tiempo; me encantan mi cuerpo y el cuerpo de la mujer en general. Ahora me canso fácilmente de la sexualidad, aunque en otro plano vivamos bien. Mis sueños eróticos con mujeres son muy constantes, pero me agradan porque tengo orgasmos cada vez que suceden, lo que no me ha ocurrido con los hombres con los que he tenido relaciones sexuales hasta ahora, incluido el que actualmente está conmigo. Busco una visión más clara de lo que pasa con mi sexualidad. M.

¿CÓMO SON LAS RELACIONES FÍSICAS LÉSBICAS?

Leamos esta excepcional carta de una lectora que comparte muchos detalles con nosotros:

Las relaciones que mantenemos mi pareja y yo están llenas de caricias, mimos, besos. Queremos darnos todo nuestro calor, el contacto máximo de nuestra piel. Si pudiéramos, nos fundiríamos al fuego. A nosotras personalmente nos encanta dedicarnos la una a la otra por completo, que yo pueda tumbarme y dejarme hacer, en el mayor relax, con toda su atención y dedicación a mi placer. Y a la inversa: estoy más a gusto haciéndoselo yo de ese modo, porque me concentro en cada estímulo, en la forma de acariciarla con mis labios, mi lengua y mis manos para hacerla disfrutar cada vez más y más, y es que, a pesar de que en las relaciones entre mujeres tenemos la ventaja de que sabemos mejor que un hombre lo que quiere una mujer (que para eso lo somos), siempre estamos aprendiendo de la otra, ya sea una nueva fantasía o una forma de acariciarla, en qué orden o con qué frecuencia, para que alcance un orgasmo más intenso.

Es curioso que la gente suela pensar que las lesbianas en la cama utilizamos consoladores, como si deseáramos tener pene o necesitáramos tener uno dentro para sentirnos completas en nuestras relaciones sexuales. También ocurre que, si no lo utilizamos, se crean teorías ridículas y sin fundamento, como que sentimos fobia a la penetración, algo totalmente falso. La penetración es un complemento, un estímulo, y no son necesarias ayudas de plástico. Con los dedos nos vale de sobra, lo que nos hace sentir no es un pene kilométrico: la sensación se centra en la entrada de la vagina, el sentir algo más bien ancho, y esa anchura se controla «al gusto de la consumidora» introduciendo el número de dedos que se quiera. Por otro lado nos gusta más que un consolador por el motivo de que es piel, parte de nuestra pareja, sentimos su calor, su tacto y tiene una movilidad más controlada en el interior.

Otra práctica es la de frotar los sexos. En un principio es bastante complicado, más que nada hasta que se encuentra una postura cómoda y en la que haya el mayor contacto. Cuando se consigue, se llega al cielo. Es sentirse la una en la otra, sentir su tacto, su calor, su humedad, cómo palpita y se estremece. Si las dos llegamos al orgasmo a la vez, que a veces pasa, es delicioso, y si alguna llega antes, respira y baja a acariciar a la otra hasta que le llegue su orgasmo. Es cansado pero reconfortante. Es más placentero el *cunnilingus* porque es un estímulo más preciso, pero es mucho más bonito lo otro, porque tienes a tu pareja encima o debajo, con los cuerpos pegados, y es inmensamente romántico, entre besos y caricias y palabras de amor.

Sé que es mucho pedir y que no será posible, pero me encantaría hacer saber a mi pareja, además de con mis palabras y mis caricias, lo muchísimo que la amo. Es mi única razón de vivir, la única que me hace valorar lo que tengo, con la felicidad que me da con el mero hecho de existir y que roza el infinito con sus muestras de amor. A.

Y otra:

Me llamo Aurora, tengo treinta años, soy lesbiana. ¿Que cómo es el sexo entre mujeres? Pues, después de una tertulia con otras amigas lesbianas, me gustaría decir que entre las infinitas posibilidades que existen de hacer el amor entre mujeres, siempre se olvida una, muchas veces desconocida por las propias lesbianas. El sexo no sólo se reduce a caricias, ternura, y sobre todo, a la masturbación a dos, que es muy importante; también existe la forma del abrazo frontal, uniendo sexo contra sexo. Le puedo decir que para mí es la forma más íntima de relacionarme con mi pareja, es la unión absoluta de dos cuerpos, que entraña no sólo una complementariedad física, sino también emocional, que nos gratifica a las dos.

LA VISIÓN HISTÓRICA Y BIOLÓGICA DE LOS INFORMES KINSEY

Kinsey, de quien se ha hecho una película, expuso junto a sus colaboradores esta visión de la homosexualidad en sus dos libros, publicados en 1948 y 1953: «La condena generalizada de la homosexualidad en nuestra cultura data al parecer de una serie de circunstancias históricas que tuvieron poco que ver con proteger al individuo o preservar la organización social del momento. En los primeros códigos hititas, caldeos y judíos no había condenas de tal actividad, aunque sí penalizaciones por actividades homosexuales entre gente de cierta condición social o parentesco, o relaciones homosexuales bajo otras circunstancias concretas, sobre todo si mediaba la fuerza. La condena más extendida de la homosexualidad en su conjunto (y sobre todo, la masculina) se originó en la historia judía alrededor del séptimo periodo, al regreso del exilio en Babilonia. El contacto oral y genital y las actividades homosexuales habían estado previamente asociados al servicio religioso judío, igual que a los de la mayoría de los demás pueblos de esa parte de Asia y en muchas otras culturas de todos los demás lugares del mundo. En la oleada de nacionalismo del pueblo judío en aquella época, hubo un intento de distinguirse de sus vecinos rompiendo con muchas de las costumbres compartidas con ellos hasta entonces. Muchas de las condenas talmúdicas se basaron en que tales actividades representaban los usos de los cananeos, de los caldeos, de los paganos, y originalmente el cargo era de idolatría más que de delito sexual. Durante toda la Edad Media la homosexualidad se asoció a la herejía. Sin embargo, la reforma de las costumbres (tradiciones) pronto pasó a ser una cuestión moral, y por último un asunto en el que tomar medidas, que regulara el derecho penal».

Kinsey, que empezó siendo biólogo, también afirma que otros mamíferos y animales tienen relaciones lésbicas y homosexuales de forma habitual: la impresión de que los mamíferos inferiores se limitan más o menos a actividades heterosexuales es una desvirtuación que parece arrancar de una filosofía de factura humana más que de la observación objetiva de la conducta de los mamíferos. Los biólogos y los psicólogos que aceptan la doctrina de que la única función natural del sexo es la reproducción se limitan a ignorar la actividad sexual no reproductiva. Parten de que las respuestas heterosexuales forman parte del equipamiento innato, «instintivo», del animal, y todos los demás tipos de actividad sexual son «perversiones» del «instinto normal». Pero son interpretaciones místicas: no se basan en nuestro conocimiento fisiológico de la respuesta sexual, y sólo se pueden mantener partiendo de que la función sexual está divorciada de los procesos fisiológicos que regulan otras funciones del cuerpo. Quizá sea cierto que se produzcan más contactos heterosexuales que homosexuales en la mayoría de las especies de mamíferos, pero de ahí no se deduce la «normalidad» de la respuesta heterosexual y la «anormalidad» de la homosexual. Kinsey afirma que se han observado contactos lésbicos en especies tan diversas como ratas, ratones, hámsters, cobayas, conejos, puercoespines, martas, antílopes, cabras, caballos, cerdos, leones, ovejas, monos y chimpancés. Y añade: «Cualquier granjero que haya criado ganado sabe lo corriente que es que las vacas se monten».

¿ES «NATURAL» LA HOMOSEXUALIDAD?

Hoy estas ideas pueden parecer tópicas, siendo ya una realidad el matrimonio gay en muchas partes del mundo. Sin embargo, las opiniones empezaron a cambiar gracias a libros como *El informe Kinsey* y *El informe Hite* (los dos únicos grandes cuerpos de investigación con testimonios personales), que hicieron comprender y aceptar a la opinión pública, como se acepta hoy, que una parte de nosotros «sienta así».

Citando el primer *Informe Hite*: «La discusión sobre el origen biológico o psicológico del lesbianismo y la homosexualidad (el origen del "problema", suele decirse) sigue candente en algunos círculos, pero la "respuesta" ya apenas importa. La homosexualidad o el deseo de acercarse físicamente en algún momento o siempre a alguien del propio sexo puede considerarse otra variedad natural y "normal" de la experiencia vital. Sólo será "anormal" si se postula que lo "normal" y "saludable" es exclusivamente el interés por el sexo reproductivo. Los debates sobre por qué se llega a ser heterosexual desembocaron en la misma falta de conclusiones. Ver en todo contacto sexual no reproductivo "un error de la naturaleza" es un punto de vista muy estrecho.

»Que realmente no se nos "permita" tocar o estar en contacto físico con nadie que no sea nuestra pareja sexual —por el vínculo sexual que podría "implicar"— es deprimente y alienante. En el vínculo entre mujeres, concretamente, esta prohibición de contacto físico es opresiva y tiene el efecto de separarlas. La dinámica es más o menos así: se siente el repentino impulso de besar o abrazar a una amiga —o sutiles deseos de más cercanía o contacto que no llegan a hacerse conscientes—, y hay que ahogarlos y reprimirlos. Pero cuando un impulso natural se frena sin reconocerse conscientemente, causa conflictos y sentimientos de culpa y ansiedad. La represión puede llevar a sentimientos semiconscientes de rechazo que engendren desconfianza y disgusto hacia la misma persona que al principio era tan atractiva. Se trata sin duda de un fenómeno psicológico bien conocido, y suele suceder sutilmente entre amigas. Lo que nos importa aquí es que la prohibición de contacto físico (de todo tipo) entre mujeres aumenta la hostilidad y la distancia entre ellas».

LA CONSTRUCCIÓN MENTAL DE NUESTRA ORIENTACIÓN SEXUAL

La orientación sexual, ¿la construye nuestra mente o está en nuestros genes? La respuesta más generalizada hoy, cuando la psicobiología prevalece en casi todos los ámbitos, es que los genes son la causa. En los años setenta la situación era la inversa, y la respuesta esperada era que el condicionamiento social predispone a la homosexualidad o a la heterosexualidad. Sin duda, decir que «está en los genes» invalida toda condena del matrimonio gay, puesto que entonces ser gay ya no se elige. Todo apunta a que las dos perspectivas sean correctas y la respuesta esté en una combinación de ambas.

Pepper Schwartz y Philip Blumstein dieron una de las mejores explicaciones de la selección de la pareja sexual que hacemos más o menos inconscientemente basándonos en el género (descartando el género «que no es»). Lo siguiente es un extracto o sinopsis de «La bisexualidad: observaciones sociológicas», ponencia del departamento de Sociología de la Universidad de Washington presentada el 6 de octubre de 1973 en la Conferencia de Chicago sobre la bisexualidad. Schwartz y Blumstein nos explican que, dado un estado de excitación fisiológica para el que no tiene explicación inmediata, el sujeto «etiquetará» ese estado y describirá lo que siente basándose en las cogniciones de que disponga: «Seguramente las fuentes de excitación sean más diversas que las señaladas por el profano más sagaz», y «cuanto mayor sea la seguridad de tener identidad heterosexual, o mayor sea la necesidad de tenerla, más probable será que las ambigüedades se resuelvan a favor de la heterosexualidad. Cuando se tienen fuertes sospechas de ser homosexual o se ha adoptado la identidad gay, es probable que la interpretación vaya en el otro sentido».

En otras palabras, la homosexualidad —como la heterosexualidad— es autosatisfactoria, lo que acentúa el hecho de que el alto nivel de excitación durante el desarrollo sexual temprano tiende a ser canalizado y moldeado por la experiencia sexual, reforzando la identidad sexual. Por eso creemos que los signos de excitación homosexuales no empleados ni interpretados tienden a no excitar por haber adoptado el sujeto una identidad heterosexual más firme y estar más orientado a la conducta heterosexual. De igual modo, los signos heterosexuales no empleados ni interpretados tienden a no excitar al sujeto homosexual declarado. Las dicotomías de nuestra propia identidad sexual frustran toda posibilidad de bisexualidad.

¿SABE LA MUJER CUÁNDO SIENTE ATRACCIÓN SEXUAL HACIA OTRA MUJER?

Con referencia específica a la mujer, *El informe Hite* da esta cita de Schwartz y Blumstein: «La mujer tiene un tipo de excitación distinto al del hombre. Más que una respuesta genital, su excitación es la respuesta de todo el cuerpo. Aunque la mujer pueda sentirse "cachonda" (es decir, sentir tensión sexual en la zona genital o lubricar durante un encuentro excitante), todos esos signos son menos visibles que su contrapartida en el hombre. Por decirlo de una forma muy simple: la mujer puede reinterpretar su excitación sexual, y el hombre no puede dejar de sentirla. Si la mujer experimenta tensión sexual en un contexto inapropiado, por ejemplo durante un partido de béisbol o en un diálogo con un hijo, etcétera, tiene más libertad que el hombre para etiquetar esa excitación.

»De igual manera, en las relaciones entre mujeres, las señales que una mujer recibe de otra son más sutiles que las de los hombres entre sí. A propósito de nuestro debate sobre la erección, dos mujeres no tienen que justificar una erección si una de ellas se excita mientras charlan y hablan de su vida sexual en privado. Si se excitan y quieren comunicarse un interés sexual mutuo, recurrirán al contacto visual, aumento de la atención y otros signos interpersonales para expresar su deseo. Sin embargo, el problema es que esos signos son confusos, suelen asociarse al cortejo heterosexual y, como parecen inapropiados o irreales en un encuentro entre dos del mismo sexo, se puede reinterpretar que aluden a la amistad y al afecto no sexual. La mujer puede tener miedo de pensar —aunque lo desee— que otra mujer le está enviando señales sexuales. Si vinieran de otra fuente, la intención sería probablemente inconfundible; pero como vienen de lo que siempre ha sido una fuente asexual, la receptora tal vez tienda a dudar o reinterpretar las señales más claras.

»Por esa ambigüedad de los signos —y porque la mujer no está acostumbrada a que otra mujer le muestre que la desea ni a la parte agresiva del cortejo sexual—, se puede conjeturar que rara vez envía respuestas eróticas a otras mujeres, sin darse cuenta de todas las veces en las que la excitación es mutua y tiene posibilidad de ser correspondida. Además, como no hay cortejo sexual obvio, la mujer puede no darse por aludida ni admitir que ha tenido un encuentro sexual, dejando así que toda atracción se apague. Una última hipótesis añadida sigue la línea de los rasgos poco tangibles y pasivos de la tradición sexual femenina: como a la mujer se le ha enseñado a erotizar a quien la erotice a ella —es decir, a interpretar su valor y sexualidad por el modo en que "excita" al hombre—, a muchas se les despierta su propia sexualidad cuando un hombre las aborda. Al ver a alguien sexualmente excitado e interesado por ellas, se preguntan si les interesa sexualmente. En cierta medida, esto parece aplicarse a ambos sexos: todos empezamos a excitarnos cuando otra persona muestra interés sexual, da pasos agresivos y nos hace sentir deseables. La tensión sexual empieza a acumularse y enseguida ambos han de reconocer que está ahí (aunque puede que decidan no hacer nada al respecto).

»En las mujeres, la tensión sexual quizá no tenga ocasión de desarrollarse por cohibirse las dos, no tener práctica o sentirse inseguras respecto a la validez del encuentro como experiencia sexual. No acostumbradas a aceptar la responsabilidad de esa situación, pueden echarse atrás en vez de probar algo para lo que no están preparadas ni suelen hacer. Se puede conjeturar que no habrá relaciones sexuales entre mujeres salvo que una de las dos sea capaz de adoptar un papel sexual agresivo y se atreva a aclarar señales ambiguas. Si ambas son incapaces de adoptar ese papel, puede que la relación no acabe de expresarse».

¿CUÁNTAS LESBIANAS Y HOMOSEXUALES HAY?

[Datos de los Informes Hite de 1976, 1981 y 1987]

Es imposible saber exactamente el número de homosexuales, hombres y mujeres, en la población estadounidense y europea, pues por el temor a que les señalen con el dedo, nadie sabe cuántas lesbianas, homosexuales o bisexuales hay. Seguramente, hoy el 15 por ciento de la población es gay en casi todos los países, según mi propio estudio y otros (Kinsey calculaba que del 12 al 13 por ciento de las mujeres tuvieron «relaciones sexuales con orgasmo» con otra mujer en algún momento de su vida adulta, y que del 11 al 20 por ciento de las solteras y del 8 al 10 por ciento de las casadas que componían la muestra, el grupo de edad de veinte a treinta y cinco años registraba «más respuestas homosexuales, aunque fueran fortuitas, o más contactos homosexuales concretos»). La extendida creencia de que hay menos lesbianas que gays hombres es errónea, y se debe a que la mujer tiene más miedo, y con razón, por lo que el hombre gay es hoy más visible que la lesbiana, que sigue temiendo por su trabajo y otros factores.

Es importante observar que las preferencias sexuales pueden cambiar durante la vida; lo que se llama «identidad de género» no está tan previsto hasta el último detalle como parecen dar a entender las estadísticas. Como explicó Kinsey, no hay dos grupos estancos, uno heterosexual y otro homosexual: en otras palabras, «el mundo no se divide en ovejas y cabras». «Lo viviente es un continuo en todos y cada uno de sus aspectos», y la homosexualidad y la heterosexualidad son sólo los tipos extremos en los polos de «un continuo rico y variado». En realidad, «lesbiana», «homosexual» y «heterosexual» deberían usarse como adjetivos, no como sustantivos: no se describe bien a nadie diciendo que es homosexual, lesbiana o heterosexual; en cambio, sí es descriptivo llamar a las actividades homosexuales, lésbicas o heterosexuales. En otras palabras, sólo es posible precisar cuánta gente ha tenido determinado tipo de relación en cierto momento, y así es como hay que contemplar las cifras de este estudio.

Como ya se ha observado, hay más mujeres que expresan su interés por el sexo con otra mujer que las que realmente practican el lesbianismo:

> Estoy casada. Nunca he tenido una relación física con una mujer, pero siento que sería más satisfactoria. No sé cómo relacionarme físicamente con otra mujer. Me atrae una, siento que es igual a mí, pero temo aproximarme a ella.

¿AMISTAD O EXCITACIÓN?

> Hay veces en las que siento tal cariño por mi mejor amiga que me parece algo sexual y casi la deseo. Pero nunca le he hablado de este sentimiento, podría asustarla.

Por su experiencia, hay lectoras que se preguntan si son lesbianas o heterosexuales:

> Soy una chica de diecinueve años. Soy heterosexual, me gustan los chicos. Pero hay algo que me preocupa, o más que nada me inquieta: siento la necesidad de experimentar la sexualidad con mi mismo sexo, con una mujer. Cuando me masturbo, sólo me excita la fantasía de estar con una mujer, acariciándonos, y así es como alcanzo el orgasmo. No entiendo por qué me ocurre esto, pero es fantástico.

Mujeres y chicas tienden a entablar relaciones cálidas y sensuales con otras; además, los muchos anuncios y la publicidad de moda que nos rodea y muestra el cuerpo de bellas mujeres hacen que algunas fantaseen o bien con su propio cuerpo, o con el de esas mujeres como eróticos y deseables. La forma femenina se ha considerado bella y deseable durante milenios, se suele decir que la mujer es más curvilínea que el hombre, y por eso su cuerpo es más provocador, más sensual. ¿Es esto lo que de alguna forma, sutilmente, ha hecho que las mujeres imaginen a otra de su propio sexo para tener un orgasmo... o simplemente están alcanzando a los chicos y ahora, como ellos, se abren para sentir su deseo, mientras que antes su cuerpo no hubiera admitido tenerlo?

No está nada claro que la mujer deba fantasear con hombres, ni el hombre con mujeres para ser «naturales»; esto es ideológico, y presiona a «hacer lo correcto y hallar pareja reproductiva, a no avergonzar a los padres ni complicarse la vida». Nuestro orden social trata así de garantizar que hombres y mujeres se emparejen y se reproduzcan —aunque en la actualidad esté disminuyendo la tasa de natalidad occidental—. Como dice la historiadora Carroll Smith-Rosenberg, la cosa puede contemplarse a la inversa, viendo en la «heterosexualidad una interpretación artificial impuesta a la humanidad: (sería) un argumento revolucionario».

Entre los hombres de la élite dirigente de la Grecia clásica era corriente practicar el sexo con chicos jóvenes, tenerlos de pareja sexual, por lo que en Atenas hubo que aprobar una ley que les obligara a practicar el sexo con su mujer al menos tres veces al mes. Esto indica que no lo hacían y que la sociedad ateniense necesitaba aumentar la reproducción. ¿Qué es, pues, «natural»?

Si no es biológicamente «natural» para la mujer fantasear sólo con hombres (ni viceversa), ¿se deduce de eso que la «homosexualidad también es natural»? Hace mucho que se debate si la inclinación homosexual es «natural» (se nace con ella, es parte de la constitución física), o si la sociedad o las situaciones en las que crecen los niños dieron lugar a ella en la juventud. Además, muchas lesbianas y gays no creen que la bisexualidad sea una opción sincera, muchos piensan que es una fase para «salir del armario». Estoy de acuerdo con Kinsey en que no hay «homosexuales», y sí «actos homosexuales», por lo que lesbianismo y homosexualidad no dependen tanto del nacimiento (genética) ni de la estructura social como de quién te enamores o te quedes prendado por primera vez.

La sociedad parece aceptar a la pareja homosexual y lesbiana cada vez más. ¿Tendrá el hombre gay cada vez menos necesidad de mujeres a su alrededor, empezará a sentir que la mujer es innecesaria dentro de la empresa, o incluso de la familia? Como la mujer sigue teniendo menos poder y prestigio que el hombre, la relación lésbica a menudo no tiene el mismo estatus social que la pareja homosexual masculina... Esto nos devuelve a la situación de la sociedad de la Grecia clásica, con una diferencia: que la actual tecnología de la concepción implica que el hombre no necesita casarse para tener hijos, con lo que el estatus de la mujer podría caer mucho más. Sin embargo, para la reproducción artificial, la ciencia sigue necesitando el óvulo de la mujer; la ciencia no sabe cómo hacer un óvulo y tampoco invierte mucho en aprenderlo.

Por otra parte, los hechos podrían interpretarse de otro modo y decirse que, desde el punto de vista sexual, la mujer vive en el mejor de los mundos posibles: al poder gozar del sexo con otra mujer sin miedo al embarazo y al conocer el orgasmo femenino, juntas se ahorran las actitudes negativas de censura del hombre que desprecia a la mujer tras el sexo. Las mujeres pueden inventarse lo que quieran que sea el sexo.

En otras palabras, la pregunta no es si es o no gay, sino si ama o desea a otra mujer y quiere expresarlo sexualmente.

¿Quién puede decir si es más «natural» amar al sexo opuesto o al propio? Sin duda, como ya hemos visto, preguntas así habrían puesto en aprietos a los griegos de la Antigüedad. ¿Por qué se ha hecho tabú para las mujeres incluso ir de la mano en público o demostrar afecto físico abiertamente como en la época victoriana, tal como documentan las obras de Rosenberg y otras? Parece imperativo revisar toda nuestra concepción de la sensualidad y de las relaciones físicas.

LAS AMIGAS ÍNTIMAS DE LA ADOLESCENCIA

Casi todas las chicas dicen tener una relación especial con otra. ¿Cuál es la esencia de la amistad entre mujeres?

Por fortuna, la mayoría de las chicas tienen amigas, normalmente una «amiga íntima» a quien confiarle todo.

Casi todas dicen tener una relación especial con otra chica, una gran relación que les encanta describir. Una encuestada cuenta:

> Hablábamos por teléfono todos los días durante horas, sobre cualquier cosa. Algunas de nuestras conversaciones más francas eran a las tres de la mañana. Pasábamos horas al teléfono o al aire libre, en la playa bajo el sol, sobre todo cuando los chicos a los que teníamos echado el ojo estaban allí. También nos divertía mucho patinar sobre ruedas. Hablábamos de cómo se pide a un chico que se ponga un condón y cómo librarnos de las drogas que nos ofrecían sin parecer rancias.

Otra recuerda:

> Me sentía más unida a mi mejor amiga que a mi novio. Todas las noches hablábamos por teléfono de chicos, de sexo y de estar gordas... ¡aunque no lo estuviéramos! Por lo menos tres veces a la semana hacíamos galletas y, mientras le dábamos a la masa, cotilleábamos. Éramos inseparables: íbamos en moto por la nieve, a esquiar, a nadar, paseábamos por el bosque, conducíamos, tomábamos el sol y nos emborrachábamos juntas (en momentos de crisis, como cuando suspendíamos un examen, abollábamos el coche o teníamos que ir al dentista). Era maravilloso.

La mayoría de las chicas, al describir su relación con su mejor amiga, dicen que con ella se sienten importantes, seguras de sí y se pueden expresar plenamente, más que en ningún otro momento.

Por supuesto, la amistad entre chicas no es siempre un lecho de rosas, hay también dolorosas traiciones y rupturas. Suelen suceder cuando una o las dos sienten la presión, a veces sutil, de elegir entre un novio y la mejor amiga.

Es llamativo que muchas de las cosas que a las chicas les gusta hacer con su mejor amiga sean placenteras y muy sensuales. Por ejemplo, probarse ropa juntas y mirarse con ella puesta, coser y arreglar ropa y hablar de dónde la llevarán y lo que pensarán los demás, probarse maquillaje y maquillarse mutuamente y peinarse entre sí, hablando de su «peso» (su cuerpo) y su piel —casi lo mismo que a sus madres les gustaba hacer con ellas durante los años de penumbra y estrecha intimidad física de la infancia tardía.

Son algunas de las pocas maneras en las que a las mujeres les «permite» tocarse una sociedad a la que aterra que puedan llegar a «gustarse demasiado».

En cierto modo las chicas, en su amistad, también comparten el sexo, la sensualidad y el erotismo que experimentan las demás. Es decir, pueden compartir el sexo vivido por otras al hablar de los chicos con los que salen, de lo que se siente al besar y tocar a un chico, de cómo les pareció tocarles o explorar su cuerpo (y «hasta dónde»), qué dijo él y cómo se sintieron.

Como escribe una chica:

> Fue una época maravillosa cuando por primera vez los chicos empezaron a fijarse en mí. Fui muy feliz. Mis amigas y yo nos pasábamos horas hablando de ropa, probándonos maquillaje y yendo adonde sabíamos que iban a ir chicos. Fueron mis relaciones favoritas, siempre estoy intentando volver a tener una así.

¿Las chicas han de romper la amistad con su mejor amiga para centrarse en los chicos? La suposición es que la mujer «madura» debería volver su alianza y su amor exclusivamente hacia el hombre. Sin embargo, ¿por qué deberían las mujeres romper estas maravillosas amistades entre sí?

Las pruebas de mi estudio indican que no hay «impulso sexual heterosexual» que se declare en la pubertad con independencia de las fuertes presiones sociales que intentan dirigir la sexualidad y el deseo de experimentarla hacia el sexo opuesto. Por eso la mayoría centramos nuestra sexualidad en esa dirección. Muchas veces con un final feliz: no es que esta sexualidad sea falsa ni «mala»; más bien responde a la presión social: la sexualidad se dirige de determinada manera. Podría haber sido más fluido. Si estuviéramos viviendo en un orden social diferente, lo habría sido.

Mi estudio prueba que hay multitud de afectos, sensualidades y personajes latentes diferentes en casi todos los niños y adultos, pero para que encajen en el sistema social, esos sentimientos se dirigen y canalizan, sobre todo en la «pubertad», encuadrándose en el modelo patriarcal (propiedad del padre) de la familia y el mundo. En términos psicológicos, esto significa que toda mirada ha de centrarse en el hombre; toda la atención emocional, psicológica y sexual ha de fijarse en el padre, con una salvedad: los chicos han de ver a las chicas como un objeto sexual de deseo (un objeto reproductivo de deseo).

Estadísticamente, es bastante raro que las chicas que se hacen amigas íntimas se conviertan en amantes, mientras que en los chicos es relativamente frecuente. Una joven nos cuenta que tuvo una relación sexual con su mejor amiga:

Con mi mejor amiga del instituto tuve una relación sexual que duró un par de años. Con el tiempo, hemos seguido en contacto, pero no mucho. Ella es lesbiana, pero yo no. En una época, esa parte de mi pasado me inquietó mucho, pero ahora me parece una fase bastante corriente del crecimiento, aunque privada.

Hemos visto que la inmensa mayoría de las adolescentes tienen una amiga íntima con la que comparten sus sentimientos, experiencias y planes de futuro. Aunque son muy pocas las que tienen una relación física, sexual, suelen ser amistades muy amorosas e importantes para ellas.

Claro está, no hay obligación de tener una amiga íntima, y aproximadamente el 10 por ciento de las chicas no la tienen. Pero como la mayoría parece disfrutar tanto de estas amistades, puede merecer la pena intentarlo.

EL FUTURO DE LA AMISTAD ENTRE MUJERES

¿Cuál es el futuro de las relaciones de mujeres? Después de todo, las mujeres forman el 51 por ciento de la población: la mayoría.

Hay una encrucijada por la que casi todas pasan en algún momento de su amistad. Como escribe una lectora:

Tengo cuarenta años, llevo dieciocho casada, tengo una hija de catorce, y llevo la vida normal de casada. Hace cinco años conocí a la madre de una de las amigas de mi hija del colegio, y nos hicimos amigas. Ahora la llamo por teléfono al menos una vez al día y está siempre en mi pensamiento, quiero estar ahí para ayudarla, hablar con ella cuando tiene algún problema. Por ejemplo, sé que sufre con su marido, con quien su relación no es que sea idílica. Me da gran placer hablar con ella. Me gusta tenerla cerca de mí y quiero que nuestra amistad continúe.

Una vez, hace varios años, tuve otra buena amiga, pero la amistad terminó: para ser la buena esposa que necesitaba mi familia, renuncié a aquella amistad antes de que los comentarios de mi marido se hicieran demasiado punzantes: «¡Estás más tiempo con ella que en casa!» (no era cierto) y demás. Esta vez no estoy segura de que lo mejor que pueda hacer sea anteponer la familia como siempre he hecho hasta ahora: guardar las apariencias y «llevar una vida normal» no me satisface. La verdad es que soy más feliz con ella que en casa. No sé si debería hablarle de mis sentimientos o dejar que se desvanezcan y centrarme en mi marido. Si dejo crecer esta relación, si los sentimientos son tan fuertes que quiero compartirlo todo con ella, tendré que prescindir de todo lo demás. No quiero dejarlo todo, pero tampoco a ella: con ella me siento viva, feliz y bien. Sin embargo, si continúo mi actual vida «normal» de casada, en cierto modo no seré sincera.

Estos comentarios no significan que su autora sea lesbiana o gay; hay muchas mujeres con estos sentimientos por sus mejores amigas, aunque la sociedad no tenga instituciones prefabricadas en las que encajen. Sí, hay «amistad» —se me viene a la cabeza la vieja serie televisiva *Amo a Lucy*, en la que Lucy y Ethyl eran amigas íntimas de toda la vida que compartían aventuras y secretos—, pero al final, como dice esta carta, decantarse por la amistad (estando casada) significa no pasar «el tiempo suficiente» con su marido, y por ello «escoger contra él» de alguna manera. Muchas mujeres, también solteras, sienten ese conflicto y se preguntan qué hacer.

Puede que las opiniones sobre la homosexualidad estén cambiando; ahora el matrimonio gay se acepta en muchos países. Recibí una carta de una adolescente del sur de España que dice que, pese a ser lesbiana, hasta ahora no ha tenido ningún problema por ello:

> Tengo diecinueve años y soy estudiante. Aunque físicamente no lo parezca ni dé el prototipo, soy lesbiana. Una lesbiana que lleva una vida normal, una lesbiana guapa (eso dicen) y femenina. Y algo cansada de escuchar tonterías sobre mi inclinación.

APRENDER DEL LESBIANISMO

Otra apertura que se está produciendo es el interés por aprender del sexo lésbico, que nunca se ha basado en el modelo tradicional del sexo de la penetración, aunque la forma de los juguetes sexuales sugiera lo contrario; además, en el lesbianismo, como recordamos, el orgasmo no supone el final del sexo para ninguna de las partes, por lo que no se da el sentimiento de desigualdad en el «control» que sí existe en la heterosexualidad.

Como señalaba un lector, se sea «heterosexual», «lesbiana» u «homosexual», pueden aplicarse ideas de esos ejemplos a otros contextos sexuales de la vida de uno, ya sea hombre o mujer (él es hombre):

> Estimada doctora Hite, quiero aprender más de la sexualidad de la mujer. Por ejemplo, me interesan las posibilida-

des de los actos y juegos sexuales entre mujeres. No tengo mucha información al respecto; las películas eróticas o porno que he visto no me parecen una buena fuente, la verdad: casi con toda seguridad, están hechas por tíos como yo. Lo que me interesa saber es cuáles son las fuentes de placer sexual para una chica, supongo que son más o menos las mismas para la lesbiana que para la heterosexual, ¿no? F.

¿Se puede aprender de la homosexualidad? Se puede aprender algo, pero quizá no tanto para crear un nuevo tipo de relaciones sexuales. Según mi estudio, en el que han intervenido más de 10.000 personas, la homosexualidad del hombre es muy diferente del lesbianismo. Mientras que los hombres evitan besarse y se suelen centrar en la penetración, las mujeres no, pero sí dedican largo rato a besarse y abrazarse. Podría decirse que las relaciones sexuales entre mujeres se diferencian más de la heterosexualidad que las relaciones entre hombres, puesto que para muchos hombres la penetración parece el punto álgido.

Por consiguiente, es instructivo ver cómo practican las mujeres el sexo, qué hacen para provocarle el orgasmo a la otra, ya que la penetración —por muy erótica que pueda considerarse— no suele ser la fuente del orgasmo, y menos la única. Estas prácticas y otras podrían usarse entre mujeres y hombres para crear un nuevo tipo de sexualidad.

¿QUÉ HACEN JUNTAS SEXUALMENTE LAS MUJERES?

Aunque hay muchas alusiones al lesbianismo en la prensa y la televisión, casi nunca se dan detalles y las dos mujeres se presentan muy sexy, provocativas y calientes: la pornografía a veces las retrata «preparándose para un hombre», «esperándole, jugueteando, coqueteando entre sí» mientras le aguardan «calentándose», como si la relación entre ellas no tuviera sustancia.

Se trata de una absurda desvirtuación. Según mi estudio y otros, el sexo que practican las mujeres entre sí es gratificante y satisfactorio, sin escenificar la imagen sexual invertida del falso estereotipo por el que «toda la mujer quiere tener un pene dentro» (se dice que las lesbianas usan juguetes por anhelar en realidad un hombre con pene de verdad).

La sexualidad lésbica no tiene un formato preordenado, no hay un guión de actividades, no hay presiones de rendimiento; crea su propio guión y su conjunto de actividades, su propia ruta. La tradicional ruta heterosexual —«insertar A en B», con «el acto» como clímax— no existe entre mujeres.

Así pues, ¿qué hacen ellas entre sí en el sexo? Escuchemos testimonios de mujeres, descripciones de sí mismas (que no las convierten en «enemigas del hombre») distintas de las imágenes que tan a menudo vemos en revistas, televisión y vídeos explotando la sexualidad lésbica, esas escenas en las que aparecen dos mujeres en provocativa ropa interior o camisón y muchas veces, en la pornografía, como si estuvieran preparándose para un hombre, como si lo que hacen entre sí no fuera más que el «calentamiento». Como vemos aquí, no es cierto. Aunque a algunas mujeres les gusta que haya «penetración» cuando están juntas, en general consideran su actividad sexual extraordinariamente satisfactoria.

Lo que es «distinto» en las relaciones sexuales entre mujeres es precisamente que no tienen una forma institucionalizada, por lo que pueden ser tan imaginativas e individuales como las propias interesadas. Acaso la diferencia concreta más marcada con respecto a las relaciones heterosexuales sea que por lo general en las homosexuales hay más orgasmos y ternura. Los investigadores han comentado una y otra vez la mayor frecuencia del orgasmo en el lesbianismo, retrotrayéndonos a Kinsey o Dickens (1929), por no mencionar estudios anteriores. Además, la relación sexual lésbica tiende a durar más y a incluir más la sensualidad de todo el cuerpo, ya que el orgasmo no señala automáticamente el final del placer sexual.

LA CONSTRUCCIÓN DE LA SEXUALIDAD LESBIANA

La mujer que se acuesta con otras mujeres puede tener una vida sexual expresiva y excitante. Como no existe ninguna forma preestablecida de «practicar el sexo» entre dos mujeres, en su relación mutua muestran mucha creatividad a la hora de compartir su cuerpo, sus fantasías y el significado que otorgan a lo que están haciendo.

Las repercusiones son profundas para todos nosotros y para el futuro de la expresión sexual femenina de nueva definición.

Veamos unos datos esenciales: una de las grandes diferencias del sexo entre dos mujeres es que no se acaba cuando una de las dos alcanza el orgasmo, puesto que, para la mayoría de las mujeres, el orgasmo no acaba con la excitación sexual. La estimulación clitoridiana que lleva al orgasmo se ofrece y acepta como algo normal.

Ahora bien, ¿cómo la practican las mujeres? He aquí testimonios de varias en los que explican cómo tienen relaciones sexuales con otra mujer:

Con una mujer no hay final, no se llega al orgasmo y se acabó; es como un círculo, sigue sin parar. Primero nos abrazamos mucho, nos besamos y acariciamos, luego nos masturbamos la una a la otra con las manos, los dedos, la boca, a veces con todo a la vez, o con otras partes de nuestro cuerpo.

A veces creo que podría pasar directamente de un buen beso en la boca a que me estimulen el clítoris para tener un orgasmo; depende de lo «preparada» que esté. También me gusta que mi amante me toque ligeramente con la lengua y las manos por todo el cuerpo, sobre todo las nalgas y la parte baja del abdomen. Para tener un orgasmo, me gusta que me pase la lengua suavemente por el clítoris, o que me chupe con fuerza o mueva el dedo justo por encima cada vez más rápido. A veces aprieta la boca contra mí y mueve la cabeza de un lado a otro; así también consigo el orgasmo. No hay una sola forma que funcione siempre; hay distintas maneras para cada vez. Soy tímida, por eso supongo que me es más fácil que empecemos a hacer el amor vestidas y no nos interrumpamos más que un minuto para desnudarnos. Si no, me da un poco de vergüenza.

Siempre intervienen mucho el tacto y el afecto, dedos que recorren el cuerpo de la otra, piernas entrelazadas y muchos besos por todo el cuerpo. Luego pasamos al sexo oral, a veces mutuo, y a veces una y luego la otra. De vez en cuando descansamos un rato y luego volvemos a empezar.

Las mujeres con las que he estado me besan y yo a ellas, nos abrazamos y nos tocamos con suavidad; el

> mero hecho de unir nuestros cuerpos y sentir su calor hace que arda toda yo. A una de ellas le gustaba sentarse sobre mi pelvis dándome la espalda y estimulándome la vagina y el clítoris con los dedos, con mucha suavidad, lentamente y sin preocuparse en absoluto de si me excitaba o no, sino más bien como explorándome, lo cual me daba la libertad de tomarme mi tiempo y hacer lo mismo. Disfruto mucho con todas ellas, y confío en que las mujeres pasen a ser una parte más activa de mi vida. Por eso, lo que hago es acudir a actos lésbicos e intentar conocer a mujeres con el fin deliberado de hacer el amor con cierto tipo de mujer que me encanta.

El hombre no tiene por qué temer las nuevas ideas sobre la sexualidad femenina, sino acogerlas e incorporarlas a su relación sexual con la mujer, dejarle margen a ella para que «utilice su cuerpo» de nuevas formas, sin esperar que vaya a alcanzar el orgasmo durante la penetración —aunque pueda disfrutar mucho con ella— y entendiendo que la mujer, hoy, quiere aprender a participar activamente de otros modos, no según el tópico pornográfico de la «dominadora» (o sea, «ahora es ella la que está encima», y otros ejemplos tontos de inversión de los papeles).

El lesbianismo es interesante porque abre todo un campo de posibilidades entre mujeres y crea una situación y unas actividades propias, sin ningún mapa trazado previamente, lo que las hace libres de buscar su propio camino. Conocer este tipo de relación sexual puede ser muy útil para todos —hombres y mujeres— ahora que intentamos revisar las posibilidades sexuales, nuestro panorama sexual para el futuro.

¿CÓMO PRACTICAN EL SEXO ENTRE SÍ LOS HOMBRES?

Una historia de amor

> Tengo veinticuatro años y estoy enamorado: ¿puedes creerme? Cuando estoy con él, me siento extáticamente feliz y puesto, excitado. Me gusta pasar la tarde en casa con él y nada más. Significa para mí más que nadie en el mundo. No paraba de llorar cuando me dijo que necesitábamos estar más tiempo separados, también en el sexo (eso fue al principio, ahora ya lo hemos solucionado). Sexualmente, con él es irresistible, su cuerpo es un mundo donde me pierdo, no sé dónde termina su cuerpo y empieza el mío, nos rozamos de todas las formas posibles, usamos todos los orificios. Me gusta cada minuto de lo que hacemos. Para ser sincero, no hay nada como una polla: la suya. Es genial poder sentir el peso de otro hombre encima de mí, me encanta sentir mi propia fuerza igual a la suya, mi cuerpo frotándose con el suyo y su hinchazón, su hambre de mí. Le encanta follarme y me encanta que me folle, siempre me corro: me hago una paja a la vez. Luego nos abrazamos y seguimos un buen rato en la cama, a veces nos dormimos juntos y luego hablamos de todo lo que hay bajo el sol. Es genial.

Capítulo 8

Relaciones sentimentales largas

Una mujer que no tiene orgasmos con su marido, aunque han tenido dos hijos, nos explica que se ha alejado emocionalmente del matrimonio con una serie de amigos:

> Soy una mujer de treinta y dos años, atractiva y con espíritu. Nací en Chile, y conocí a mi actual esposo allí. Salí embarazada, razón por la cual decidimos vivir juntos. Él siempre me ha demostrado un amor profundo, y ahora tenemos dos hijos de los cuales podemos sentirnos orgullosos. Pero yo nunca he experimentado un orgasmo con ningún hombre. Es más, cuando tuve mi primer novio, durante más de tres años ni siquiera me enteré de que existía, a ese punto llegaba mi ignorancia. Lo cierto es que la primera vez que supe de la existencia de orgasmos fue cuando me apasioné por un chico a los veintidós años, con el cual disfruté de tres meses de romance apasionado, pero sólo lo supe cuando él se fue y comencé a tener orgasmos en sueños o, como los suelo tener muchas veces hasta el día de hoy, en ese estado entre despierta y dormida antes de levantarme por las mañanas.
>
> Le digo que para mi matrimonio esto fue un problema, pero más bien para mi marido, pues la verdad, a mí

las relaciones sexuales con cualquier hombre me han llegado a satisfacer en la medida de la atracción que ellos me inspiraban a mí y yo a ellos. Mi esposo ha hecho lo posible y lo imposible por lograr que yo los tenga, y finalmente lo ha aceptado, pues sabe que he tenido varios amantes antes y con ninguno he llegado a experimentarlos. Pero ahora me encuentro ante un dilema que me está amargando la vida. Hace dos años conocí a un muchacho de veintinueve años con el cual me volvió a pasar lo que hace años me ocurrió con el novio que le contaba: me he apasionado por él y él por mí. Esta atracción química es tan fuerte, como dice Rosa Montero, «el enamorado ofrece a su amante, en la pasión, el sacrificio de su propia inteligencia». He estado en dos ocasiones a punto de separarme de mi esposo por él. Hace unos días nuestro conflicto ha llegado a tal punto que mi marido me ha dicho que tengo que elegir entre él y los niños o mi joven amante. Pero mi marido, suizo, es muy distinto del hombre latino; con toda esta historia de mi amante, ha tenido una paciencia y una comprensión dignas de mi respeto. Él es la persona con la que mejor puedo hablar en este mundo (siempre supo prácticamente todo lo de Aníbal, mi amante). Es bastante culto, abierto, con una carrera profesional brillante que nos permite vivir con muchísimas comodidades; mi amante, en cambio, es todo lo contrario a él, un hombre pobrísimo, sin educación y con una mentalidad diferente. A mí en realidad el hombre latino ya no me atrae, me gusta mucho la mentalidad de los de acá. Hasta ahora todas esas virtudes de mi esposo me han convencido para vivir la vida que he tenido y que ahora, de pronto, se me hace muy aburrida en cuanto a la sexualidad, pues lo que tengo con mi amante no se puede comparar en nada con lo que tengo con mi esposo. Yo soy consciente de que mi esposo me ha conquistado más bien por su forma de ser que por la atracción sexual. Después de algunos desengaños en mi juventud, llegué a la conclusión de que para vivir no es necesaria una vida sexual extraordinaria.

Ahora que ya soy una mujer madura, no quisiera dejar pasar la oportunidad —a mi edad una se cuestiona las cosas más profundamente—, yo ya no sé si el confort, el lujo y la seguridad que ofrecen él y su país es suficiente para ser feliz. Vengo de un país pobre, y sé que lo que tengo aquí como algo muy normal son los sueños, las metas por las que mucha gente lucha en Chile. ¿Es quizás el amor lo más importante? ¿Está eso por encima de todo? ¿Será que con los años uno ve la vida diferente? Pero yo me pregunto ahora, y dejando a un lado a Aníbal, ¿es que acaso cometí la gran equivocación de mi vida casándome con un hombre que nunca me inspiró así como el otro sexualmente? ¿Es tan importante este aspecto en la vida de las mujeres? Ahora en la sexualidad me he enfriado totalmente con mi esposo desde que me ha dado a elegir entre él y el otro (antes, para no perderme, incluso me dejó seguir con esa relación de lejos, pues, como es obvio, por la distancia no podemos vernos). Aníbal sabe de lo imposible de nuestra relación, pero quiere seguir conmigo así, no sé hasta cuándo, pues sólo nos hemos visto unas cinco veces en estos dos años (él está solo, es divorciado y con dos hijos que viven con su madre) y, por supuesto, tiene ciertos romances con otras mujeres que él deja a un lado sin pensarlo cuando yo voy.

Sé que estos dos hombres serían lo ideal para mí. Con Aníbal he decidido fingir orgasmos, pues creo que para él está bien así y a mí en realidad no me molesta en absoluto, porque los dos nos satisfacemos mucho, durante horas. Debo mencionar que tanto mi ex amante como el actual joven son unos amantes extraordinarios: antes he tenido muchos otros y ninguno ha demostrado esa capacidad. ¿Será que me he obsesionado con el sexo y se ha convertido en una droga, que una vez que se prueba ya no se quiere dejar? ¿Es esa inercia sexual en que he vivido durante más de diecisiete años con mi esposo lo que hace que me desboque ahora con toda mi energía? ¿Es quizás esa incapacidad mía para sentir orgasmos lo que en el fondo me hace buscar otra cosa en Aníbal?

Ya no soy tan joven como para no saber distinguir una relación puramente sexual. Aníbal y yo en realidad nos queremos mucho, creo que también sentimos mucho al hacer el amor por eso. El no tener orgasmos yo siempre me lo he tomado como cuando uno nace pequeño o moreno. Hacer el amor me gusta mucho y sé que es muy importante, pero si no tengo orgasmos, pues no los tengo, y he vivido en paz con eso. Una de las cosas que me ha fascinado de Aníbal es justamente eso, esa naturalidad instintiva con que trata las cosas relacionadas con el sexo. No sé si tendrá que ver con su raza, que es negra. He leído algunos libros europeos que me han dado ciertas pistas, pero ninguna solución a mi conflicto. En las cosas trascendentales de la vida suelo dejarme guiar por el corazón. Z.

DE QUÉ FORMA SERÁ ÚTIL CAMBIAR LA PAUTA DEL SEXO

Un hombre bien entrado en los cuarenta nos da una solución a esta alienación sexual al decir que su vida sexual es mejor que nunca porque ha cambiado su idea del sexo, que ahora es la de una conversación mutua:

> Soy un hombre rozando los cuarenta y cinco años y mi vida ha tenido dos etapas: una dentro de un matrimonio fracasado por una total incompatibilidad de caracteres, personalidad e ideas. Y otra etapa es el amor que vivo profundamente desde hace muchos años con una mujer única y hechicera. Creo que las mujeres en las primeras etapas de la relación con su pareja se sacrifican mucho dejando muy apartado el tema de la satisfacción sexual de ellas mismas. En esos momentos, la única sensación que tiene el varón es que nota que durante el coito su pareja parece gozar y aparentemente las cosas funcionan muy bien. Lo que pasa es que en la mayoría de los casos este gozo de la mujer es un «regalo», pero solamente para el hombre. Creo que pocos hombres se dan cuenta de que algo «va mal». Suele pasar que después de varios años de una situación así, el amor se va y la «conversación» desaparece. Es muy difícil para la mujer recuperar o más bien llegar a sentir plena satisfacción erótica en pareja si todo está aparentemente establecido por un lado y desaparecido por el otro. Ella no tiene ganas ni necesidad de cambiar nada, porque el coito (con poca cosa más) le va bien. Sin embargo, estoy absolutamente convencido, las cosas pueden evolucionar y transformarse cuando hay admiración, pasión, compromiso y amor. Creo que el comportamiento erótico es una forma de conversar, una maravillosa consecuencia de un conjunto de todos los ingredientes del amor nacido del corazón. Ella hace lo mismo y así llegamos a un lugar donde desaparezco yo, desaparece ella y nace un bello nosotros. Así nace

un lugar pasional como un sublime jardín, lo más bello que se puede regalar a un ser amado y deseado.

LA MONOGAMIA EN LAS RELACIONES LARGAS

A muchos les preocupa si tienen que ser monógamos:

Tengo veintinueve años y estoy con mi compañera desde hace nueve. Sólo he tenido relaciones sexuales plenas con ella, y ella conmigo. A veces tengo ganas, curiosidad, necesidad, llámalo como quieras, de tener una experiencia con otra persona. Pero, a la vez, mis sentimientos me impiden hacerle daño a mi compañera. Alguna vez lo hemos hablado, más en broma que en serio, pero no sé si sería capaz de estar con otra. Por último, decirte que últimamente hemos perdido el apetito sexual. No sé si es la costumbre, el entorno (hay ciertos problemas con mi familia), pero lo hemos reducido a una vez por semana e incluso una cada dos semanas. Aunque, cuando lo hacemos, esta chica me encanta.

Mi marido empezó a perder el interés de tener relaciones conmigo hace como siete años, cada vez fue peor, empezó por espaciarlas hasta llegar al punto de ya no tenerlas nunca. Eso fue ya hace cinco años, y no hemos vuelto a tenerlas. Durante todo este tiempo yo le he pedido que me explique cuál es su problema, y ya cansada de oír tanta promesa sin cumplir, decidí no volver a tocar el tema. Como se podrá imaginar, después de tanto tiempo yo ya me sentía como una bomba a punto de estallar; incluso estaba afectando a nuestro matrimonio. Aunque me masturbaba, para mí no es satisfacción completa, no es lo mismo. Bueno, hace como un año que me encontré con un viejo amigo, divorciado, y cuando me di cuenta, ya nos habíamos acostado juntos. La verdad, no me arrepiento, quiero mucho a mi marido, pero me quiero mucho a mí misma también. Me encuentro con este amigo de una a dos veces al mes. Pienso que es mi válvula de escape, y desde entonces ¡la relación con mi marido ha mejorado!

Soy un hombre de treinta y cuatro años, casado desde hace tres después de cinco años de convivencia. Mi relación matrimonial no tiene problemas destacables, somos una pareja compenetrada sexualmente y ambos disfrutamos de nuestras relaciones. Pero aun así, no puedo evitar fijarme en otras mujeres, e incluso he tenido alguna relación extramatrimonial. Por supuesto, esas personas saben perfectamente que estoy casado y que no voy a romper mi relación matrimonial (suelen ser compañeras de trabajo). Aunque no siento ningún remordimiento por hacerlo, a veces sí me he avergonzado un poquito por la posible falta de respeto a mi mujer. ¿Es normal? ¿Hago daño a mi mujer? Me gustaría puntualizarle que no es que busque desesperadamente esas relaciones, sino que cuando se presentan, no las evito.

Otro hombre se pregunta si debería buscar fuera del matrimonio una relación sexual, ya que su mujer le rechaza:

He tratado en el tiempo de interesar a mi mujer para que manifieste sus ilusiones, deseos, para tratar de llegar a que la unión sea más perfecta, más intensa, que exista una unión plena, verdadera, que le sea satisfactoria y agradable, y al mismo tiempo disfrutarlo yo también. Pues no lo he conseguido. Tengo ya pasados los cincuenta años y me planteo mirar afuera para llenar ese vacío. Tal vez a mi edad sea desproporcionado querer vivir y disfrutar de una sexualidad plena compartida con la persona que amas, hacerla feliz... Pero si ella se niega, ¿qué tienes que hacer, plantearte compartir tus inquietudes con otra mujer más receptiva? ¿Tan difícil es para la mujer que quieres que admita que en el amor las relaciones sexuales satisfactorias son lo que da forma al matrimonio? Imagino que no soy perfecto, ni un gran amante, pero he demostrado ilusión, interés para poder superar los contratiempos que han surgido en nuestras relaciones de pareja. Un saludo afectuoso.

Hay parejas que no «se traicionan», sino que piden que su sexualidad se expanda incluyendo a más gente:

Estoy casado y tenemos dos hijos, llevamos diez años juntos entre noviazgo y matrimonio, durante los cuales las relaciones sexuales con mi esposa se han ido apagando progresivamente hasta este verano pasado. Es a partir de ahí donde empieza la historia. Las veces que hemos estado con otras parejas, mi mujer ha demostrado una fogosidad inusitada que en ninguna ocasión ha demostrado conmigo, tanto es así que ahora está empezando a quedar ella sola con alguno de los hombres que hemos conocido, pues dice que yo no participo y me arrugo como una pasa. Es posible que su autoestima se haya disparado al haberse hecho varias operaciones de estética, y se ve muy atractiva y apetecible. La frialdad del tema llega al punto de querer insertar un anuncio en la prensa para que yo encuentre a una mujer que se adapte a mis gustos y manías, y de ese modo separarnos de una manera amistosa. Por eso estoy perplejo y no sé cómo reaccionar, pues parece como si a mi mujer se le hubiese encendido la bombilla y su fogosidad sexual fuese desmedida, pero curiosamente con otros hombres, pues al parecer a mí me tiene muy visto, y todo aquello que formaba parte de mis fantasías ha pasado a convertirse en realidad, pero con una peculiaridad, y es que cuando tienes tus propias fantasías, tú eres el director de la película, y al hacerlas realidad los actores no siguen el guión. Rafael.

Soy una mujer casada sin problemas en el matrimonio, pero hace un año he conocido a un hombre casi de mi misma edad del que me he enamorado. Esta persona es separada, tiene otra pareja, pero con la que no convive. Vive de la fantasía constantemente, y su fantasía es hacer el amor en trío, él con dos mujeres, y me quiere incluir, o mejor dicho, me ha incluido. Nunca se me había pasado por la cabeza hacer este tipo de cosas, que no me parecen del todo mal, pero tampoco normal. De hecho, una vez lo he intentado, no fue del todo mal, pero debo decir que no me he encontrado muy cómoda.

Soy un hombre, llevo trece años casado. Nuestra relación sexual funciona muy bien, pero desde hace algún tiempo deseo variar un poco y he propuesto a mi señora practicar el intercambio de pareja, a lo que ella se niega, lo que no sé es si porque no suele tener fantasías sexuales o por moral. Ella siempre dice que con lo que hay tiene bastante, que necesita querer a alguien para poder practicar eso. Yo le digo que yo la quiero y que sólo es una mera forma más del sexo. Pienso que al igual que vamos a playas nudistas y al principio no lo deseaba, posiblemente ahora le ocurra lo mismo, aunque sé que no lo es; lo cierto es que quisiera que usted me diera su consejo y si sabe de algún sistema para convencerla o si, por el contrario, soy yo el confundido. Ya sé que no es lo mismo una fantasía que una realidad.

Otro hombre, que suena muy frustrado y medio enloquecido, sin saber qué hacer, escribe:

¡Hola! Soy un hombre de treinta y cuatro años, felizmente casado... pero mi vida sexual ha sido siempre mala. Ahora estoy en mi segunda relación larga, hay cosas buenas, otras peores, pero yo la amo, nos amamos. ¿Por qué no marcha bien el sexo? Hay una barrera interna de autocontrol que no soy capaz de cruzar o derribar: ella no llega al orgasmo. No se relaja. Y si no te relajas, no te diviertes, no tiene gracia. ¿Qué se supone que he de hacer? ¿Dejarlo todo e irme a la India en busca del nirvana?

Algunas mujeres tienen relaciones sexuales con otras fuera del matrimonio, como describe tímidamente esta mujer:

Éramos dos mujeres que se conocen por coincidencias de la vida y ninguna de las dos se imaginaron siquiera lo que les sucedería más adelante. Elisa, mujer de treinta y siete años, casada con un médico, dos hijos, llegó en un viaje de trabajo del esposo. La relación de este matrimonio no era muy estable, era el tercer matrimonio de ambos, y se mantenían conservadores. Aunque él estaba enamorado de ella, sólo lo expresaba cuando se trataba de cosas materiales para ella. Era machista al punto de no gustarle ni que su esposa se relacionara con alguien que no fuera de su interés personal. A pesar de su edad, Elisa mantenía los encantos de una mujer que cualquiera envidiaría. Sufría las insolencias del marido, que además no las disimulaba. Llegaron a un campo de la provincia donde vivieron dos años que para ella representaron dos siglos, pero afortunadamente fueron trasladados a una de las ciudades más importantes de la provincia. Al llegar eran «los nuevos» y todos se preguntaban cómo podía ella ser la mujer de «ese hombre». Pero así es la vida.

Felizmente allí comenzó todo. Conoció por azares de la vida a Beatriz, médico anestesista. Beatriz, mujer de treinta y tres años, soltera, de carácter alegre con una sonrisa contagiosa, quizás aún le quedaba algo de niña, con un corazón lleno de bondad y con unos deseos enormes de ayudar al prójimo. Sufría el desengaño de un hombre que la traicionó en sentimientos, pero aun así estaba deseosa de volver a amar y ser amada. De una manera muy especial se hacen amigas, y ninguna de las dos se da cuenta que aquello era más que una amistad hasta pasados algunos meses.

Creían que estaban enamoradas de esa amistad, pero en realidad se habían enamorado la una de la otra. Comenzaron a salir a dar paseos que se hicieron diarios y necesarios. Comenzó una relación limpia y linda, donde se identificaban cada vez más la una con la otra. Aprovechaban las noches de guardia del esposo de Elisa para disfrutar de la vida sin que mediaran intereses conscientes de sentimientos de amor: salían a conocer la ciudad y disfrutar su naturaleza. Beatriz hizo que Elisa conociera los lugares más lindos de aquel lugar, que no eran pocos, además de hacerle sentir una parte de la vida que nunca antes nadie le había hecho sentir.

Elisa meditaba y su deseo de estar siempre con Beatriz le preocupaba.

Su esposo se dio cuenta de que algo raro pasaba en su mujer y así se lo hizo saber, pero ella justificaba aquello diciéndole que era la primera vez que tenía una amiga verdadera, pero en su interior sabía que algo le estaba pasando con esta mujer que la envolvía en su mundo hasta ese momento desconocido para ella, y aun para la propia Beatriz. Una noche en que el esposo no estaba en casa, decidieron salir y beber algo, y al llegar a la casa sin darse cuenta se acostaron y se abrazaron, pero sintieron miedo de aquello y se asustaron tanto que quedaron sin decir palabra hasta el amanecer, desayunaron en silencio, pero era algo muy fuerte y al otro día cuando se vieron no hubo palabras: el abrazo y los besos siguieron el curso de lo que ya no tenía cómo detenerse.

Así comenzaron una nueva vida como juego de niños a escondidas de todos, pero sus días y sus noches se hicieron para ambas la cosa más importante del mundo. No había quien frenara aquello, era el sentimiento más fuerte que habían conocido, entre ternura, lujuria y pasión vivían los momentos más inolvidables de sus vidas. Mirarse era decir lo que querían, lo que deseaban sin palabras.

¿Qué significa que el aburrimiento o el deseo de no ser monógamo sea el principal tema de las cartas de parejas que llevan juntas mucho tiempo? ¿Que las relaciones largas no funcionan, o que no deberían basarse en el sexo? ¿O que el propio sexo debería cambiar y hacerse menos aburrido, menos rígido y previsible, e incluir el orgasmo femenino de una forma nueva?

Lo que importa que recuerdes es que puedes cambiar tu futuro, el futuro no es inevitable, y este libro te dice cómo.

La solución a estas historias de malestar sexual es diversificar el sexo para que la variedad no sea repetir la misma fórmula o actuación ritual con otra persona, sino recrear todos los días la «conversación» del sexo para que esté vivo y no siga una fórmula que al final —máxime porque el sexo tradicional está moldeado en torno al orgasmo masculino, y no el femenino— vacíe y mate las relaciones.

Todos hemos sido, en alguna medida, retrasados sexuales, intentando repetir a lo largo de la vida un guión sexual preestablecido, pese a que el mundo entero se abre ante nosotros. Ahora estamos creando una nueva índole de pareja sexual entre el hombre y la mujer que mejorará inmensamente las cosas.

Capítulo 9

El sexo futuro

LA CLAVE PARA CAMBIAR EL SEXO

Una joven que habla por muchas está decepcionada ante la falta de interés de su marido por su desarrollo sexual, y dice que ella quiere que él sea más entusiasta a la hora de compartir el descubrimiento sexual mutuo:

> Siempre he contemplado el amor matrimonial como crecer juntos en la capacidad de expresar amor y placer, pero no he visto ese crecimiento en mi matrimonio. A mi marido no parece gustarle nada en realidad aparte de la cópula, y ésta muy breve, por lo que ahora no sé qué hacer para cambiar su conducta. Lo he intentado muchas veces. Entretanto, la masturbación se ha hecho muy importante para mí, y lamento de veras no haberla conocido mucho antes (empecé hace menos de un año, a los veintisiete). Me importaba mi sexualidad, pero a mi marido no, y por eso decidí hacer algo.
>
> Hace tres años no dejaba de llorar porque tuve que abandonar la romántica idea de que mi marido se ocupara de mi sexualidad y la desarrollara, algo que le hubie-

ra agradecido de por vida y por lo que me habría sentido muy unida a él (nunca practiqué el sexo hasta el matrimonio). Eso era muy importante para mí, y por eso los dos años siguientes insinué y también expresé abiertamente mis deseos de practicar bien el sexo y desarrollar la sensualidad. Pero como eso no sucedió, acabé pensando: «Bueno, si no te importa mi sexualidad, ¡a mí sí!». Cuando le pregunté qué pensaba de la masturbación, averigüé, para mi sorpresa, que la practicaba. ¡Y que pensaba que estaría muy bien si yo también lo hiciera! ¿Es que eso le libera de la responsabilidad de tener que tocar, acariciar y conocer mis genitales? Ahora, aunque haya aprendido a masturbarme y me guste, me apena no poder desarrollar mi sexualidad con mi marido. Por eso me gustaría mucho haber conocido mi propia sexualidad yo sola mucho antes. Conocer tu cuerpo en la adolescencia no es lo mismo que siendo una mujer adulta y casada que descubre su cuerpo ella sola porque a su compañero no le interesa.

A él se le olvidan las cosas que le digo que me excitan o que me apagan. Al principio era embarazoso decirle cosas así, habría preferido que me preguntara si me gustaba, o qué me gustaba. Como no lo hacía, empecé a darle información sin que me la pidiera, primero con mucha delicadeza, luego sin tantos rodeos. Al principio encajé bien que no me hiciera caso: no pasaba nada, podíamos crecer juntos sexualmente. Pero a los seis años de matrimonio, su falta de atención me parece una prueba de que no le importa, y me duele mucho. Estoy llegando a la conclusión de que lo que necesito es una pareja más experimental, más espontánea y desinhibida, que de verdad entienda la alegría del sexo y de hacer el amor. Pero él es la única relación sexual que he tenido. No soy de la gente que puede

> meterse en la cama con cualquiera de un salto. Amo mucho a mi marido, me atrae, quiero estar cerca de él, es maravilloso, pero también estoy muy decepcionada y dolida respecto a nuestra vida sexual. Quizá se sienta amenazado por mi sexualidad o la tema. Yo intento ser agresiva y experimental; si no, acabamos durmiéndonos tras su orgasmo y una breve cópula. Creo que él ve mi clítoris hermético, incómodo —el pelo lo tapa—, pero su pene lo ve muy cómodo... Aunque a veces le entran ganas de salir corriendo a lavárselo nada más terminar la relación.
>
> Para muchos, el sexo es una unión con otra persona y el universo cósmico. Un abandono del cuerpo y la disolución del yo, para poner fin al aislamiento. Mi pareja sexual acrecienta mi soledad por no prestar atención a mi sexualidad. ¿Qué hago?

Es el clásico ejemplo de lo que le pasa al sexo al cabo de un tiempo con la definición tradicional de la sexualidad y sus presiones de rendimiento; crea algo que no da vida a la relación, sino que suele provocar sentimientos de insuficiencia y temor, y abrir una brecha entre las dos personas en vez de acercarlas, o provoca el aburrimiento tras la «conquista». Hemos aprendido a erotizar la «penetración» y, por tanto, la «conquista».

Cambiar nuestra forma de crear el sexo (el planeta de la sexualidad) beneficiará enormemente a chicos y chicas: las chicas ya no sentirán que «las hacen algo», ya no verán al otro tener orgasmos sin que ellas también los tengan, y los chicos podrán convertirse en quienes son de verdad y al fin se sentirán libres. Hay una gran necesidad de cambiar el sexo, de hacerlo más igualitario, más interactivo, más vivo.

VEN CONMIGO Y VUELVE A PENSAR EN TU SEXUALIDAD, RECUERDA LA INFANCIA...

¿Cómo se puede saber el significado original de la sexualidad? En la niñez, ¿cuáles fueron tus primeros pensamientos sexuales? ¿Cómo sentiste tu sexualidad la primera vez que tuviste un orgasmo? Intenta recordarlo... ¿Podríamos volver a descubrir hoy nuestro sentimiento original y desprogramar nuestro cerebro para ser capaces de construir una nueva sexualidad basada en ese sentimiento olvidado? ¿No es el sexo una parte de la vida ligada a la naturaleza, y no a la política? Sin embargo, apenas estamos empezando a descubrir cuál es nuestra «naturaleza», tanto chicos como chicas, y por tanto, apenas sabemos que esa construcción la elige uno.

A casi todos los adolescentes de hoy les preocupa qué deberían sentir sobre el «sexo» en su vida privada, se preguntan si el sexo que comparten con otro o con otros es «pleno» o «quiénes son o quieren ser realmente». También les preocupan los acalorados debates sobre sexo en los informativos, es decir, los debates públicos sobre el aborto, la igualdad, el acoso sexual, el velo o el *chador* —en teoría necesarios para que la mujer se cubra el cuerpo con una prenda no ajustada, que exprese modestia, al contrario que la minifalda laica—, el tráfico sexual de mujeres o las violaciones en zonas de guerra (por ejemplo, en Bosnia, Chechenia y Ruanda).

Muchos temen estar teniendo fantasías sexuales que no son «políticamente correctas», y a menudo no logran que sus deseos sexuales personales cuadren con lo que creen ético. Si es verdad que la mayoría de las mujeres alcanzan el orgasmo por alguna forma de estimulación clitoridiana, y no por la penetración vaginal, varias de nuestras premisas más «sagradas» sobre «lo que es el sexo» y «el acto» quedan en cuestión, y también «quién es el hombre por naturaleza», lo que nos lleva a la conclusión de que deberíamos construir una nueva definición del sexo.

En su sentido más hondo, el sexo está ligado a la «paz mundial», porque aspirar a otra forma de llevar nuestra vida privada, a vernos iguales unos a otros (cada cual con sus necesidades), forma parte del deseo general por formular un nuevo sistema de valores ligado a los derechos humanos y la igualdad, a la relación de los seres humanos con el medio ambiente y entre sí. Lo que proponemos aquí es volver a pensar el significado de la sexualidad y volver a analizar los derechos y responsabilidades sexuales de la mujer y del hombre. Esto conlleva un nuevo sistema de valores internacional que está surgiendo: una visión todavía nebulosa de lo que representa nuestra especie en el planeta. La cuestión central de este nuevo sistema de valores sigue ahí: ¿podemos modificar en nuestro sistema social aquello que nos lleva a la guerra y al conflicto interior, o hemos de aceptar que «forma parte de la naturaleza humana, y no puede cambiarse»?

En su sentido más profundo, la sexualidad está ligada a la paz mundial no por la idea superficial de que el sexo es profundo, sino porque la sexualidad es fundamental para definir «quién es un hombre o una mujer». Si un hombre revisa sus principales premisas sobre el sexo, también renovará sus ideas sobre sí mismo y sobre qué hombre es. Decir que el «sexo está ligado a la paz mundial» no sólo significa que «si practicáramos más sexo y mejor, estaríamos más contentos, y por tanto menos interesados por la guerra»: la idea que aquí proponemos va mucho más allá de ese eslogan.

Invito a los lectores a hacer conmigo un viaje de descubrimiento, a volver a pensar en los orígenes de su sexualidad en la infancia, a reconducir y rediseñar su sexualidad y su política. Esta invitación es tanto para mujeres como para hombres; la violencia sexual está exacerba en los chicos por la gran presión social de «ser un hombre» que empiezan a sufrir, como tarde, en la pubertad —coacción normalmente ejercida por los chicos mayores—. He ahondado (Edipo enamorado) en cómo la construcción de la identidad sexual de los chicos, que arranca antes de la pubertad, lleva a la identidad del adulto: si crecen pensando que «ser un hombre» es ser sexualmente «grande» y económicamente poderoso, más fuerte que los demás, y se les vende la idea de que «un hombre de verdad» es «impasible y duro» y «tiene una buena polla» —aunque sea «sensible»—, de ello se sigue que está bien que de adulto sea agresivo sexualmente. Sin embargo...

La actual creencia en el impulso sexual, entendido como un inevitable mecanismo hormonal masculino, sostiene que el hombre es agresivo por naturaleza y necesita dominar, que el «dominio» y el «control» son inherentes a la psicología masculina. Pero en mi tesis, estos modelos los creamos nosotros; las presiones sociales sobre los chicos generan una sociedad exageradamente militarista y la necesidad de cambiarla para finalizar una causa primordial de las guerras de hoy, tanto internas como internacionales (las guerras se libran cuando el diálogo se interrumpe).

Comenzar a deconstruir la sexualidad significa, por tanto, dos cosas: crear más autonomía, placer y espacio para los individuos (hombres y mujeres), y ayudar a la sociedad a desarrollar una estrategia global más pacífica.

En definitiva, el sexo y la realidad social están ligados; tanto la sexualidad femenina como la masculina son fundamentales para la estructura social de nuestra cultura.

No deberíamos temer los cambios venideros. La nueva sexualidad es parte de la nueva política emergente a favor de la salud planetaria, del medio ambiente, de la redistribución de la riqueza (globalización y antiglobalización) y de la paz en todo el mundo.

CREAR UNA NUEVA CULTURA SEXUAL

Vivimos con una idea trasnochada del sexo, una idea que muchos de nosotros ya no usamos en nuestra vida privada, pero que sigue presente en todo los que nos rodea: nuestra cultura nos satura de «sexo, sexo, sexo», que se nos presenta comercializado.

Hoy la idea occidental de «la sexualidad» se está globalizando, para bien o para mal. Esta idea que estamos extendiendo, ¿es lo que queremos? Ciertas ideas de otras culturas sobre la sexualidad no deberían destruirse, hay culturas e idiomas que presentan una visión más diversa, más fluida, sin centrarse tanto en «el acto» como nosotros; por eso los adolescentes de todo el mundo están adoptando las palabras inglesas *sex* y *fuck* para sonar «occidentales» y «en la onda», pues en su idioma no hay palabras así. La actual globalización de la idea occidental de la sexualidad como el rocanrolero «follemos» es lamentable por varias razones, y una de ellas es la comercialización del cuerpo. Al hombre ahora se le comercializa igual que se ha hecho con la mujer durante mucho tiempo: los anuncios y la publicidad por correo electrónico ofrecen el «agrandamiento del pene» o fármacos que lo endurecen (como Viagra), dando a entender que lo único que necesita el hombre para «complacer a la mujer» es «tenerla grande» y que la mujer sólo necesita un cuerpo con «grandes tetas», «estómago liso» y «ojos de muñeca y larga melena rubia» para «complacer al hombre». Además, si una mujer es sexy y no se «queja», será capaz de «retener a su hombre» —esencial para que no la tomen por un «artículo defectuoso» (¿por qué no acaba de aceptarse a la mujer soltera?).

Aunque algunas de las antiguas tradiciones del pasado respecto al sexo, tanto en Oriente como en Occidente, eran más sutiles y se centraban menos en «follar» —ahora se piensa que son «anticuadas» y «románticas», y no «lo auténtico» («lo auténtico» es «el acto» o «follar»)—, pese a todo, tocarse y los movimientos eróticos son necesarios y tanto la mujer como el hombre los aprecian y disfrutan. Aunque las palabras de amor se consideren almibaradas y se diga que «el hombre sólo las dice por complacer a la mujer» y «nadie siente de verdad esas cosas», en realidad un fuerte sentimiento de «amor» hace el sexo mucho más interesante, y los hombres suelen estar de acuerdo. Pero la idea de la sexualidad que estamos globalizando transmite el mensaje de que la mujer debería dejarse llevar y ser «más sincera y moderna», y de que «no necesita amor ni afecto como preludio al sexo» (igual que a ellos siempre se les ha dicho que la necesidad de caricias es «afeminada e infantil», que «el hombre de verdad no las necesita»). De ahí que haya una desconexión casi total entre sexo y emoción (el individuo íntegro, con sus sentimientos y deseos, una mente), lo que equivale a que deberíamos «follar» por el orgasmo o sólo porque somos «animales que disfrutan follando».

Esto suena mucho a los años sesenta, cuando a la mujer la hostigaban con la frase: «¿No quieres sexo ni follar ahora mismo? ¿Qué te pasa, estás acomplejada? ¿Tienes inhibiciones pasadas de moda? ¿No eres una chica?» (minifalda para ellas, política alternativa para ellos: esa identidad también estaba de moda en los años sesenta. ¿Qué significará este parecido?).

En la nueva cultura mundial que está tomando forma, también necesitamos una nueva cultura sexual, y, según mis datos, ya hay quien intenta construirla en su vida personal.

En su base, lo erróneo de tomar la cópula por el sexo es el mensaje implícito de que el hombre es el «que hace» (sujeto agente) y la mujer es «a quien se lo hace» (como suele decirse, «folladores» y «folladas»). Esta idea del sexo legitima que el hombre utilice, tome, «viole» a la mujer, o la use para el orgasmo, sin reciprocidad (y decirle a la mujer que puede «usar el pene del hombre igual que él usa su vagina» no es reciprocidad).

El concepto de la sexualidad (y de la identidad biológica masculina) vigente difunde la idea de que el hombre debería explotar a la mujer sin escucharla y ser dominante o conquistador, es decir, coger aquello que desee, dando a entender que está en su «naturaleza» violar el paisaje (o las empresas, las mujeres, etcétera). Sin embargo, muchos hombres se sienten instintivamente incómodos con estas ideas y presiones procedentes de una cultura que les obliga a conducirse de un modo determinado.

La idea de la sexualidad que ahora se está globalizando difunde por todo el mundo nuestra ideología, en la que la sexualidad se centra demasiado en «el acto» más que en la espontaneidad y en la verdadera expresión del deseo por medio del movimiento corporal. El «estilo pornográfico» de la ropa sexy, las actitudes, la conducta sexual personal, etcétera, no satisfacen a casi nadie, lo que no quiere decir que la alternativa sea hacerse «tradicional»: el camino por el que vamos es el de crear una nueva cultura y una nueva sexualidad globales. Puede estar muy bien, es cosa nuestra hacer que lo esté.

El verdadero cambio sexual es personal y supone un reto, es más difícil y gratificante que limitarse a adoptar un estilo en boga; significa dar pasos difíciles y arriesgarse, atreverse a crear una comunicación real con el cuerpo y probar cosas nuevas, escuchar todo aquello que tu pareja tenga el valor de decirte sin tener miedo a apartarte de los viejos clichés: estas victorias privadas son el verdadero camino hacia adelante, pues cambian y crean una nueva cultura sexual.

Esta nueva cultura sexual que construís es parte de la nueva cultura global que sustituirá a la cultura muerta o agonizante de ahora, que tanto dolor, tragedia y guerras causa para muchos. Sigue adelante, participas en algo grande: la renovación del mundo.

¿CUÁL ES EL OBJETIVO DE LA NUEVA SEXUALIDAD?

Una joven se pregunta por el sentido de la sexualidad para ella, pues aunque disfruta del sexo y ha tenido varias parejas, nunca ha tenido orgasmos por timidez excesiva:

> Querida profesora Hite: tengo la certeza de que la vida sexual humana es algo enorme que no puede ni debe

reducirse a menudencias. Si estas menudencias se aprenden durante los momentos más importantes del desarrollo sexual, se producen choques y confrontaciones internas dificilísimas de salvar a la larga, contra las que hay que luchar ante cada nueva situación sexual. Llegas incluso a repetir esquemas que odias por no plantearte problemas (por no acabar creyéndote una neurótica, ya que el problema lo tienes siempre tú) o por practicar el sexo justo de la forma con la que en tu fuero interno estás en más absoluto desacuerdo.

¿Qué hacer si los hombres se limitan a tres palabras para definirlo? ¿Vamos a estar toda la vida en continuo conflicto? ¿Cómo me sentiría yo si tuviera un pene entre las piernas? ¿Sería como ellos? También es verdad que a lo largo y ancho de mis treinta y un años de vida he conocido algunas perlas masculinas difíciles de clasificar, casi mágicas. Eso da lugar a la esperanza, y te puedo asegurar que el cielo se abrió un poquito más con tu artículo perfectamente teorizado con las palabras de un hombre, ¡todo aquello de la cabeza y el alma del hombre! «Tengo la fantasía sexual de meterme en la cama con una mujer y no hacer nada». Increíble y divino. Esperanzador.

No soy tan rara ni tan excéntrica por no desear siempre el coito, por la excitación que me producen los pies de mis amantes o amores, por actuar a veces como un chico con los hombres en la cama, por pasar etapas en las que no puedo dejar de practicar sexo y otras en las que no me interesa, por enfadarme con la obsesión de los hombres por «meterla» a toda costa hasta en el último agujero de tu cuerpo, por excitarme más unos labios que me recorran entera y largamente antes que un «buen polvo», por no poder dormir con un hombre sin que en algún momento quiera follarte, por querer vivir todas y cada una de las variantes y no tener quien me siga, por quejarme de la falta de creatividad imperante. M.

Si en el pasado el objetivo del sexo era la penetración y a veces la reproducción, la nueva meta sería la excitación mutua.

DAR Y RECIBIR

¿Cómo se puede incorporar el orgasmo femenino a un nuevo tipo de sexualidad sin un polémico debate en el que el hombre se sienta atacado e «insuficiente»? ¿Y cómo puede sentir la mujer que su orgasmo importa y se integra en la sexualidad sin interrumpir la belleza de su fluir?

Tal como está la situación hoy en día, algunas mujeres se sienten «solas» cuando ellas mismas se provocan el orgasmo durante la relación con un hombre.

Volvamos a leer la carta en la que una lectora expresa este estado mental de la actualidad y muestra que algunas mujeres buscan un nuevo modo de practicar el sexo con el hombre:

> Soy una chica de dieciocho años. Con mi pareja sólo he mantenido dos relaciones sexuales completas. La primera, dentro de las circunstancias en las que se dio, fue bien: eyaculación precoz, pero puedo comprenderlo. En cambio, la última vez tardó menos de treinta segundos en correrse, y ¡me dejó más sola que ná! Sé que ya nos habíamos estimulado mucho antes y comprendo su nivel de excitación, pero yo llego al orgasmo enseguida mediante la masturbación. A mi pareja parece que no le importa.
>
> ¿Cómo le planteo el tema? Sé que me quiere, pero yo vengo de estar con otro chico que era fenomenal, y no

quiero que vuelva a pasar. Yo ya sé que lo más importante no es el orgasmo ni la penetración, soy la primera que se provoca orgasmos mientras mi pareja me acaricia. Pero no me gusta quedarme con esa sensación de abandono, egoísmo, descuido. El sexo es cosa de dos, y así me gustaría sentirlo: dar y recibir.

Qué bien expresa el sentimiento de alienación por tener que provocarse ella el orgasmo estando muy cerca de él y mientras él tiene un orgasmo en su vagina... No le parece justo ni recíproco, se siente abandonada, siente que quizá él sea egoísta y sólo piense en sí mismo, y, sin embargo, no quiere verle así. Sólo quiere cambiar la forma de practicar el sexo con él. Su pregunta de cómo plantearle el tema es legítima.

El sexo debería ser un placer que permitiera el mutuo abandono, un tiempo y un espacio en el que ambos pudieran «dejarse llevar y sentir de todo», no tener que preocuparse por reprimir, ocultar o justificar nada, ni intentar que el otro vea las cosas a una nueva luz o comprenda. ¡Eso es demasiado trabajo!

Sin embargo, la autora de esta carta ve que ella misma tiene que llevarse al orgasmo, masturbándose durante el sexo con su novio o después, y se siente «sola». Se pregunta cómo cambiar esta actitud, cómo hacer que su relación sexual sea más mutua: de «dar y recibir». Quiere mejorar su relación sexual con él... ¡y hace bien!

No hay derecho a que las chicas y los chicos de ahora tengan que esforzarse tanto por inventar una nueva dinámica del sexo, pero es así: vuestra generación será la primera que invente un nuevo tipo de relaciones sexuales que en el futuro se considerará «natural».

ALCANZAR UN BUEN EQUILIBRIO

Mejorar la idea de la sexualidad no sólo es importante para los derechos humanos y los derechos igualitarios de la mujer: también es importante reajustar la forma en la que la sexualidad masculina va a incluirse en la futura situación del sexo.

¿Qué es la sexualidad masculina? Se suele suponer que sólo está ligada al pene: «Él tiene una erección que no puede frenar», etcétera. En realidad, no sabemos mucho de la sexualidad masculina, pero a menudo declaramos con pretensiones casi científicas que es una mera función del «impulso sexual». Para comprender mejor al hombre, realicé un proyecto de investigación a gran escala sobre la sexualidad masculina financiado de forma independiente, con una duración de ocho años y en el que participaron más de 7.000 hombres. Los resultados son asombrosos y muestran que la paleta sexual del hombre es mucho más amplia que lo que generalmente llamamos «sexualidad masculina». El siguiente apartado pretende que la gente revise sus opiniones sobre quién es el hombre desde el punto de vista de la sexualidad, para dar lugar a una nueva síntesis de la sexualidad femenina y masculina que vaya hacia adelante.

LA BELLEZA Y LA DIVERSIDAD DE LA SEXUALIDAD MASCULINA, OCULTAS HASTA AHORA

Los placeres sexuales del hombre: ¿cuál es la «naturaleza sexual» del hombre?

A la mayoría de los hombres se les ha enseñado a ver en su cuerpo una herramienta sexual atada al yugo de la actividad reproductora. La norma es la siguiente: «Has de tener una erección, has de insertar el pene en la vagina y has de tener un orgasmo... ¡pero no demasiado pronto!». Comenzando por el James Bond de los años sesenta, se ha pensado que un hombre era raro si no deseaba en todo momento acostarse con una mujer joven (en edad reproductiva): un «hombre de verdad» ha de estar empalmado siempre, «tenerlo preparado», ir con el revólver cargado.

Se supone que el «hombre es una bestia sexual con hormonas feroces», es decir, todos somos «criaturas de la naturaleza» bajo el «barniz» (apariencia) social, y nuestra naturaleza sexual está estructurada biológicamente: se «entiende» que la sexualidad masculina tiene especialmente una «naturaleza animal o bestial».

Según esta extendida hipótesis, el «hombre es un bruto sin poder evitarlo, ciertas cosas le excitan y ha de seguir sin poder detenerse, es la forma que tiene la naturaleza de hacerle depositar su semilla aquí, allá y en todas partes».

En los últimos años, ¿ha pasado el hombre a hacer menos énfasis en el pene en erección o en «el impulso al coito» al estilo de James Bond? ¿Han cambiado las conexiones de su sexualidad y sus emociones, o la mayoría se sigue preocupando ante todo por «lo grande» que sea su erección?

Las lecciones que nuestra cultura ha inculcado al hombre están tan arraigadas que pocos son capaces de saltárselas y crear su propia sexualidad personal. Vivimos en una cultura que nos ha enseñado a ver el sexo como una actividad reproductora, donde otras actividades (como la masturbación o el sexo oral sin coito) son menos valiosas, aunque numerosas mujeres dejen bien claro que la erección no es la clave de su satisfacción sexual.

El fármaco de moda, Viagra, «la píldora milagrosa» que ofrece al hombre erecciones a voluntad, refuerza la idea de que la erección es todo lo que es y todo lo que persigue la sexualidad masculina —el único modo en el que un hombre puede actuar en el sexo—, y también la creencia de que la erección es mecánica y tiene más que ver con deficiencias corporales que con las relaciones o las emociones. De hecho, si un hombre no tiene erecciones, es muy posible que el problema esté en su relación o en su situación, no en su pene. Pero aunque emociones y erección estén claramente conectadas, muchos prefieren creer cualquier otra cosa, por ejemplo: «Bueno, supongo que cuando se llega a cierta edad, eso es lo que sucede».

Esta idea parece indicar que el pene sólo está conectado a un conjunto más o menos autogenerado de hormonas o mecanismos corporales que deberían funcionar con independencia de lo que el hombre esté (o no esté) experimentando. Solemos burlarnos de la idea fija de la erección «tentetieso» masculina —juegos de niños con piezas de madera que se apilan levantando edificios, formando átomos, etcétera— y bromeamos sobre si los hombres también usarán un juego de piezas de madera para levantar la erección. Otros insisten en que rascacielos y objetos puntiagudos son «obvias representaciones artísticas del pene»...

Tales comentarios transmiten a los niños, cuando están creciendo, que tienen un objeto extraño entre las piernas: que la parte de su cuerpo llamada «pene» no es parte de su ser total ni de su yo, sino sólo un «mero trozo de carne ahí abajo». La expresión «piensa con el pene» es más perniciosa, pues da a entender que el hombre no piensa cuando tiene erecciones y desea la relación sexual, sino que es «tonto» o «animal». «Pajillero» es un insulto que viene de «hacerse una paja», y se aplica despectivamente al que se masturba, es decir, «juega consigo mismo».

La sociedad insiste en que «un hombre de verdad» ha de «empalmarse» a voluntad cuando decida (¿con el cerebro?) que «corresponde». Pero es imposible desear una erección y que se produzca. Intentarlo ha causado mucho dolor psicológico y odio a sí mismos en muchos hombres, y a menudo también en su pareja, al ver ambos en la «falta» de erección una señal de falta de amor.

Un hombre que besa a alguien que ama puede pararse, preocupado: «No puedo tener una erección ahora, mejor no seguir». Pero en realidad, podría seguir estando físicamente con su pareja. Muchos hombres se estimulan durante la relación sexual, se masturban durante un minuto o dos, para asegurarse de tener el pene duro justo en el momento en el que lo quieren así. Esto les va muy bien a casi todos.

Por otro lado, el hombre puede disfrutar del sexo sin tener una erección, aunque la propia erección sea placentera para él, desde luego, y nadie se lo niega. Pero como el orgasmo en la mayoría de las mujeres no lo provocan la «penetración» ni el coito, por mucho que puedan disfrutar de las sensaciones (si bien no todas las disfrutan), en casi ningún caso debería haber presión sobre el hombre para que tenga una erección «a fin de complacer a la mujer». La definición de la sexualidad se ha centrado en el acto reproductivo en detrimento de otras actividades, pues la cultura de la que venimos necesitaba aumentar su natalidad. Hoy en día, sin embargo, casi todos usamos contraceptivos.

Nuestros actos sexuales se han ido canalizando en una forma de expresión demasiado limitada; el sexo podría ser más interesante si no se centrara siempre en el mismo guión: «preliminares» seguidos de «penetración» (inserción), y del punto álgido, «follar» (coito). El sexo debería ser un variado idioma individual de maneras de tocar, acariciar y excitarse y excitar a otro —ya sea por estimulación manual, compartiendo la excitación de una fantasía sexual o mediante el sexo oral.

El miedo al VIH no sólo no ha disminuido, sino que ha aumentado la prioridad dada a la erección; muchos hombres se ponen nerviosos sólo con tener que ponerse un condón sin perder la erección o el deseo sexual. Además, las nuevas presiones van sumando complicaciones; no sólo se les pide que usen condón, sino que de ellos también se espera que en muchos casos lleven a su pareja al orgasmo con la estimulación clitoridiana y que sean emocionalmente sensibles a ella, y no (por ejemplo) se den la vuelta y se duerman nada más haber tenido su propio orgasmo. Aunque algunos aprueban sin esfuerzos el arte de estimular el clítoris con la mano o la boca hasta llevar al orgasmo a su pareja, otros prefieren pensar que el supuesto «punto G» en el interior de la vagina es la respuesta a los cambios sexuales de los que las mujeres vienen hablando.

La masturbación es el momento en el que el hombre expresa su sexualidad sin centrarse en la reproducción ni el coito y sin preocuparse por la erección. Como decía uno: «Tengo más o menos dos vidas sexuales, una con mi mujer y otra conmigo mismo». Muchas mujeres de mi estudio se escandalizan al saber que también su pareja suele masturbarse: «¿Por qué querría hacerlo, cuando puede practicar el sexo conmigo casi siempre que lo desea?». Los estudios de laboratorio muestran que los orgasmos autoestimulados (en hombres y mujeres) son más fuertes (medición de contracciones y otras respuestas físicas, Masters & Johnson, 1966).

El hombre disfrutaría más de su sexualidad si se centrara menos en la penetración durante el sexo y más en expresarse sexualmente según sus emociones, las que sean, dejando espacio a su pareja para hacer lo mismo. Ningún hombre temería nunca no tener una erección, porque sólo tiene que bajar la mano y tocarse.

LA IGUALDAD EN EL SEXO

¿Qué significa igualdad en el sexo? ¿No sería poco erótica, demasiado políticamente correcta? No.

Alejar el paradigma de lo que llamamos «sexo» de la meta de los actos reproductores y acercarlo a la igualdad en el erotismo, pasar de centrarnos en la penetración a alcanzar cotas cada vez más altas de placer, exige más de nosotros, más imaginación.

En esta generación a la vanguardia del cambio, tanto hombres como mujeres están insatisfechos con el sexo.

Como otra mujer dice de su vida:

> Tengo treinta y un años y he tenido relaciones sexuales con varios chicos. Te aseguro que si en algo me fijo en un chico para liarme con él es en sentir una fuerte atracción erótica; es decir, que no antepongo el que sea un buen amigo o una excelente persona, sino que voy a lo más básico: el *feeling*, esa excitación que siento con algunos chicos en cuanto entrecruzo cuatro palabras y un par de miradas. Sé que quizá me equivoque, porque yo, tras eso, deseo una relación más profunda, pues me encariño y me engancho emocionalmente, y muchas veces ellos no

buscan más que una relación sexual, y eso me ha hecho sufrir mucho.

Pero a pesar de sentir una gran atracción por los chicos con los que he estado, nunca he llegado al orgasmo con nadie en la cama. Disfruto profundamente, siento mucho placer en especial con el coito, pero no puedo llegar al orgasmo. Sin embargo, sola no me cuesta el más mínimo trabajo, no tengo siquiera que introducirme nada, me conozco y sé como alcanzarlo en medio minuto. Me han propuesto masturbarme delante de ellos, pero me produce una timidez exagerada, soy incapaz de hacerlo delante de nadie. Siempre he creído que tenía un problema grave, y sin duda quizá tengo mucho que mejorar, pero leyéndote he aprendido que hay muchas formas de sexualidad y que no tengo que vivir la mía como algo problemático, sino con más naturalidad y sin complejos. Sin embargo, reconozco que siento algo de temor en mis relaciones, porque yo no finjo el orgasmo y temo que mi ocasional compañero sienta que es malo en la cama, piense que es por su causa (cuando yo no crea para nada que lo haya sido), y por consiguiente interprete que conmigo la cosa no funciona y termine abandonándome. Esa cadena de pensamientos me da un poco de miedo. Espero dar con la persona lo bastante abierta de mente para entender que no es culpa suya, pues te puedo asegurar que todos los chicos con los que he estado se han preocupado mucho por hacerme disfrutar. Espero también no culparme a mí misma.

Los activistas en pro de los derechos humanos no suelen entrar en «los pormenores de la sexualidad». ¡Hasta de la pornografía que muestra a la mujer como *dominatrix* se dice que es la prueba de que es «moderna» y «concede a la mujer derechos igualitarios»! Pero presentar a la mujer o bien como «sumisa» o bien como «*dominatrix*» no es ninguna versión de la sexualidad verdaderamente definida por la mujer, sino más bien una reacción al poderoso sistema: la versión *dominatrix* es a todas luces una fantasía masculina y una inversión de clichés que se tiene falsamente por «atrevida».

Creo que puede haber una forma totalmente nueva de ver la interacción física sexual (el «sexo»), en la que quepan el erotismo y la dignidad de todos, y la igualdad en el propio «acto sexual». Cambiar las versiones de la «sexualidad» que tanto daño han hecho constituirá la base de la nueva psicología, más pacífica.

Sin embargo, los derechos de todos los están violando las actuales ideas en boga. De hecho, la psique masculina se construye y reconstruye continuamente en la propaganda sobre la «sexualidad masculina», los chistes sobre la «virilidad del hombre» y los clichés sobre «quién es el hombre por naturaleza», etcétera.

Mi propuesta, basada en un estudio con miles de mujeres y de hombres, es la de crear un nuevo sistema de valores y un nuevo modo de definir la sexualidad y los intercambios íntimos sin tapujos. En la vida cotidiana puede ser una base sólida para el nuevo sistema de valores éticos globales que está surgiendo.

La sexualidad y los derechos humanos están conectados. La globalización de valores como los «derechos humanos» hace que cualesquiera que sean los valores sobre la sexualidad difundidos (por la pornografía o los medios de comunicación y la cultura popular), son los propios del nuevo sistema internacional global: nos guste o no, es decir, nos parezca bueno o malo.

Por lo tanto, deberíamos reevaluar el sexo, no sólo por nosotros mismos, sino para construir una asociación positiva y duradera con otras culturas que perciben el sexo en Occidente (y todos sus valores adjuntos) en la versión de la pornografía y de los medios de comunicación de masas, y la presencia corporativa y de los mecanismos de mercado occidentales de la que tanto se habla.

Otra parte del sexo tradicional que hay que cambiar es nuestra actitud ante él, el ambiente que lo rodea y la sexualidad femenina.

SEXO Y PUREZA: NUESTRO BAGAJE IDEOLÓGICO

Tradicionalmente, la sexualidad se ha visto como algo impuro tanto en chicas como en chicos, pero especialmente en ellas. Tras la primera menstruación, signo de que el óvulo puede ser fecundado, se esperaba de la mujer, y a veces se sigue esperando, que se limpie y purifique antes de practicar el sexo. Se celebra a María por haber dado a luz a su hijo Jesús sin haber practicado el sexo y sin intermediación de la vagina. Hoy las bandejas de correo electrónico de Internet rebosan de manchas pornográficas de sexualidad femenina anunciadas como «las guarras más guarras de la Red», remitidas por «el Templario del dolor» para anunciar «el mayor megasitio pornográfico en la Red».

El reto de los chicos y las chicas de hoy es concebir el cuerpo y el sexo femeninos de otro modo, dejando atrás la visión de que la menstruación o lo que la mujer tiene «ahí abajo» sean de ningún modo «sucios» o «impuros».

Pero ha surgido un malentendido de gran importancia, que parte de ideas del pasado como la doble moral y la leyenda de Eva en el Jardín del Edén.

PUREZA E IMPUREZA: ¿ES LA MUJER «SEXUALMENTE LIBERADA» DE OCCIDENTE LA CAUSANTE DEL «DECLIVE DE LA MORALIDAD»?

Uno de los conceptos centrales del sexo tanto en el islam como en el cristianismo es el de la pureza y la impureza. Comenzando con el Jardín del Edén, mito compartido por islamismo y cristianismo, Dios castiga a la humanidad por el conocimiento sexual a que da lugar la curiosidad sexual de Eva. Después, Adán y Eva sintieron «vergüenza» y tuvieron que cubrirse los genitales con hojas, lo que introduce la idea de la impureza sexual. También podemos pensar en la idea de la «pureza de María» por no haber concebido a Cristo en el pecado o en el sexo, o en el uso común en la mayoría de los idiomas occidentales de la expresión «guarradas sexuales», o en el hecho de que en muchas sociedades islámicas se anima a la mujer a cubrirse con un «velo» (*burka* o *chador*) porque el cuerpo femenino (su visión) se considera una forma de impureza.

La conexión entre sexo e impureza se ve fácilmente en nuestro vocabulario: nuestras palabras para el sexo, los «tacos», suelen ser también improperios, como «coño», «chupapollas», «pajillero», «conejo», etcétera. El amor sexual se considera impuro desde hace mucho tiempo; se dice que «el amor sexual es lujuria», un «sentimiento animal» pasajero no tan valioso como «el otro tipo de amor» (asexual), «más elevado, más noble, más puro». Tradicionalmente, la «pureza» se ha visto «cercana a Dios», como algo que tiene mente y espíritu y que niega al cuerpo, «la carne».

Para empezar, ¿cómo llegó a asociarse sexualidad a suciedad e impureza? Una teoría sostiene que la proximidad de los genitales a la defecación (orina y demás) produce una conexión inevitable. Mi propia teoría es que hubo una idea muy positiva de la sexualidad y el cuerpo femenino que la ideología religiosa posteriormente derrocó.

Otra teoría sostiene que la idea surgió alrededor del siglo VI a. C. a partir del dualismo del «cuerpo» y el «alma» de la Grecia clásica. Desde luego, antes de esa época el sexo no se veía «sucio» casi en ninguna parte del mundo antiguo ni en el Viejo Testamento bíblico. Pero a partir de entonces se consideró que el individuo estaba dividido en dos: «mente y espíritu» y «cuerpo y sexo».

Ese dualismo se fundió con el énfasis en el género (separación de los sexos) y la idea de la separación entre hombre y mujer, y ella (como Eva en el Edén) pasó a representar la «culpa» de la humanidad; de ahí la doble moral que ha persistido hasta hoy e implica que el hombre represente «la mente y el espíritu», mientras la mujer suele representar «el cuerpo y la comida, y la sexualidad» (en pinturas, escritos filosóficos, novelas, etcétera). En esta dicotomía, el hombre tiene un estatus superior que le da más derechos que a la mujer: pensemos en el derecho masculino a tener varias esposas en el islam fundamentalista, donde ellos también pueden decidir divorciarse con una simple palmada (mientras que ellas no tienen ese derecho).

Más aún, la doble moral tradicional divide a las mujeres en dos categorías: madres y seductoras sexy (la «buena mujer» y la «mala»), «puras» e «impuras». Según esta moral, el hombre, para ser puro y «bueno», evitará el sexo, y cuando lo practique, se limitará a la actividad reproductora dentro del matrimonio.

El sexo es fundamental para la visión religiosa del mundo. La división entre hombre y mujer, el énfasis en los rasgos de género, las diferencias corporales y el potencial para el coito están en todas partes: son la herencia con la que hemos crecido. Este legado tiene componentes positivos, como «ama a tu vecino como a ti mismo», pero también lleva consigo un lado negativo: por ejemplo, la tradicional relegación de la mujer y la distinción entre «las buenas» y «las otras», según su sexualidad. Por la prolongada tradición de desigualdad sexual, se está acometiendo en nuestras instituciones una revisión de gran magnitud. Defendemos la igualdad sexual también en el propio «acto», y no con el tópico de siempre —la mujer «*dominatrix*» *versus* la «pasiva»—, sino de otro modo.

Muchos cristianos y otros que no lo son proclaman hoy que quieren «crear una sociedad más pura»: menos sexual, menos vulgar, que no sea decadente, en la que el cuerpo de la mujer se cubra con recato (en la religión islámica, para algunos, debería estar oculto a la vista), donde la homosexualidad (o cualquier desviación del hombre de su papel reproductor) sea «depravada» y reclame duros castigos. «Puro» suele significar «sin sexo»; pero, en mi opinión, el verdadero erotismo entre hombre y mujer es difícil o imposible cuando se impone, declarándosela «pecaminosa», una versión predefinida de «la meta del erotismo». La tradición no comprende ni acepta el erotismo femenino por la idea que tiene de la sexualidad, que claramente se centra en el hombre.

La idea de la pureza sexual perjudica a la mujer, pero también al hombre: la «pureza sexual», sobre todo aplicada al cuerpo femenino, distorsiona la experiencia sexual del hombre haciéndole sentir que sus «actos» con mujeres son «viles» y «no muy nobles». Hoy, sin embargo, como hemos visto, hay chicos y hombres que «instintivamente» sienten estar oprimiendo a esa mujer que puede ser su mejor amiga y aliada por la sexualidad que según la tradición han de practicar con ella, lo que les desconcierta emocionalmente o les da auténticas ganas de huir de la relación.

Hay quienes creen que la sexualidad occidental es impura y decadente, pero, ¿es así? Occidente es la cuna del liberalismo, el laicismo, los derechos de la mujer, la democracia y la diversidad sexual, y de todo ello puede enorgullecerse. Pero el fundamentalismo religioso se queja de que Occidente es «demasiado libre», amoral y decadente: la mujer ha de ser madre en el hogar, todo hombre es inmoral salvo el padre casado. ¿Va el Occidente laico por el buen camino con la apertura y la libertad sexual, la elección de pareja, la igualdad entre hombre y mujer? ¿Es el «aperturismo» de la «sexualidad femenina» un progreso, o no es más que degradar a la mujer y la sociedad, haciendo de «toda mujer una puta»? La ininterrumpida revolución laica de Occidente, ¿trae consigo más democracia? ¿Es un avance o un retroceso?

Se oye hablar mucho del «derrumbe del viejo orden moral» de Occidente, en teoría inmutable y eterno como los astros. Pero cambiar el sistema moral en el que sólo valía la pareja reproductora (siendo la mujer la «ayudante» del hombre, el cabeza de familia) por la nueva moralidad actual no implica el derrumbe de la sociedad, sino su renovación y transición, y buscar un sistema de valores mejor, que incluya la igualdad y los derechos humanos. Esta búsqueda es continua y no ha de confundirse con la vieja revolución sexual ni con la actual proliferación de tópicos pornográficos.

La sexualidad y la pureza no son los únicos principios en los que descansa la moralidad. Históricamente, ha habido diversos órdenes morales y sexuales antes del nuestro que fueron estables y crearon buenos ciudadanos: sólo hay que pensar en las antiguas civilizaciones de Grecia o Roma. Sin embargo, aún no ha habido nunca —que sepamos— un orden moral basado en la plena igualdad de hombre y mujer en la sociedad, ni una sexualidad que participara en ese nuevo orden moral. Tampoco un orden social en el que la mujer tuviera autonomía sexual y plenos derechos sobre su cuerpo y la reproducción. Pero eso precisamente es lo que se intenta crear ahora.

Los autores varones de las cartas de este libro sienten con toda claridad que no está bien que ellos lleguen siempre al orgasmo y la mujer no, y esto es algo nuevo. Ese cuestionarse a ellos mismos, sexualmente y de otros modos, puede llevar a la transformación hacia una ética y una cultura sexuales nuevas y mejores. La igualdad sexual es un concepto que está cambiando desde dentro la forma de definir el «sexo» y las relaciones humanas. Claramente, la igualdad y la autodeterminación de la mujer, unas de las cuestiones más importantes de nuestra época, están teniendo gran peso en estos cambios. En realidad, parte de la actual reacción fundamentalista contra los derechos de la mujer o la libertad sexual de la mujer tal vez no esté realmente contra esos derechos, sino contra la vulgaridad de los medios al presentar esos derechos y a la «mujer libre». Las imágenes mediáticas hacen creer a muchos que la libertad y la igualdad de la mujer son vulgares, que la liberación sexual femenina significa que la mujer tiene que ser *dominatrix* y agresiva, sólo capaz de concebir la igualdad entre hombre y mujer, al parecer, volviéndose tan dura, insensible y movida por el poder como el estereotipo retrata al hombre. Es la antigua cultura que encuentra fea, estrafalaria, extraña e inmoral toda «esa nueva sexualidad» y ve en los anuncios de consoladores en forma de pene, aparatos para agrandar el pene y juguetes sexuales como látigos y cadenas para la mujer la prueba de que «la cosa pasa de castaño oscuro», metiendo en el mismo saco la autonomía sexual de la mujer y el movimiento por la libertad sexual de los años sesenta.

Aunque la revolución sexual de los sesenta cometió errores, también hizo avances. Decretó que a la mujer ya no se le exigiera llegar virgen al matrimonio: el sexo se declaró saludable, necesario y bueno, y su represión, causa de graves problemas en hombres y mujeres (y señal de bloqueo mental). Mientras que en los años cincuenta la reputación de una chica se iba a pique si se sabía que practicaba el sexo antes del matrimonio (era un «producto deteriorado»), en los sesenta se aplicó a la mujer la presión inversa: «Si no practicas el sexo habitualmente y no te gusta, es que estás acomplejada». La píldora anticonceptiva femenina permitió que hubiera mucha más despreocupación en el sexo que antes. Sin embargo, la píldora fue un arma de doble filo: con ella la mujer logró más control sobre su propia reproducción, pero también empezó a sufrir la presión de tener que practicar el sexo a todas horas. Hoy en día la mayoría de la gente ya no considera pecaminosos ciertos actos sexuales, como el sexo oral, ya sea la felación o el *cunnilingus*: el eje de la moral ha cambiado. El nuevo centro de atención moral está en cuestiones como la pornografía violenta o sexista, la pederastia, la violación, la violencia doméstica y el acoso sexual. El cambio del estatus de la mujer está provocando una inmensa mejoría moral, aunque durante la transición pueda parecer que no es así.

El movimiento reaccionario opuesto a estos cambios es el movimiento «por los valores familiares», según el cual la revolución sexual destruyó los valores morales y condujo al declive de la bondad y puede que hasta a la pederastia.

Aunque la revolución sexual de Occidente no siempre va bien encaminada —se cometieron errores, no sólo progresos—, la meta básica era buena: la igualdad en la relación física entre mujer y hombre para hacer más justa la vida privada. Puede que la moral sexual occidental haya dado varios giros erróneos en las últimas décadas, pero esto no llama la atención en una sociedad que tiene a sus espaldas siglos de desigualdad en el orden social, basado en la «sumisión femenina». En conjunto, los cambios han sido positivos. Los excesos del presente y las actitudes ahora en boga (como las de la pornografía «a la última») son sólo partes del tránsito desde esa noche tan larga. La nueva moral —también la igualdad y los derechos humanos— llevará a una sociedad más estable y feliz.

Para avanzar, ¿hay que volver a los valores familiares, dar la bienvenida a la revolución sexual, o no hace falta ninguna de las dos cosas? Yo creo que nada de ello es necesario: podemos crear una tercera vía, hay formas novedosas de integrar la dignidad y la igualdad entre hombre y mujer con criterios morales ahora aceptados por toda la sociedad y no basados en la adaptación a la tópica conducta familiar.

El laicismo occidental, en su intento de integrar las ideas de justicia e igualdad en la vida privada y en el sexo y la sociedad —hasta ahora con muchas imperfecciones, hay que admitirlo— es ahora más moral, no menos. Las imágenes de la mujer moderna, sexy y desinhibida no representan este cambio continuo a largo plazo, ni las del «hombre gay con látigos, cadenas y cuero». En el terreno sexual, la aceptación de la nueva moral de la igualdad lleva a cambios de mentalidad en el hombre y la mujer que están dando lugar a debates en la esfera pública sobre los anticonceptivos y el cuerpo o la ropa femeninos (¿debería llevar *chador* la mujer?) y en la esfera privada (¿cómo debería ser nuestra relación?, ¿deberíamos trabajar los dos fuera de casa?).

El clima es un poco como al final del dominio del *apartheid* en Sudáfrica: muchos ya no creían plenamente en el sistema tal como era y sólo aceptaban algunas de sus partes, lo que dio lugar a un clima propicio a la transición. Por otro lado, muchos ven tentador el mero retorno a los valores tradicionales, la opción simple en medio de un desconcertante mar de posibilidades. La opinión pública confunde la liberación de la mujer con las imágenes de «sexo, sexo, sexo» de la mujer «libre, moderna y sexy» que pintan los medios de comunicación y, sobre todo, la televisión. Las imágenes de hombres que no concuerdan con el papel tradicional de padre de familia son igual de negativas, se los retrata como irresponsables e inmaduros. Sin embargo, ahora estamos en una fase de transición, avanzando hacia un nuevo tipo de organización social, y hemos de revisar el sentido de la moral y de la relación entre hombres y mujeres.

Nuestro sistema de valores básicos está mejorando. Es imposible regresar al pasado —y quién querría, basándose los valores pasados en la desigualdad—, y casi nadie quiere lanzarse de cabeza a una cultura del sexo pornográfico. La gente desea crear un futuro que combine lo mejor de todo lo visto hasta el momento. La sociedad tiene un largo camino por delante y verá muchos acontecimientos nuevos a lo largo del nuevo siglo a medida que vayamos creando otro sistema de valores sexuales.

LA MUJER Y LA «LIBERTAD SEXUAL»: ¿ESTAMOS TODOS MEJOR QUE ANTES DEL SEXO?

¿Equivale la libertad sexual de la mujer a la revolución sexual? ¿Por qué la libertad sexual de la mujer se usa para simbolizar la «decadencia» occidental?*

¿Nos hemos equivocado de camino engañados por los tópicos de la libertad sexual? ¿Estamos retrocediendo en lugar de avanzar en cuanto a civilizarnos y extender los derechos humanos? La medida de la decadencia de cualquier país o de Occidente no es su índice de natalidad, ni su tasa de reproducción, sino la fuerza de sus ideas. Sin embargo, bien puede ser que el movimiento de liberación de la mujer haya dado en algún momento un giro equivocado. Por desgracia, muchas ideas feministas sobre la libertad sexual de la mujer fueron desvirtuadas por la prensa popular sin que lo quisieran las mujeres ni se identificaran con tales distorsiones que, al parecer, vendían revistas y periódicos.

Las actuales imágenes de la libertad sexual para la mujer se contraponen (erróneamente) al movimiento por los valores familiares, lo que refleja la vieja línea divisoria entre la buena chica y la mala. A las jóvenes que ahora practican el sexo les preocupa que las consideren «de las que no se casan»

* También se usa a la mujer como símbolo del codicioso consumismo occidental.

si son «salvajes en la cama»; pero si una no es «sexy», puede que la consideren «aburrida» y llena de inhibiciones.

La mayoría de los hombres están mentalmente indecisos y perplejos ante la renovada insistencia de la sociedad en los «valores básicos» de la sexualidad, la mujer y la familia como respuesta al «desbarajuste de la libertad sexual», y se preguntan qué chicas tienen delante —cuáles son «buenas» y cuáles «de las otras», sin sentirse felices con ninguna.

La revolución sexual presionó a la mujer y lo sigue haciendo para que «actúe de forma sexy», a menudo de acuerdo con el tópico (atuendo, apariencia, actitudes) de un modo que vira fácilmente hacia los viejos clichés de la mujer putón (es decir, la chica sexy es «mala chica»). Estos tópicos se reprodujeron de nuevo en los años noventa para incitar a la mujer a abrazar y adoptar estilos de presentación personal y ropa de «mala chica» (levemente provocadora o transparente) si deseaba ser «moderna».

La rebeldía («¡Qué fresca es, qué rebelde, no acepta a cualquier pringado!») fue un paso necesario para salir de la vieja concepción de la mujer (a muchas, en el fondo, les seguía aterrorizando que la sociedad las calificara de «rancias» o de «una de ésas»). Pero ya no son las actitudes más sinceras ni progresistas, y habría que superarlas. En realidad, seguir aún los modelos de mujer de la «buena chica» (¿el *chador*?) o la «mala» (¿ropa «sexy»?) sólo perpetúa el viejo sistema de tópicos extremos sobre la mujer. ¿Hemos avanzado?

Llevará tiempo, aún más, parece, que la sociedad acepte y vea tal cual son las nuevas afirmaciones sexuales que está haciendo la mujer, formas de ser sexual que no caigan en ninguna de las antiguas categorías, sino que surjan del propio pensamiento y sentir de las mujeres, y no de reacciones a ideas preexistentes sobre «la mujer» que les han endosado. Residuos ideológicos.

Como explica una mujer:

> En la actualidad, la libertad sexual de la mujer se desvía en la idea de que ser abiertamente sexy equivale a estar sexualmente viva y ser una «nueva mujer». Ninguna de las dos cosas es llevar cuero negro, látigos y cadenas, y agujerearse el cuerpo en algún lugar extraño no es automáticamente signo de que una sea capaz de hacerse cargo de su sexualidad, aunque puede que sí lo sea, de que va en esa en esa dirección, o está intentándolo.

Interesante.

Quienes señalan lo positivo de la libertad sexual mencionan los beneficios para la mujer (y el hombre) de la contracepción, el aborto y la expresión personal. Quienes señalan lo negativo subrayan el carácter explotador de la mayor parte de la pornografía, la presión de ser sexy y joven; por otra parte, la nueva capacidad de control de la fertilidad, la fertilización in vitro y otros tratamientos de fertilidad dan a cada vez más mujeres mayor número de opciones en la combinación de trabajo y familia.

Pero estas viejas alternativas mentales («ser sexualmente libre» o «tener una familia tradicional») ya no son categorías válidas (si es que alguna vez lo fueron, hoy son menos pertinentes que nunca). La mujer ahora quiere poner fin a los sutiles residuos de este pensamiento, y a los no tan sutiles, a la vieja dicotomía entre «la buena chica, esposa y madre» y «el otro tipo de mujer, profesional, puta y sexy». La mayoría de las mujeres sienten que tienen muchas facetas, y que todas tienen su importancia y pasan a un primer plano en algunos momentos de su vida o del día.

No debe juzgarse a ninguna mujer por lo que forma parte de su identidad. Desgraciadamente, en algunas sociedades, aún hay sanciones plenamente vigentes contra cualquier mujer que rebase los estrechos confines de «la mujer tradicional»: pensemos en Amina Lawal, condenada a morir lapidada en la Nigeria islámica por haber tenido un hijo fuera del matrimonio.

Es un ejemplo del peligro que representan para las mujeres las ideologías extremas de «la buena y la mala mujer», y de por qué hemos de crear un nuevo tejido de la identidad femenina y masculina y de la sociedad para superar esas categorías y modos de «pensar» reaccionarios. Es urgente y necesario construir una nueva forma de ver las cosas.

LOS SENTIMIENTOS DEL HOMBRE HACIA LA IDEA DEL CAMBIO EN EL SEXO

Después de publicar el artículo «¿Es decadente la sociedad occidental?», recibí esta airada carta de un lector varón:

> ¿Es decadente? Usted misma se da la respuesta. Teniendo en cuenta las diferentes tasas de natalidad (natalidad cero en Occidente), sí puede decirse que la sociedad occidental es una sociedad decadente. Porque Occidente, gracias a ustedes, las estériles feministas de promiscuidad a gogó, ha decidido extinguirse. ¿A quiénes pasarán ustedes el testigo de su liberación?: ¿a las musulmanas?, ¿a las africanas? Vamos, vamos. No deli-

> ren... La sociedad que se extingue es, sin duda, decadente. Además, en el colmo del masoquismo (ya lo dijo Freud, que el masoquismo era esencialmente femenino), eligen ustedes como «machos» favoritos a los musulmanes y a los negros, que son los más atroces esclavistas de mujeres de este planeta.

En realidad, una baja tasa de natalidad no indica una sociedad agónica ni decadente. El significado de «decadente» es «en declive» o «inmoral», y sin embargo, el autor de la carta lo usa para otra cosa. No estoy de acuerdo con él, claro; las feministas no provocaron «promiscuidad a gogó» (¿tal vez lo hiciera la revolución sexual con los «marchosos sesenta» o los Beatles?)

Pero la mayoría de los lectores varones que me han escrito han expresado sentimientos más positivos:

> Querida doctora Hite: en mi opinión, para poner fin a la cultura del machismo, necesitamos «libertad, igualdad y fraternidad», el eslogan de la Revolución francesa. Es lo que defiende la democracia y lo que intentamos lograr en el sexo, y esperemos que influya en toda nuestra vida de muchas otras formas, no sólo en lo privado. M.

> Estimada profesora Hite: no me veo como un hombre de lo más sexual ni tampoco me identifico con modelos ni actores porno, ni siquiera cuando alguien me dice que soy guapo, por eso me sorprendió y me alegró leer su artículo «La belleza oculta de la sexualidad masculina». J.

> Estimada profesora: su artículo sobre la sexualidad del hombre me ha sorprendido. Soy un hombre del sur,

y he leído artículos que nos presentan como una especie de gorilas en celo, que sólo nos interesa nuestro plan sin importarnos nada de lo que nos rodea, incluyendo nuestras compañeras: siempre nos atacan y ridiculizan. Y la pornografía nos retrata como máquinas. Pero si supieras cómo buscamos los hombres un tipo de mujer que estos años de liberación femenina convierten en una especie en vías de extinción... Sólo puedo darte las gracias por darme una tregua de esperanza y soñar que tal vez aún pueda conocer a una mujer como la de nuestros sueños. Porque cuando alguien se te acerca y te dice en tono dulce «te comprendo», automáticamente deponemos las armas. Es un consuelo saber que, aunque el camino sea duro y aún no sepamos cuánto más hay que caminar, nos espera un oasis. A.

Suena enojada una carta con el punto de vista del movimiento por los derechos del hombre, que declara que a los hombres se les trata como padres de segunda:

¿Qué ocurre cuando un hombre quiere ejercer su derecho y su deber de ser padre en una pareja separada? La solución jurídica se centra en aspectos económicos, de horarios, y rompe el contrato tácito de compromiso entre las partes; el hijo se queda con la madre y el padre sólo lo verá en fines de semana alternos. ¿Puede un hombre en esas condiciones llevar a cabo su labor como padre en todas sus dimensiones?: dar afecto al hijo y recibirlo, interactuar en la relación día a día, ofrecer guía y trabajar para la responsabilidad, comunicarse con libertad y espontaneidad, valores necesarios para el desarrollo íntegro de los hijos y el padre. Si la parte materna cree en esos valores o sabe que el hombre no es más culpable que ella, la ruptura de la pareja no será obstáculo para que el hombre pueda ejercer su derecho y su deber de una vivencia plena con su hijo. Si la madre no cree en esos valores, pues los valores tienen sus contravalores y éstos se eligen por activa o por pasiva, o no asume que su fracaso puede ser una limitación suya, todo lo que exceda de los estrechos esquemas del convenio regulador será boicoteado y negado, haciendo sentir humillación al padre cuando se le concede algún extra. Sólo quedarán los fines de semana «oficiales» para la convivencia, que reconociéndolos imprescindibles y muy positivos, obligan a un gran esfuerzo de acercamiento para vencer la distancia de quince días, restando espontaneidad, y obligan a un gran esfuerzo al comenzar de nuevo la semana, sabiendo que todo lo que puedes vivenciar con tu hijo queda en suspenso hasta dentro de quince días y que todo lo que le pase en esos días será un misterio.

El bombardeo mediático sobre la violencia doméstica predispone en contra de los hombres y padres, casi como demonios, mientras que por contra cada vez se ridiculiza más, tanto por parte de hombres como de mujeres; en este caldo de cultivo, los asustados conejillos machos reivindican la tosquedad y la transmiten a muchos hijos, germen de maltratadores, para vergüenza del sector más evolucionado. Desesperanzador es ver cómo muchas mujeres fomentan este estado de cosas reivindicando implícitamente hombres estereotipo de género, casi siempre desde su interés silencioso e inconsciente por mantener los roles para los que han sido educadas, mientras que por otro lado abominan de las consecuencias que traen y piden cambios de actitud. J.

Otra reacción hostil llegó en esta carta de un hombre que parecía amenazarme sin dar más que sus iniciales:

Hola, señorita Hite:

Antes de nada, ¿eres española? Segundo, no me gusta como escribes. Mira esto:

1. ¿Es decadente la sociedad occidental?

2. ¿Por qué el sexo y la visión de la mujer se han desarrollado de forma diferente en el mundo islámico y sus tradiciones que en Occidente?

3. ¿Tienen razón esos sectores tradicionalistas de la sociedad en su concepción de la sexualidad —es decir, que las mujeres han de ser madres y permanecer en el hogar y los hombres son inmorales si no son padres de familia casados—, o es el Occidente liberal y laico el que va bien encaminado con la apertura y la libertad sexual y la elección de pareja tanto para hombres como para mujeres?

4. ¿La apertura en la sexualidad femenina es un avance, o sólo una vulgarización de la mujer y la sociedad, que convierte a «todas las mujeres en prostitutas»?

5. ¿La revolución sexual de Occidente es progreso o decadencia?

6. ¿Cambiará el islam su concepción del sexo para «evolucionar» en este aspecto como Occidente?

7. ¿Por qué Occidente ha modificado su visión de la mujer y ha desarrollado una concepción que incluye la igualdad de derechos o igualdad sexual, y muchas sociedades islámicas no?

8. ¿Se trata de un futuro inevitable también para las sociedades islámicas fundamentalistas?

9. ¿O esta idea de los derechos humanos y la igualdad es única de Occidente?

> 10. Bueno, la última: ¿la evolución del sexo a partir de la revolución sexual es igual a la revolución del bienestar social a partir de la revolución industrial?
>
> Son 10 preguntas, y, sinceramente, ¿a cuántas de ellas diste respuesta? (no vale responder con otra pregunta). Te pido que no te excuses con la fácil salida de la fea manera de escribir que es decir «dejo preguntas abiertas para que el lector se las cuestione». Una cosa es dejar preguntas abiertas y otra dejar un montón de preguntas intrascendentes (¿calidad o cantidad?). F.

No obstante hay otro hombre de más de treinta años con una personalidad y un punto de vista totalmente distintos, que se siente solo y a quien preocupa «no encontrar a nadie»:

> No sé por qué es tan difícil mantener una relación con una persona, y más en mi caso, que a mis treinta años no he tenido nunca novia. Quizás la justificación es que soy una persona que ha tenido y tiene problemas de salud mental, es decir, tengo depresión crónica, y prácticamente desde que tengo uso de razón he tenido problemas de neurosis obsesivas. Comento esto porque creo que mi timidez y mi miedo al ridículo quizás han hecho que haya perdido ocasiones de salir con chicas que físicamente me atraían. No me considero una persona fea, pero tampoco soy Brad Pitt, sin embargo pasa el tiempo y no consigo tener relaciones con mujeres... Eso me preocupa. Mi hermano ahora tiene novia, tiene veintidós años y sale con una chica que le presentaron. No sé si él sabe que estoy desesperado. Lo he intentado por Internet, con chats, pero no sé si es lo correcto. ¿Por qué las chicas que

están bien físicamente no se dirigen a mí: ¿me tienen miedo o qué? Imaginarás que con treinta años y apenas relaciones de pareja, uno esté un poco «salido», pero no sé por qué es tan difícil enrollarte una noche con una mujer o acostarte con ella. ¿O es difícil en general, como mucha gente me comenta?

No me gustaría estar solo, ya mucha gente de mi familia piensa que sí, algunos me han comentado que me ven soltero, tal vez porque falta la presencia femenina en mi vida. No sé si mi familia piensa eso porque no he tenido nunca una novia o porque soy muy tímido, o quizás sea mi destino. Pensarás que lo que cuento es un rollo, pero a mí me sirve para evadirme. D.

Todos estos hombres, hostiles o positivos, están, cada cual a su manera, volviendo a pensar los símbolos y códigos de la masculinidad tradicional; mientras que algunos culpan a la mujer, otros lo achacan a la sociedad en general. No importa mientras sigan adelante en su pensamiento.

Para algunos hombres, el cuerpo masculino puede mirarse de modos que no son a través de la sexualidad, sino desde la perspectiva más abstracta del deporte o de contemplarlos como «cuerpos muertos» (víctimas de la violencia en el cine de acción, por ejemplo, donde suelen matarlos otros hombres, por lo general con un revólver). Mirar de frente la sexualidad heterosexual y el papel masculino en ella parece demasiado incómodo, salvo para la pornografía. Así, gran parte del arte contemporáneo realizado por jóvenes varones se centra en imágenes de hombres que han sufrido violencia o en versiones muy abstractas del cuerpo masculino, como las de esta interesante exposición:

GALERÍA L'ALGEPSAR

OMAR UREÑA

Inauguración, jueves 15 de enero de 2004. Hasta el 14 de febrero de 2004

Estas imágenes pretenden construir un análisis de cómo la gente en países distintos disfruta observando cómo seres mortales se convierten en superhéroes sexuales, inmortales y poderosos en un mundo donde las fantasías y los elementos fetichistas se han incorporado a la cultura contemporánea. Mi trabajo intenta ahondar en la relación que existe entre goce y dolor. Mis piezas intentan apuntar que el uso de elementos deportivos es solamente una excusa para disfrutar viendo a alguien siendo castigado física y psicológicamente. Estas imágenes muestran otro tipo de realidad deportiva. Éste es un intento de reconciliar las diferencias entre fantasía y realidad. Las imágenes de cuerpos separados que el espectador verá puede que sean sólo fantasía, pero la sangre es definitivamente real.

info@galeriaalgepsar.com
www.galeriaalgepsar.com

Abierto de lunes a viernes, de 17.30 a 20.30 horas
Fola, 14. 12002 Castellón (España).
Tel. 964 069 935 - 670 204 359

Quizá observar la violencia masculina sobre el hombre siempre sea una buena forma para él de empezar a mirar «quién es realmente»; por otra parte, no me gustaría dar a entender que también yo pienso que haya una delimitación vital entre la heterosexualidad y sus pautas y «quién sea el hombre» en otros ámbitos. Creo que ambas cosas están íntimamente unidas; por eso es importante comenzar a desenredar la psicología masculina y la construcción que de ella ha hecho la cultura. Lo que los chicos y los hombres hacen hoy es pensar de nuevo la sexualidad masculina; por ejemplo, en la imagen del hombre en la pornografía.

PAX ERÓTICA: CÓMO ACABAR PARA SIEMPRE CON LA GUERRA DE SEXOS

Una mujer expresa la dificultad de su situación, diciendo: «No sé cómo excitarle si no es con la penetración». Ha aprendido que el papel de la mujer es la seducción y avivar el deseo, y después el hombre tomará las riendas y «hará lo suyo». Lo mismo podría haber escrito un hombre, pues es más fácil seguir haciendo o intentando lo mismo de siempre —a fin de cuentas es placentero—, que ir en una nueva dirección.

Es sólo un paso a lo largo del camino hacia la reconcepción positiva del sexo y de las relaciones entre los géneros. Intentar alejarse de la antigua forma de sexo es difícil. Al fin y al cabo, cuando pensamos en la sexualidad como placer, recompensa de un día o una semana duros, quién quiere esforzarse por cambiarlo todo. ¡El sexo es para el placer! Pero en vista de la merma de la vida sexual, mucha gente se anima a explorar lo desconocido, hacer algo nuevo, crear otro modo de sexualidad.

Una mujer escribe que el sexo se le hace monótono, que quiere cambios; ¿pero cómo introducirlos?:

> Soy una mujer de treinta y dos años, él tiene cuarenta y dos. Ahora nuestras relaciones sexuales están cayendo por mi culpa en la monotonía, y no quisiera perderlo por esto. Veo que él ha aprendido a darme el placer que necesito, pero yo no le correspondo del mismo modo. Al principio había mucha excitación y mucha pasión cuando estábamos en la cama. Luego, eso se acabó. Entonces, él cambió su forma de hacerme el amor y yo simplemente le sigo, pero llega el momento de que yo innove y no sé cómo hacerlo. No sé cómo excitarle si no es con la penetración.

Es un sentimiento legítimo. Es la sincera pregunta de una mujer que afronta con realismo sus propios sentimientos y hábitos. No hay una solución automática, cada uno de nosotros intenta transformar la sexualidad de forma individual, sin guía, y es lo que hace tan interesantes los cambios de todos nosotros. Está bien que la autora de la carta haya sido capaz de expresar el dilema con palabras, señalando que no encuentra otra manera de «tener sexo» que no sea la penetración y el coito: una especie de dependencia de la penetración como «solución erótica». Ofrecerse para que la penetren es su forma prioritaria de interactuar en el sexo con su marido, más o menos su fórmula sexual (ofrecimiento, por cierto, que la mayoría de los hombres dan por descontado en la mujer, sin verlo como algo que ella decide, sino más bien como lo que «su naturaleza le mueve a hacer»).

¿Cómo debería resolverse hoy el dilema? ¿Cuál es el verdadero dilema? Hay una brecha entre hombres y mujeres creada, en mi opinión, por un «acto sexual» abiertamente centrado en el orgasmo masculino y en el fin reproductor; esa brecha ha sido eterna fuente del conflicto, incluida la línea divisoria religiosa por la que los varones a cargo de iglesias y mezquitas han visto a las mujeres como un grupo al que forzar a la sumisión, y los consabidos chistes del tiempo de las funciones de *Punch y Judy*, en las que hombre y mujer se maltratan de palabra y a veces con los puños. Se dice que todo esto forma parte de la naturaleza humana, pero yo no lo creo. Pienso que hemos exagerado las diferencias entre la mujer y el hombre porque la cultura necesitaba adquirir cierta forma que hoy no se considera democrática, por lo que la religión se enfrenta en todo el mundo a la democracia laica y los derechos humanos, ambos frentes en aparente conflicto. Pero el conflicto no es real. Sigamos adelante.

En primer lugar, en mi opinión, la igualdad ha de instalarse en el núcleo de la relación entre el hombre y la mujer, es decir, el sexo. Si la mayoría de las mujeres tienen orgasmos fácilmente con la estimulación externa de la vulva, ésta debería ser una parte importante del sexo; no debería esperarse que la mujer obtenga este tipo de estimulación con el coito, como se le dice hoy (punto G, Viagra), sino que hay que inventar un nuevo modo de practicar las relaciones sexuales. El sexo se traduce al lenguaje corporal de hombre y mujer, enseñándoles «su lugar» respecto al otro. Además, la mujer sabe cómo tener orgasmos, por lo que el clásico guión sexual (con su preocupación y la creencia de que «la mujer es muy sensible y no siempre tiene un orgasmo») le parece hipócrita; ¿cómo puede creerse que de verdad le importa a un hombre, o que es partidario de la igualdad, si le preocupa más «rendir adecuadamente» que lo que ella le diga, ya sea verbalmente o de otro modo?

Si queremos que la democracia florezca en lo político, hemos de creer en ella; si la mujer no ve que el sexo se hace más igualitario y sincero, y la incluye a ella, se está debilitando un importante pilar de la democracia. También el hombre siente que «algo huele mal en Dinamarca» («¿finge orgasmos conmigo?») y se da cuenta por el lenguaje corporal de que ellas se alejan sexualmente tras los primeros encuentros sexuales, llenos de pasión (las primeras semanas). Hay que cambiar todo esto, y podemos hacerlo.

La pregunta es cómo: cómo cada cual, uno por uno, transforma su guión más privado y delicado, sin convertir el dormitorio en otro lugar de trabajo. En primer lugar, es importante que el hombre abra su sexualidad y escuche e interactúe más con lo que acontece a su alrededor, en vez de ver un letrero frente a él que le dicta cómo actuar y lo que debería «hacerle a ella o hacer por ella». Si la mujer ve otras actividades más eróticas que el coito y tiene orgasmos de otro modo, se trata de una información importante que incorporar al pacto sexual mutuamente creado (pues cada relación sexual es la construcción concreta de dos personas, y no «conducta animal, automática e invariable, sin que importe con quién se haga»).

En segundo lugar, ¿qué ha de hacer la mujer? Si ve que otras actividades la llevan al orgasmo y la excitan más que el coito, debería probar con su cuerpo y dejarse llevar por él, actuar como su «naturaleza» le diga, desechando las ideas sobre «lo que la mujer como es debido debería hacer» o «¿qué pensará él de mí?» o «él es un hombre, necesita el coito, necesita que yo me ofrezca para tener un orgasmo»... Y empezar de cero.

¿Cómo ha de redefinir el sexo la mujer? Aunque sepa lo que la complace y cómo excitarse, ¿cómo introducir al hombre en su nuevo guión erótico? ¿Cuál sería ese erotismo?

Por supuesto, algunos hombres no quieren ni pensar en una sexualidad alternativa no centrada en el coito —aunque algunos sí lo hacen—, por lo que gran parte de este dilema depende de la mente del hombre. Es más, aunque el hombre proporcione a su pareja estimulación manual u oral hasta el orgasmo, si sólo lo hace «antes» de lo que para él es «el acto fundamental», está claro que su pareja, la mujer, probablemente a veces se sentirá «desinflada» o derrotada, y no excitada, porque también para la mujer las fórmulas son monótonas.

Sólo por añadir estimulación clitoridiana «que lleve a la mujer al orgasmo» o tras el coito —aunque sea bueno— no se escapa a la fórmula y sus presiones.

He aquí una sugerencia: empezar a considerar que el clímax o «lo mejor» del sexo es un estado muy cargado de erotismo, un estado de gran excitación, y no «el acto». Pensar que la meta del sexo es sentirse muy excitado, y no «el acto».

Creer que «todo lo que no sea el "acto"» es menos importante, es secundario, impide abrir el campo de las relaciones. Lo que se ha dado en llamar «preliminares» a menudo es en realidad «lo principal».

Los fuertes sentimientos eróticos de deseo van al meollo de una relación, te hacen sentir que «renaces» y te llenas de energía, como si amaras el mundo y todo lo que hay en él, como si pudieras llegar a la cima más alta. Ese erotismo y una alegría tan grandes suelen surgir cuando nos permitimos abrirnos, ser vulnerables y mostrar nuestro deseo, alejando el sexo de la fórmula previsible para que sea una búsqueda mutua de «juego erótico» que acentúe la comunicación física no verbal y cree deseo.

REDEFINIR EL SEXO

Nuestra definición del sexo pertenece a una visión del mundo pasada... o que está pasándose. La sexualidad y las relaciones sexuales ya no definen el derecho de propiedad como antaño; los hijos ya no son fundamentales para el poder del Estado ni del individuo, por lo que las ideas acaloradas y rígidas de «lo que es la sexualidad» y «cómo debe practicarse el sexo reproductivo» ya no atraen nuestra imaginación como antes. Aunque las instituciones sociales sigan basándose totalmente en formas patriarcales (en el sexo, «el hombre ha de tener el orgasmo en la vagina de la mujer»), en realidad el patriarcado está muerto, igual que la sexualidad que definió.

Hoy vivimos un periodo de transición, aunque aún no esté claro hacia qué. Nuestro reto ahora es concebir una sociedad más humana, que implante los mejores valores de antes, como la amabilidad y la comprensión, la cooperación, la igualdad y la justicia, y los propague por todas las capas de la vida pública y privada: una metamorfosis hacia una sociedad más personal y humanizada. La reacción violenta en contra de esta energía hacia delante no prevalecerá para siempre.

Concretamente, en las relaciones sexuales —que quizá deberíamos empezar a llamar simplemente relaciones físicas— podemos reabrir muchas opciones. Todos los tipos de intimidad física que se canalizaron en una definición mecánica del sexo ahora vuelven a permitirse y a difundirse en nuestras vidas, también las simples caricias y el calor del contacto corporal. No tiene por qué haber una clara distinción entre la caricia sexual y la amistad. Igual que muchas mujeres describen la excitación como una de las mejores partes del sexo, y la cercanía física como el aspecto quizá más placentero de la cópula, así la intensa intimidad física puede ser una de las actividades más satisfactorias posibles por sí sola.

Aunque tendemos a pensar en el sexo como en una pauta fija, un conjunto de actividades (en esencia reproductivas), no hay necesidad de limitarnos así. No hay ninguna razón por la que la intimidad física siempre tenga que constar de unos preliminares seguidos de la cópula y el orgasmo.

El sexo es el contacto físico íntimo para el placer, para compartir placer con otro (o a solas). Puedes practicar el sexo para llegar al orgasmo o no, puede ser sexo genital o sólo intimidad física: como a ti te parezca. No hay ninguna razón para pensar que la «meta» es la cópula, ni para que lo que tú sientes tenga que encajar en ese contexto. No hay normas de rendimiento sexual «ahí fuera» con las que medirte, no te gobiernan las hormonas ni la biología.

Eres libre de explorar y descubrir tu propia sexualidad, de aprender o de olvidar lo que quiera que desees, y de tener relaciones físicas con otros, sean del sexo que sean: como a ti te guste.

La esperanza es como un camino en el campo:
al principio no lo hay, pero si muchos lo transitan,
el camino cobra existencia.

Apéndice

Por favor contesta estos cuestionarios

La doctora Hite agradecería a los lectores que rellenaran uno de los siguientes cuestionarios: uno es para chicas y otro para chicos.

Por favor, envía tus respuestas a la doctora Hite por correo electrónico (*hite2000@hotmail.com*), o a La Esfera de los Libros.

PREGUNTAS PARA CHICAS

Cuestionario para la investigación sobre la mujer y la sexualidad femenina

El propósito de este cuestionario es comprendernos mejor a nosotras mismas, quién es hoy la mujer, como colectivo e individualmente. Se habla mucho de «la nueva mujer»: ¿existe de verdad? ¿En qué medida te identificas *tú* con las imágenes que ves a tu alrededor?

Responder a estas preguntas es una forma de conocer mejor tu sexualidad y (quizá) compartir tus respuestas con otros. Contestando contribuirás (de forma totalmente anónima) a un proyecto de investigación independiente que publicará sus resultados más adelante en un ensayo sobre el tema con datos y citas.

El cuestionario es anónimo, ¡no lo firmes! Si piensas que algunas preguntas no se aplican a ti, escribe «NA» (no aplicable) y ya está.

No pienses que hay que contestar a todas las preguntas sin excepción, sáltate las que quieras y responde las que te interesen.

Utiliza sólo una cara del papel numerando las respuestas. Si quieres, también puedes responder por email. Las respuestas pueden estar en español o en inglés.

¡Gracias por contestar! ¡Haznos saber de ti!

1. ¿Es importante para ti practicar el sexo? ¿Qué representa en tu vida?

2. ¿Tienes orgasmos? ¿Cuándo los sueles tener? ¿Durante la masturbación? ¿En el coito? ¿Con la estimulación clitoridiana? ¿Con otra actividad sexual? ¿Con qué frecuencia?

3. ¿Es importante para ti tener orgasmos? ¿Te gustan? ¿Alguna vez te aburren tus orgasmos? ¿Disfrutarías igual del sexo sin tenerlos nunca? ¿Practicar bien el sexo, tiene que ver con tener orgasmos?

4. Si nunca o casi nunca tienes orgasmos, ¿te gustaría tenerlos? ¿Por qué, o por qué no? En el caso de que te gustara, ¿qué crees que te ayudaría a tenerlos? ¿Los tuviste alguna vez?

5. ¿Podrías describir qué sientes con el orgasmo? ¿Dónde lo sientes y qué siente tu cuerpo durante el orgasmo?

6. Tener orgasmos, ¿es una especie de esfuerzo de concentración? ¿Piensas que hay que aprender a tener orgasmos?

7. ¿Te sientes sexualmente satisfecha con un orgasmo? Si no, ¿con cuántos? ¿Cuántos orgasmos puedes tener? ¿Cuántos sueles querer durante la masturbación? ¿Y durante la estimulación clitoridiana con una pareja? ¿Y en el coito?

8. Haz una descripción gráfica o un dibujo de cómo podría estimularse mejor tu cuerpo para llegar al orgasmo.

9. ¿Disfrutas de la excitación por sí misma, es decir, como un estado de sensibilidad más acusada sin que necesariamente lleve al orgasmo? ¿Qué sientes?

10. ¿Te gusta continuar excitada durante periodos de tiempo largos o indefinidos? ¿O prefieres excitarte y llegar al orgasmo en ratos relativamente cortos?

11. ¿Pasas alguna vez largas temporadas sin practicar el sexo? (¿Incluyes aquí la masturbación, o es que no practicas ninguna clase de sexo?) ¿Te molesta o te gusta?

12. ¿Con qué frecuencia te apetece practicar el sexo? ¿Lo buscas activamente? ¿Es importante el momento del mes? ¿Notas un aumento del deseo sexual en ciertos momentos del mes?

13. ¿Te gusta masturbarte? ¿Físicamente? ¿Psicológicamente? ¿Con qué frecuencia? ¿Sueles llegar al orgasmo: a veces, rara vez o nunca? ¿Es la masturbación más intensa con alguien o a solas? ¿Cuántos orgasmos sueles tener?

14. ¿Qué importancia tiene *para ti* la masturbación? ¿Has visto alguna vez a otra persona masturbándose? ¿Puedes imaginarte masturbándose a mujeres que admiras?

15. ¿Cómo te masturbas? ¿Qué secuencia física se produce? Descríbelo con detalle. Por ejemplo, ¿qué usas para estimularte: los dedos o la mano, un vibrador...? ¿Qué movimientos haces: circulares, toquecitos, de arriba abajo...? ¿Usas las dos manos?, y si no, ¿qué haces con ellas, o con la otra mano? ¿Dónde te tocas? ¿Te da igual tener las piernas juntas o separadas? ¿Te mueves mucho?...

16. ¿Qué posturas y movimientos son mejores para estimularte tú misma el clítoris con una pareja? ¿Sueles tener orgasmos así: a veces, rara vez o nunca? Explica los modos en los que tú y tu(s) pareja(s) practicáis la estimulación clitoridiana.

17. ¿Qué otros juegos sexuales te gustan? ¿Son importantes para llegar al orgasmo? ¿Cómo de importante es besarse (estimulación bucal), acariciar el pecho, las caderas o los muslos, tocarse en general por todo el cuerpo, etcétera?

18. ¿Te gusta la penetración vaginal, el coito? ¿Físicamente? ¿Y psicológicamente? ¿Por qué? ¿Suele llevarte al orgasmo: a veces, rara vez o nunca? ¿En cuánto tiempo? ¿Alguna vez sientes molestias físicas? ¿Sueles tener suficiente lubricación? ¿Alguna vez experimentas una disminución de la sensibilidad vaginal o genital si se alarga la duración del coito?

19. ¿Qué movimientos te estimulan más en la penetración: suaves, fuertes, presión por detrás, por delante o ninguna, penetración completa o parcial...? ¿Qué posturas te parecen estimulantes? ¿Te importa el tamaño y la forma del pene o del «objeto» que penetra?

20. ¿Practicas el coito cuando tienes el periodo? ¿Y el sexo oral?

21. ¿Te resulta más fácil tener un orgasmo en otros momentos que durante el coito? En otras palabras, ¿tienes orgasmos más fácilmente por estimulación clitoridiana que por el coito? ¿Son diferentes los orgasmos? ¿En qué?

22. ¿Te gusta el *cunnilingus*? ¿Sueles tener orgasmos durante el *cunnilingus*: a veces, rara vez o nunca? ¿Los tienes durante el contacto oral en el clítoris, en la vagina, o en ambos? Explica qué te gusta o qué no te gusta del *cunnilingus*.

23. ¿Usas vibrador para tener orgasmos? ¿Qué clase de vibrador es? ¿En qué zona(s) de tu cuerpo lo usas? ¿Lo usas durante la masturbación y el juego sexual o el coito, o en otros momentos?

24. ¿Te gusta el contacto rectal? ¿De qué tipo? ¿La penetración rectal?

25. ¿En qué piensas durante el sexo? ¿Fantaseas? ¿Sobre qué?

26. ¿Te estimula la pornografía? ¿Qué tipos? ¿Qué acciones?

27. ¿Qué piensas del sadomasoquismo? ¿De la dominación-sumisión? ¿Qué crees tú que representa?

28. ¿Prefieres hacerle cosas a otros o que te las hagan a ti, o no prefieres ninguna de las dos cosas?

29. ¿Qué te excitaría más: el contacto físico general, la estimulación genital directa o los «preliminares» psicológicos?

30. ¿Quién establece el ritmo y el estilo del sexo: tú o tu pareja? ¿Quién decide cuándo darlo por terminado? ¿Qué sucede si tu pareja suele querer practicar el sexo más a menudo que tú? ¿Qué sucede si tú quieres practicar el sexo más a menudo que tu pareja?

31. ¿Sueles practicar el sexo con quienes quieres practicarlo? ¿Quién suele iniciar el sexo o dar el primer paso: tú o la otra persona?

32. Describe cómo han practicado el sexo contigo la mayoría de los hombres o mujeres con quienes has estado (si hay pautas que se repiten, etcétera).

33. ¿Te parece que la mayoría de tus parejas están bien informadas sobre tus deseos sexuales y tu cuerpo? ¿Son sensibles a la estimulación que tú quieres? Si no, ¿la pides o actúas por tu cuenta para conseguirla? ¿Te parece embarazoso?

34. ¿Te sientes culpable por tomarte tiempo para ti en juegos sexuales que quizá no sean especialmente estimulantes para tu pareja? ¿Qué actividades incluye tu respuesta?

35. ¿Te da vergüenza tener orgasmos delante de otra persona? ¿Sólo con parejas nuevas, o con todas? ¿Por qué?

36. Tu vagina y tu zona genital, ¿son feas o bonitas para ti? ¿Te parece que huelen bien?

37. ¿Alguna vez sientes la necesidad de masturbarte para llegar al orgasmo después de «hacer el amor»?

38. ¿Cuánto suele durar la relación sexual?

39. ¿Alguna vez finges orgasmos? ¿Durante qué actividades sexuales? ¿Con qué frecuencia? ¿Bajo qué condiciones?

40. ¿Qué te gustaría probar que nunca has probado? ¿Qué te gustaría hacer más a menudo? ¿Qué cambios te gustaría hacer en la escena habitual del «dormitorio»?

41. ¿Cuáles fueron tus mejores experiencias sexuales?

42. ¿A qué edad tuviste tus primeras experiencias sexuales? ¿Contigo misma? ¿Y con otra persona? ¿En qué consistieron? ¿A qué edad tuviste el primer orgasmo? ¿Durante qué actividad? ¿A qué edad miraste por primera vez detenidamente tu vagina y genitales?

43. ¿Qué te da más placer del sexo? ¿Y displacer?

44. ¿Qué imaginas que te gustaría hacer con el cuerpo de otra persona? ¿Cómo te gustaría relacionarte físicamente con otros cuerpos?

45. ¿Te gusta tocar? ¿A quiénes tocas: hombres, mujeres, amigos, familiares, niños, a ti misma, animales, mascotas, etcétera? ¿Tiene que ver con el sexo?

46. ¿Qué importancia tienen el afecto físico y el tocarse por sí solos (sin que lleven al sexo)? ¿Tienes de las dos cosas todo lo que quieres? ¿Alguna vez has practicado el sexo con otros sobre todo para tocar y que te tocaran, y estar cerca de ellos? ¿Con qué frecuencia?

47. ¿Alguna vez tocas a alguien con sensualidad para excitarle, pero sin sexo «real»? Explícalo, por favor (si quieres, consulta la pregunta n. 9).

48. ¿Hay diferencia entre el sexo y el tocar? Si es así, ¿cuál es la diferencia?

49. ¿Cómo sería la sexualidad en el mejor de los mundos posibles?

50. ¿Crees que tu edad y tu pasado tienen influencia en tu vida sexual? ¿Qué edad tienes, y qué experiencia, estudios, tipo de educación, ocupación, raza, posición económica, etcétera?

51. ¿Sueles preferir el sexo con hombres, con mujeres, contigo misma, o no te gusta nunca? ¿Cuáles de estos casos has experimentado, y cuánto?

52. ¿De qué forma afecta o afectó la contracepción a tu vida sexual? ¿Qué métodos has usado? ¿Has tomado alguna vez la píldora?

53. ¿Piensas que hay algo político en el sexo?

54. ¿Has leído los estudios científicos de Masters y Johnson sobre la sexualidad? ¿El de Kinsey? ¿Otros? ¿Qué piensas de ellos?

55. Añade, por favor, cualquier cosa que quieras decir y no se haya mencionado en este cuestionario.

56. ¿Qué te ha parecido el cuestionario?

¡ESPERA! ¿HAS CONTESTADO ESTAS IMPORTANTES PREGUNTAS?

1. ¿Te parece que la mayoría de tus parejas perciben la estimulación que tú quieres? Si no, ¿la pides o actúas por tu cuenta para conseguirla? ¿Te resulta embarazoso?

2. ¿Alguna vez sientes la necesidad de masturbarte para llegar al orgasmo después de «hacer el amor»?

3. ¿Alguna vez no has querido decir «no» por temor a «apagarlos»? Si es así, ¿cómo te sentiste durante la relación sexual? ¿Y después? ¿Alguna vez temes que el otro piense que eres «demasiado libre» sexualmente? ¿Y «demasiado salvaje»?

4. ¿Alguna vez finges orgasmos? ¿Durante qué actividades sexuales? ¿Con qué frecuencia? ¿Bajo qué condiciones?

5. Tu vagina y tu zona genital, ¿son feas o bonitas para ti? ¿Qué otras partes de tu cuerpo te gustan o te disgustan? ¿Te sientes cómoda desnuda ante otra persona? ¿Te preocupa cómo se ve tu cuerpo?

6. ¿Qué te gustaría probar que nunca has probado? ¿Qué te gustaría hacer más a menudo?

7. Describe cómo han practicado el sexo contigo la mayoría de los hombres o mujeres con quienes has estado.

8. ¿Cómo han influido estas experiencias en tu pensamiento o conducta sexual actuales? ¿Tuviste alguna experiencia que influyera drásticamente en tu vida sexual?

9. ¿A qué edad tuviste tus primeras experiencias sexuales? ¿En qué consistieron? ¿Contigo misma? ¿Y con otra persona? ¿A qué edad tuviste el primer orgasmo? ¿Durante qué actividad? ¿A qué edad miraste por primera vez detenidamente tu vagina y genitales?

10. ¿Qué edad tienes, y qué experiencia, estudios, tipo de educación, ocupación, raza, posición económica? ¿Vives sola o con alguien con quien practicas el sexo? ¿Dónde conseguiste este cuestionario?

11. ¿Sueles preferir el sexo con hombres, con mujeres, contigo misma, o no te gusta nunca? ¿Por qué? ¿Cuáles de estos casos has experimentado, y cuánto? ¿Fueron en su mayoría relaciones cortas o largas?

12. ¿Qué piensas de la «revolución sexual»?

13. ¿Piensas que el sexo, tal como suele definirse, es una respuesta condicionada? Es decir, si no nos hubieran enseñado desde la infancia nuestras formas de actuar, ¿crees que no las consideraríamos «naturales»? ¿Piensas que hay algo político en el sexo?

14. ¿Qué cambios piensas que mejorarían la sexualidad y la expresión física? En otras palabras: ¿cómo sería la sexualidad en el mejor de los mundos posibles?

15. ¿Has leído los últimos estudios científicos de Masters y Johnson sobre la sexualidad? ¿El de Kinsey? ¿Otros? ¿Qué piensas de ellos?

16. Añade, por favor, cualquier cosa que quieras decir y no se haya mencionado en este cuestionario.

17. ¿Por qué has contestado este cuestionario (gracias), y qué te ha parecido?

CUESTIONARIO PARA CHICOS: TU VIDA SEXUAL

Cuestionario de investigación sobre el hombre y la sexualidad masculina*

El objetivo de este cuestionario es comprender mejor cómo siente el hombre su vida. Muchas de las ideas de nuestra sociedad sobre quién es o debería ser el hombre respecto

---

* La investigación para *El informe Hite sobre sexualidad masculina* se llevó a cabo entre 1974 y 1981. Este cuestionario fue el utilizado de 1979 a 1981, y se ha actualizado para este libro.

al sexo están basadas en estereotipos obsoletos y nos hacen difícil saber qué siente de verdad como individuo.

Si lo rellenas, tu cuestionario contribuirá al desarrollo de una índole más positiva de sexualidad y de relaciones. No importa cómo contestes, puesto que tus respuestas no tienen que ir firmadas con tu nombre. El cuestionario es totalmente anónimo, por eso te pedimos que seas lo más abierto y lo más sincero posible: no hay respuestas «correctas» ni «incorrectas». Simplemente dinos qué piensas.

Los resultados se publicarán con un extenso comentario de las respuestas y numerosas citas, en el mismo formato que *El informe Hite sobre la sexualidad femenina*. Envía tus respuestas a Shere Hite en *hite2000@hotmail.com*, o a La Esfera de los Libros.

No es necesario contestar a todas las preguntas sin excepción. Responde sólo a las que te interesen, pero ¡por favor, responde!

Gracias.

1. EL ORGASMO DE LOS CHICOS

1. ¿Cuál es la primera experiencia sexual que recuerdas? ¿Cuántos años tenías?

2. ¿A qué edad te masturbaste por primera vez? ¿Y a cuál llegaste al orgasmo? ¿Cómo aprendiste: solo, de otra persona, o de libros o películas?

3. ¿A qué edad tuviste el primer orgasmo? ¿Y cuándo eyaculaste por primera vez? ¿Tuviste orgasmos antes de estar

lo bastante desarrollado como para eyacular? ¿Te daba un intenso placer tocarte? ¿Tenías sueños húmedos?

4. ¿Tus padres te hablaban de sexo? ¿Qué te contaron tus amigos? ¿Qué oíste por primera vez sobre la menstruación?

5. ¿Cómo era tu sexualidad cuando estabas creciendo? ¿En la infancia? ¿En el colegio? ¿Y en el instituto?

6. ¿Piensas que habría que reprimir la sexualidad infantil y adolescente? ¿Por qué, o por qué no? ¿Por qué se reprimen?

7. ¿Cómo ha cambiado tu vida sexual con los años? ¿Afecta la edad al sexo? ¿Ha cambiado tu disfrute del sexo? ¿Han cambiado tus actitudes y actividades?

8. ¿Qué lugar ocupan los deportes y el ejercicio en tu sensación general de bienestar físico y de placer? ¿Qué deportes y qué tipo de ejercicio te gustan? ¿La natación? ¿El fútbol? ¿Correr? ¿Otros?

9. ¿Qué lugar ocupan actividades como tomar el sol, arrebujarte en albornoz con alguien en un sofá, dormir con el calor de otro cuerpo a tu lado, acariciar a tu perro o a tu gato..., en tu vitalidad corporal general? ¿Qué te gusta especialmente?

10. ¿Qué lugar ocupa lo que suele llamarse «sexo» (sexo genital)? ¿Y la masturbación?

11. ¿Qué parte ocupan las conversaciones con tus amigos en tu sensación general de bienestar? ¿Alguna vez les dices a tus amigos lo mucho que te importan?

12. ¿Ocupa algún lugar la vida doméstica o familiar en tu sensación general de bienestar físico? (por supuesto, esto vale para todos, no sólo para los casados.)

13. ¿Te gusta tocar y abrazar a los niños? ¿Te gusta acurrucarte junto a ellos? ¿Y pelear con ellos? ¿Y bañarles? ¿Llevarles en brazos? ¿Acunarles? ¿Darles de comer?

14. ¿Alguna vez has deseado poder ser madre? ¿Cómo te sentiste al enterarte de que no podías dar a luz? ¿Cómo te enteraste? ¿Qué sientes ahora al respecto?

15. ¿Qué piensas del papel de padre (seas padre tú o no lo seas)?

16. ¿Te gusta cuidar físicamente a otras personas, sean niños o adultos? ¿Cómo lo haces? ¿Les mimas? ¿Te prepararon tus padres para cuidar de otros?

17. ¿Has encontrado el calor y la cercanía que deseas en tu vida? ¿Dónde?

18. ¿Te gustaría tener más tiempo para ti?

19. ¿Qué piensas de la privacidad en el cuarto de baño? ¿Cierras la puerta? ¿Te gusta que tu pareja a veces esté en el cuarto de baño mientras tú orinas o defecas? ¿Te gusta ver a tu pareja orinando, etcétera?

2. SER HOMBRE

20. ¿Qué edad tienes y cuál es tu pasado: ocupación, estudios, educación, religión y raza, o cualquier otra cosa que consideres importante?

21. ¿Cómo eres físicamente? ¿Te consideras guapo, del montón, feo..., o no quieres hacer comentarios? (si te han molestado, perdona estas palabras).

22. ¿Cómo definirías la masculinidad? ¿Eres masculino? ¿Cómo de masculino eres?

23. ¿Cuál es la diferencia entre masculino y machista? ¿En qué nivel de la escala de «machista» te clasificarías?

24. ¿Qué cualidades le hacen a uno hombre? Es decir, ¿qué cualidades admiras en el hombre? ¿Estás orgulloso de tu masculinidad?

25. ¿Qué te dijo tu padre de cómo ser hombre? ¿Qué te dijo de las mujeres?

26. ¿En qué puede distinguirse hoy un hombre? ¿Qué es heroico en estos tiempos?

27. ¿De qué puede enorgullecerse el colectivo de los hombres en la actualidad? ¿Y avergonzarse?

28. ¿Cuál es la mayor preocupación, o el mayor problema, que tienes en la vida?

29. ¿Es importante el éxito? ¿Tú lo tienes? ¿De qué manera?

30. ¿Crees que es bueno ser despiadado cuando hay que serlo?

31. ¿Sueles ocultarlo cuando te sientes triste o herido? ¿Te obligas a proceder como un robot? ¿Alguna vez te sientes como un robot?

32. ¿Cómo te sentirías si al describirte dijeran algo, lo que fuera, sobre tu conducta o tus opiniones que implicara que son «de mujer»?

33. ¿Alguna vez te han llamado «marica» o te han dicho que te comportes «como un hombre»? ¿Con qué motivo? ¿Qué sentiste?

34. ¿Envidias la libertad de la mujer para ser amable y afectuosa o expresar su mal humor? ¿Le envidias el poder elegir que la mantengan o la aparente ausencia de presiones que la obliguen a ganar dinero?

35. ¿Sientes gran resentimiento hacia las mujeres o hacia la forma en que alguna te ha hecho daño?

36. ¿Alguna vez te sientes algo culpable por cómo te has portado con las mujeres, o con una mujer en concreto?

37. ¿Ves pornografía? ¿De qué tipo? ¿Leía pornografía tu padre cuando eras niño? ¿Dónde y cuándo viste tu primera «revista para hombres»?

38. ¿Qué opinas de la pornografía que has visto? ¿Piensas que representa ciertas verdades elementales sobre cómo son de verdad el hombre y la mujer, tanto psicológicamente como desde el punto de vista sexual?

39. ¿Qué piensas de la «revolución sexual»?

40. ¿Qué piensas de la liberación de la mujer? ¿Cómo ha afectado tus relaciones?

41. ¿Qué necesita el hombre de la mujer? ¿Qué te dan las mujeres que no te dan los hombres?

42. ¿Hay más hombres o más mujeres entre tus amistades? ¿Por qué?

3. RELACIONES

43. ¿Sueles preferir el sexo con mujeres, con hombres, con ambos, contigo mismo, o no te gusta nunca?

44. ¿Piensas que el sexo es importante, o que está sobrevalorado? ¿Es interesante o se le da demasiado peso? ¿Qué otras cosas te parecen más importantes en la vida?

45. ¿Tiene el sexo una trascendencia espiritual para ti?

46. Escoge una de las siguientes respuestas a esta pregunta: ¿Cómo es tu vida sexual?

A. Si estás casado, ¿cuántos años llevas casado? ¿Te gusta estar casado? ¿Por qué te casaste en aquel momento? ¿Cómo ha influido en el sexo el haberte casado?

— ¿Amas a tu mujer? ¿Qué es lo que más amas de ella? ¿Tiene orgasmos contigo? ¿Con qué tipo de estimulación? Si te masturbas, ¿lo sabe ella?

— ¿Crees en la monogamia? ¿Has tenido o estás teniendo experiencias sexuales extraconyugales? Si es así, ¿cuántas? ¿Qué efecto tienen en ti personalmente? ¿Y en tu matrimonio? ¿Lo supo o lo sabe tu pareja?

— Si tienes hijos, ¿por qué los tienes? ¿Querías ser padre? ¿Qué sentiste cuando tu mujer te dijo por primera vez que ibais a tener un niño? ¿Amas a tus hijos? ¿Piensas que tuviste que renunciar a ciertas cosas para casarte o para tener hijos? ¿Un trabajo y oportunidades profesionales? ¿En qué habría sido diferente tu vida sin hijos?

B. Si estás divorciado, ¿cuáles fueron los motivos y qué piensas al respecto?

C. Si eres homosexual, contesta a una de las dos preguntas anteriores, la que se te aplique, y también: ¿cuánto tiempo llevas teniendo relaciones físicas y emocionales con hombres? ¿Qué diferencia hay respecto a las relaciones con mujeres, si las has tenido? ¿Emocionalmente? ¿Y físicamente? ¿Tienes relaciones con más de un hombre? ¿Quieres vivir, o vives, de forma permanente con un hombre?

D. Si estás soltero, ¿te gusta estarlo? ¿Cuáles son las ventajas y desventajas? ¿Piensas acabar casándote? ¿Cómo es tu vida sexual?

E. Si vives con tus padres o en familia, ¿qué normas hay respecto a tus actividades sexuales y a las relaciones? ¿Han hablado contigo de sexo en serio tus padres o tus familiares? ¿De dónde has sacado la mayoría de tus conocimientos de la sexualidad: de amigos, libros, revistas de sexo, la familia? ¿Has tenido problemas para conseguir información precisa sobre sexo? Si has tenido una relación sexual, ¿lo saben tus padres? ¿Cómo reaccionaron?

F. Si todavía no has practicado el sexo con otra persona, ¿cómo te imaginas que será? ¿Te interesa, o te parece que su importancia se exagera mucho? ¿Qué actividades físicas te han gustado hasta ahora?

G. Si vives con alguien, responde a cualquiera de las preguntas anteriores que se te aplique, y también: ¿cuánto tiempo lleváis viviendo juntos? ¿Preferiríais estar casados? ¿Cuáles son vuestros planes para el futuro?

H. Si en la actualidad no te interesa el sexo (exceptuando quizá la masturbación), ¿qué te parece esa vida, te gusta? ¿Cuánto tiempo piensas seguir siendo «célibe»? ¿Cuánto tiempo llevas siéndolo?

47. Puede que ninguna de estas categorías describa tu vida. Si es así, descríbela tú mismo a tu manera.

4. AMOR Y AFECTO

48. Describe el momento en que te hayas sentido más enamorado. ¿Qué te pareció? ¿Qué pasó?

49. ¿Alguna vez te has pasado horas llorando por problemas que estabas teniendo con alguien a quien amabas? ¿Pensaste en el suicidio? ¿Por qué?

50. ¿Cuándo has sido más feliz que nunca con alguien? ¿Y más cercano? ¿Cuándo te sentiste más solo?

51. ¿Cómo compararías tus amistades con tus relaciones amorosas?

52. ¿Piensas que puedes amar a alguien de verdad?

53. ¿Cuáles son tus anhelos más profundos en una relación con otra persona?

5. ORGASMO

54. ¿Qué importancia tienen los orgasmos para ti? ¿Puedes disfrutar del sexo sin orgasmos? ¿Puedes disfrutar del sexo si tu pareja no tiene un orgasmo?

55. Describe lo qué sientes con el orgasmo: ¿qué sientes durante la excitación previa? ¿Y antes del orgasmo? ¿Durante el clímax? ¿Después? ¿Qué momento es el mejor? ¿Qué sientes en el mejor momento de todos?

56. ¿Con qué frecuencia practicas el sexo sin tener un orgasmo? ¿Te sientes forzado a tener orgasmos? ¿Cuándo?

57. ¿Cómo reacciona tu cuerpo cuando tienes un orgasmo? ¿Se agarrota? ¿Se mueve mucho? ¿Deja de moverse? ¿Pierdes el control sobre él? ¿Qué pasa con los brazos y las piernas? ¿Y la cara?

58. ¿Siempre eyaculas al tener un orgasmo? ¿Con qué frecuencia tienes un orgasmo o experimentas una sensación cercana al orgasmo sin eyacular? ¿A veces eyaculas sin llegar al orgasmo? ¿Con qué frecuencia? ¿O para ti orgasmo es sinónimo de eyaculación? ¿Tuviste algún orgasmo de niño antes de haber comenzado a eyacular?

59. ¿Tienes más de un orgasmo durante la relación sexual? ¿Eyaculas siempre? ¿Qué se siente con los orgasmos sucesivos? ¿Alguna vez has seguido hasta llegar al segundo orgasmo sin perder la erección?

60. ¿Es la erección necesaria para la excitación sexual? ¿Alguna vez te has excitado sin tener una erección? ¿Te molestó no tenerla? ¿Cómo reaccionó tu pareja?

61. ¿No pasa nada por practicar el sexo con el pene flácido? ¿Te da vergüenza proseguir el sexo con el pene flácido si no tienes una erección?

62. Cuando tienes una erección, ¿siempre es por estar excitado, o hay otras posibles causas?

63. ¿Te gusta mantenerte excitado durante largo rato, o prefieres seguir y llegar al orgasmo relativamente rápido? ¿Podrías describir lo que sientes con la excitación?

6. MASTURBACIÓN

64. ¿Con qué frecuencia te masturbas? ¿Qué piensas al respecto? ¿Te complace? ¿Te satisface? ¿Eres reservado o eres abierto sobre este tema?

65. ¿Te gusta la masturbación? ¿Físicamente? ¿Y emocionalmente? ¿Qué encuentras satisfactorio e insatisfactorio en la masturbación?

66. ¿Cómo te masturbas? Descríbelo con detalle, por favor. Por ejemplo, ¿te coges el pene con la mano y mueves la mano, o mueves todo el cuerpo frotándolo contra algo? ¿Es importante la estimulación en la parte frontal o posterior de tu pene? ¿Usas también la estimulación anal? ¿Te tocas el pecho? ¿Te molesta la humedad de la eyaculación? ¿Hay una postura concreta que te guste más? ¿Usas pensamientos o fantasías concretas?

67. ¿Puedes retrasar el orgasmo en la masturbación? ¿Cómo? ¿Eso lo hace más o menos excitante?

68. ¿Siempre quieres llegar al orgasmo al masturbarte? ¿Alguna vez te paras justo antes de llegar al orgasmo para aumentar el placer? ¿Te masturbas (pero sin llegar al orgasmo) para excitarte antes de practicar el sexo? ¿Con qué frecuencia?

69. ¿Qué importancia tiene la masturbación en tu vida?

7. EL PENE

70. ¿Te gusta el aspecto de tus genitales y cómo huelen? ¿Te gusta el tamaño y la forma de tu pene? ¿Tus testículos?

71. ¿Estás circuncidado? ¿Te gusta? ¿Circuncidaste a tu hijo, o le circuncidarías?

72. ¿Qué pensaste al saber de la circuncisión? ¿Y sobre tu propia circuncisión? ¿Te asustó? ¿Te gustó? ¿Recuerdas algo del procedimiento? ¿Qué edad tenías?

73. ¿Afecta a tus actividades sexuales el tener o no tener prepucio?

74. ¿Por qué se hace la circuncisión a los hombres?

75. ¿A tu pareja o tus parejas, le(s) gustan tus genitales? ¿Alguna vez una pareja te ha hecho algún comentario adverso? ¿Qué sentiste?

76. ¿Te gusta la felación (estimulación oral del pene)? ¿Puedes tener orgasmos así: siempre, normalmente, a veces, rara vez o nunca? ¿Con qué frecuencia tienes orgasmos de esta forma? ¿Cómo te gusta que te lo hagan?

77. ¿Te gusta hacerle a otro sexo oral, bien sea *cunnilingus* o felación?

78. ¿Te gusta el contacto buco-anal?

79. ¿Te gusta que tu pareja te estimule el pene con la mano? ¿Sueles tener orgasmos de esa forma? ¿Qué otras partes de tu cuerpo te gusta que toque tu pareja?

80. ¿Te gusta masturbarte estando presente otra persona? ¿Te gusta que tu pareja se masturbe cuando está contigo?

81. ¿Te gusta (o te gustaría) que te penetraran analmente? ¿Con un dedo? ¿Con un pene? ¿Qué se siente? ¿Tienes orgasmos así? ¿Exactamente qué sientes con el coito anal, tanto física como emocionalmente?

82. ¿Te gustan los preliminares? ¿Qué tipo de preliminares son importantes para ti y pensando en ti? ¿Cómo te gusta que te toquen, y dónde? ¿Y que te besen? ¿Que te acaricien? ¿Tienes sensibilidad en el pecho? ¿El culo? ¿Los testículos? ¿La boca? ¿Los oídos?

83. ¿Tu pareja dedica la suficiente atención a los preliminares contigo? ¿Te toca y te acaricia lo suficiente?

84. ¿Te gusta a veces darte el lote sin practicar «sexo real»? ¿Lo prefieres?

85. ¿Quién da el primer paso en el sexo? ¿Cómo te sientes si lo da la otra persona? ¿Alguna vez has querido que alguien lo dé y no ha sucedido? ¿Sientes que tu pareja no te ama si nunca da el primer paso? ¿Que no te desea?

86. ¿Alguna vez has abordado a alguien buscando relaciones sexuales y esa persona te ha rechazado? ¿Qué sentiste? ¿Has rechazado tú a alguien? ¿Por qué?

87. ¿Hay temporadas en las que no te interesa el sexo? ¿Hay altibajos en tu interés sexual? ¿Cuándo?

8. TUS SENTIMIENTOS POR LOS HOMBRES

88. Describe a tu mejor amigo varón. ¿Qué te agrada de estar con él?

89. ¿Perteneces a un grupo de hombres, o alternas con alguno? ¿Qué te gusta de eso? ¿Qué hacéis? ¿De qué habláis?

90. ¿Valoras tus amistades masculinas? ¿Es importante para ti tener amigos o parientes varones a los que sentirte próximo? ¿Qué es lo que valoras de su amistad? ¿Qué representan en tu vida?

91. ¿Has estado en algún cuerpo del Ejército? ¿Te gustó la camaradería? ¿Tuviste alguna experiencia física o sexual con hombres durante ese tiempo?

92. ¿Te gustan los deportes? ¿De qué tipo? ¿Te gusta participar en deportes que se practican con otros hombres? ¿Te gusta la cercanía con ellos en este tipo de actividades?

93. ¿Tuviste un amigo íntimo en el instituto o la universidad? ¿Qué sentías por él?

94. ¿Te sientes o te sentías cercano a tu padre? ¿De qué manera? ¿Cómo es él, o cómo era? ¿Qué piensas de él?

95. Describe al hombre de quien te sientas o te hayas sentido más cercano en tu vida. ¿De qué formas estáis o estabais cerca? ¿Pasáis o pasabais tiempo juntos? ¿Qué es lo que valoras de él? ¿Por qué te gusta?

96. Si no has tenido relaciones físicas o sexuales con otro hombre, ¿te gustaría tenerlas?

9. SEXO CON HOMBRES /SEXO HOMOSEXUAL

97. ¿A qué edad tuviste tu primera experiencia homosexual?

98. ¿Cuál fue la primera vez que tuviste contacto físico con un hombre? ¿Con tu padre? ¿Con un familiar?

99. ¿De qué forma difiere el sexo con hombres del sexo con mujeres?

100. ¿Cuáles son tus cosas preferidas del sexo con hombres? ¿Recomendarías la homosexualidad a otros hombres? ¿Cuáles son las ventajas? ¿Y las desventajas?

101. ¿Te gusta el coito anal? ¿Qué se siente exactamente, tanto física como emocionalmente? ¿Tienes orgasmos así?

102. ¿Te gusta hacerle una felación a un hombre? ¿Te tragas el semen? ¿Te gusta?

103. ¿Puedes tener un orgasmo con sólo tenderte junto a alguien y besaros y frotaros la entrepierna?

104. ¿Estás enamorado? ¿Tienes una relación estable? ¿Con cuántos hombres has tenido una relación sexual en tu vida? ¿Te gusta la monogamia?

105. ¿Es la «promiscuidad» gay un mito o una realidad? ¿Prefieres la cercanía emocional o el sexo casual?

106. ¿Volverías a enamorarte de una mujer? ¿Por qué, o por qué no?

107. ¿Sabe la gente de tu trabajo que eres gay? ¿Y tus padres?

108. ¿Eres abierto en cuestiones gay? ¿Trabajas por la liberación homosexual? ¿Crees en el matrimonio gay?

10. TUS SENTIMIENTOS POR LAS MUJERES

109. ¿Tienes amigas íntimas, o una hermana a la que estés muy unido?

110. ¿Estás o estuviste muy unido a tu madre? ¿De qué forma? ¿Cómo era ella? ¿Qué piensas de ella?

111. ¿Qué cosas admiras de la mujer en general? ¿Cuáles no te gustan? ¿Qué aporta la mujer a la sociedad?

112. ¿Qué piensas de la liberación de la mujer?

113. ¿Tienes actualmente una relación sexual con una mujer? ¿Cómo es ella? ¿Por qué te gusta?

11. SEXO CON MUJERES

114. ¿Cuándo suele(n) tener el orgasmo la(s) mujer(es) con la(s) que practicas el sexo? ¿Alguna mujer te ha hablado en serio y abiertamente de su sexualidad? ¿Le preguntaste tú?

115. ¿Cuándo supiste del clítoris? ¿Qué te dijeron otros hombres? ¿Y mujeres? ¿Libros?

116. ¿Te gusta practicar la estimulación clitoridiana? ¿Por qué, o por qué no? ¿Cuándo lo hiciste por primera vez? ¿Llegó ella al orgasmo? ¿Qué te pareció? ¿Te sientes cómodo ahora practicando la estimulación clitoridiana?

117. ¿Qué tipo de estimulación clitoridiana practicas? Describe por favor cómo lo haces. Describe cómo estimulas el clítoris con la mano o el dedo. ¿Sigues hasta que tu pareja llega al orgasmo?

118. ¿Te masturba tu pareja hasta que llegas al orgasmo? ¿Cómo lo hace? Si no lo sabes, ¿te gustaría que ella compartiera esa información contigo?

119. ¿Cuándo te dijeron o te diste cuenta por primera vez de que la mayoría de las mujeres no tienen orgasmos sólo con el coito? ¿Cuál fue tu primera reacción?

120. ¿Te gusta hacerle el *cunnilingus* a una mujer? ¿Qué es lo que menos te gusta al respecto? ¿Depende de tus sentimientos hacia tu pareja?

121. ¿Te excitas sexualmente estimulando a tu pareja? ¿Disfrutas de su orgasmo? ¿Físicamente? ¿Y emocionalmente? ¿Qué aspectos de tocar, sentir y besar a tu(s) pareja(s) te gustan más? ¿Y menos?

122. ¿Cómo haces que la mujer tenga un orgasmo? ¿Prefieres que tenga el orgasmo en el coito?

12. COITO

123. ¿Te gusta el coito (pene/vagina)? ¿Físicamente? ¿Y emocionalmente? ¿Con qué frecuencia lo practicas?

124. ¿Qué postura te satisface más? ¿Le parece bien esta postura a tu pareja? ¿Qué postura le gusta a ella? ¿Te gusta a ti esa postura?

125. ¿Por qué te gusta el coito? ¿Es la base de tu vida sexual?

126. ¿Alguna vez experimentas alguna molestia física durante el coito? ¿Y después? ¿Alguna vez te aburres durante el coito?

127. Una vez comenzado el sexo, ¿das por sentado que lo siguiente que se espera es el coito? ¿Partes de que cada vez que practicas el sexo el coito estará incluido?

128. ¿Estarías dispuesto a sustituir el coito por otras actividades en algún encuentro sexual? ¿Con qué frecuencia? ¿O siempre quieres definir el sexo como coito?

129. ¿Tiene orgasmos tu pareja en el sexo contigo: siempre, normalmente, a veces, rara vez o nunca? ¿Durante el coito? ¿Durante otras actividades? ¿Cuáles?

130. ¿Cuándo suele(n) tener un orgasmo la(s) mujer(es) con la(s) que practicas el sexo? ¿Siempre sabes si tu pareja ha tenido un orgasmo? ¿Cómo lo sabes? ¿Alguna vez lo dudas? Si lo dudas, ¿lo preguntas? Si preguntas y ella dice «sí», ¿la crees? ¿Habláis de eso?

131. ¿Preferirías practicar el sexo con una mujer que tenga orgasmos con el coito en vez de con la estimulación clitoridiana?

132. ¿Cómo te sientes si una mujer se estimula a sí misma para tener un orgasmo contigo? ¿Durante el coito? ¿Cómo te sientes si utiliza un vibrador?

133. ¿Sientes que algo falla en tu «rendimiento», tu técnica o sensibilidad si la mujer no tiene un orgasmo sólo con el coito? ¿Que no eres «lo bastante hombre» o, por lo menos, que no lo has hecho bien?

134. ¿Te importa que una mujer tenga un orgasmo cuando se acuesta contigo? ¿Tratas de averiguar qué estimulación necesita cada mujer para tener un orgasmo?

135. ¿Quién suele tener el orgasmo primero, tú o la mujer? ¿Durante qué actividad? ¿Tienes orgasmos cuando quieres? Si no, ¿por qué?

136. ¿Alguna vez una mujer ha expresado ansiedad o te ha pedido disculpas por llevarle mucho tiempo tener un orgasmo o prepararse para el coito?

137. ¿Cómo te sientes si tu pareja no tiene orgasmos nunca, de ninguna manera?

138. ¿Puedes controlar cuándo llegas al clímax? ¿Por cuánto tiempo puedes contener el orgasmo sin perder la erección? ¿Te molesta perder la erección?

139. ¿Te da vergüenza practicar el sexo con el pene flácido (es decir, cuando no has conseguido una erección)? ¿Interrumpes la proximidad física y otras actividades si no puedes practicar el coito?

140. ¿Alguna vez eyaculas o tienes un orgasmo «demasiado pronto» durante el coito? ¿A cuánto tiempo te refieres? ¿Son esa eyaculación o ese orgasmo satisfactorios para ti? ¿Cuándo te pasa eso? ¿Por qué? ¿Te molesta?

141. ¿Utilizas algún método concreto para que el coito dure más tiempo sin tener un orgasmo? ¿Se te embota la sensibilidad del pene si el coito se prolonga?

142. ¿Cuándo debe eyacular el hombre? ¿Hay que consultar a la mujer? ¿Quién decide que el sexo ha terminado?

143. ¿Controlas en qué actividades ha de consistir el sexo? ¿Controlas cuándo correrte y cómo tener un orgasmo?

144. ¿Alguna vez te es difícil tener una erección en el momento en que lo deseas? ¿Cuándo? ¿Qué haces en esas ocasiones?

145. ¿Hablas de sexo con otros hombres? ¿Tienden los otros a presumir de sus proezas sexuales con las mujeres o a exagerarlas? ¿Compartes información práctica con otros hombres? ¿Les hablas de tus inseguridades?

146. ¿Por qué la mujer tradicionalmente no ha deseado el sexo tanto como el hombre? ¿Qué tipo de sexo desea la mujer?

13. CONTRACEPCIÓN

147. ¿Qué método anticonceptivo utilizas? ¿Qué protección contra el VIH o sida? ¿Quién decide qué método contraceptivo usar? ¿Qué tipo prefieres tú?

148. ¿Conoces los posibles efectos secundarios de la píldora?

149. ¿Alguna vez has experimentado alguna molestia física con alguna forma de contraceptivo? ¿Con condones? ¿Con el diafragma? ¿El DIU? ¿Gel espermicida? ¿Utilizas condón para prevenir el sida o VIH..., o para retrasar el orgasmo?

150. ¿Hablas del control de la natalidad antes del coito? ¿Le preguntas a la mujer si ha tomado medidas anticonceptivas antes del coito? Si estás teniendo una relación sexual con una mujer, ¿la proteges del embarazo? ¿Quién es responsable si se queda embarazada?

151. ¿Temes fecundar a la mujer? ¿Crea problemas en la relación sexual la posibilidad del embarazo?

152. ¿Alguna vez has sido parte de un embarazo indeseado? ¿Qué hiciste entonces?

153. ¿Estás a favor del aborto? ¿Alguna vez has fecundado a una mujer que después abortara? ¿Has ayudado a alguna mujer a realizar un aborto en una clínica? ¿La acompañaste? ¿Cuál fue el desenlace?

154. ¿Te has hecho la vasectomía? (¿Tienes hijos?) ¿De qué forma ha afectado tu sexualidad el haberte hecho la vasectomía? ¿Alguna vez has deseado revertirla? ¿Se la recomendarías a otros (estás contento de habértela hecho)? Si no te la has hecho, ¿te gustaría hacértela, y bajo qué circunstancias?

155. ¿Has presenciado alguna vez un parto?

14. VIOLENCIA EN EL SEXO

156. ¿Miras pornografía?

157. ¿Ha jugado la violencia un papel en tu sexualidad? ¿Qué papel? ¿Qué sentías?

158. ¿Te has excitado alguna vez en una lucha o pelea física, con un hombre o una mujer? Por favor, descríbelo.

159. ¿Alguna vez has golpeado o hecho daño a tu amante? ¿Qué efecto tuvo en la relación? ¿Te sentiste bien al hacerlo?

160. ¿Te gusta atar o que te aten? ¿Los azotes? ¿Qué se siente? ¿Eres tú el azotado o atado, o el que azota o ata?

161. ¿Te gusta emplear la fuerza sobre tu pareja, o ser forzado?

162. ¿Te parecen excitantes los besos en los pies? ¿Y las duchas doradas?

163. ¿Has tenido una relación sexual con alguien muy joven? ¿Qué te pareció?

164. ¿Cómo defines la violación? ¿Te perturba? ¿Dónde trazas la línea que separa el consentimiento de la violación?

165. ¿Alguna vez has violado a alguien, o has querido hacerlo? ¿Por qué?

166. ¿Has presionado a alguna mujer para que practicara el sexo contigo cuando ella no quería? ¿Cómo lo hiciste? ¿Le contaste una patraña o le mentiste? ¿Lo conseguiste? ¿Te gustó el sexo?

167. ¿Sueles controlar a tu pareja durante las actividades sexuales? ¿Estás siempre tú al cargo?

168. ¿Quién tiene más poder en vuestra relación sexual: tú o tu pareja?

169. ¿Se relacionan los valores sexuales con los «valores familiares» y la creación de una sociedad más pura? ¿Es «igualitaria» la sexualidad o puede serlo?

¡GRACIAS POR RELLENAR ESTE CUESTIONARIO!

A. ¿Por qué lo has rellenado?

B. ¿Has leído *El informe Hite sobre sexualidad femenina*?

C. ¿Crees que otros hombres serán sinceros al rellenar este cuestionario? ¿En qué medida has sido sincero tú?

D. ¿Estás contento con tu vida, o quieres cambiarla?

E. Añade cualquier cosa que quieras decir y no se haya mencionado.

Este libro se terminó de imprimir
en el mes de mayo
de 2006